Découvrez l'histoire par les archives de presse

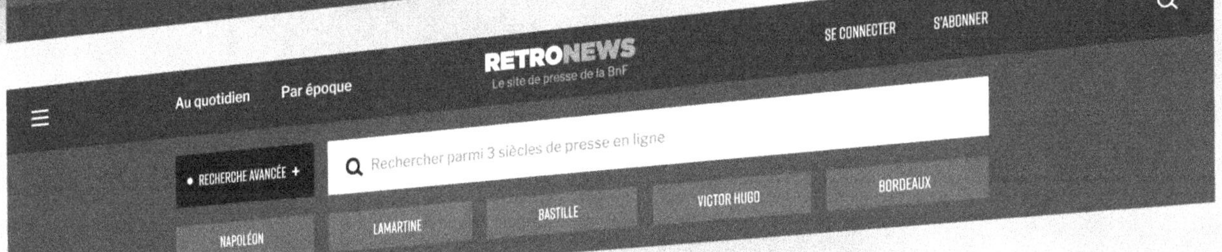

RETRONEWS

Le site de presse de la BnF

www.retronews.fr

JOURNAL

DE

L'INSTRUCTION PUBLIQUE

REVUE LITTÉRAIRE ET SCIENTIFIQUE

Paraissant en deux parties séparées :

JOURNAL DES LETTRES - JOURNAL DES SCIENCES

Le 10 et le 25 de chaque mois.

PREMIÈRE ANNÉE. — N° 1. — 10 MARS 1872.

PRIX DE L'ABONNEMENT :

Au JOURNAL DES LETTRES *seul*				*Au* JOURNAL DES SCIENCES *seul*			
PARIS.	Six mois,	7 fr. »	Un an. . . 12 fr.	PARIS.	Six mois,	8 fr. »	Un an. . . 15 fr.
DÉPARTEMENTS.	—	8 50	— 15	DÉPARTEMENTS..	—	9 50	— 18
ÉTRANGER. . .	—	10 »	— 22	ÉTRANGER. . . .	—	12 »	— 25

AUX DEUX JOURNAUX RÉUNIS

On ne reçoit que des abonnements d'un an.

PARIS. : . . . . 22 fr.
DÉPARTEMENTS . . . . 25 —
ÉTRANGER. . . . . 30 —

AVIS. Les abonnements sont reçus : aux **Bureaux du Journal**, rue Servandoni, 12 ; à la **Librairie centrale des Sciences**, r. de Seine, 13 ; chez M. GAUTHIER-VILLARS, imprimeur-éditeur, quai des Grands-Augustins, 55, et chez les principaux Libraires français et étrangers. On s'abonne également en un mandat à l'ordre du DIRECTEUR, rue Servandoni, 12.

Administration et Rédaction du JOURNAL, rue Servandoni, 12,
PARIS

BULLETIN DE PUBLICITÉ

Paraissant avec le JOURNAL le 10 et le 25 de chaque mois.

La ligne. . . . . .
1 insertion.	60 centimes.
3 —	50 —
6 —	40 —
12 —	30 —
24 —	25 —

Les annonces doivent être déposées aux bureaux du Journal les 1er et 20 de chaque mois.
Le prix en est perçu au moment du dépôt.
Pour tout autre mode d'annonces, s'adresser au Directeur.

IMPRIMERiE ET LIBRAIRIE CLASSIQUES JULES DELALAIN ET FILS

56, Rue des Écoles, vis-à-vis de la Sorbonne, à Paris.

—

Annuaire de l'Instruction publique, 1871-1872.

Publié par J. Delalain, imprimeur de l'Université. Un fort vol. grand in-18 de 450 pages, avec une carte universitaire. Broché, 3 fr. 50 c. Relié en toile, 4 fr.

LIBRAIRIE JACQUES LECOFFRE, 90, rue Bonaparte.

—

Atlas général de géographie physique, politique, historique, commerciale et agricole, par L. Dussieux, professeur honoraire à l'école militaire de Saint-Cyr, chevalier de la Légion d'honneur, officier de l'instruction publique.
Nouvelle Édition comprenant 181 cartes et 24 cartons coloriés à teintes plates, et dressés ou corrigés d'après les découvertes les plus récentes et les derniers traités. 1 fort vol. in-4, demi-rel. : 35 fr. — En demi-rel., maroquin ou chagrin : 40 fr. Chaque carte se vend séparément.

Géographie générale contenant la géographie physique, politique, administrative, historique, agricole, industrielle et commerciale de chaque pays, avec des notions sur le climat, les productions naturelles, l'ethnographie, les langues, les religions, les voies de communication, les frontières et l'état politique, financier et militaire, par L. Dussieux, professeur honoraire à l'école militaire de Saint-Cyr, chevalier de la Légion d'honneur, officier de l'instruction publique. 1 vol. in-8.   15 fr. 00
— Le même, cart. toile.   17 fr. 50
— Le même, demi-chagrin.   19 fr. 00

DOCUMENTS SUR L'HISTOIRE CONTEMPORAINE.

LE SIÉGE DE PARIS, opérations du 13e corps et de la troisième armée, par le général Vinoy, paraît chez l'éditeur Henri Plon. Les hautes fonctions militaires occupées par le général, la part considérable qu'il a prise à la défense de la capitale après avoir sauvé du désastre de Sedan le corps d'armée qui est devenu le noyau des forces avec lesquelles l'ennemi a été tenu en échec, donnent à son livre une importance capitale. Ce livre forme un beau volume in-8° complété par un Atlas de quinze cartes stratégiques indiquant les positions des armées belligérantes pendant les opérations diverses et les combats autour de Paris, Montmesly, Chevilly, Bagneux, l'Hay, Choisy-le-Roi, Avron, Montretout et Buzenval.

Lettres militaires du siége, par T. Colonna Ceccaldi, lieutenant-colonel, sous-chef d'état-major des gardes nationales de la Seine pendant le siége.

Avec un appendice contenant le tableau des régiments et bataillons de guerre de la garde nationale parisienne et le dispositif de la bataille de Buzenval.

CH. DOUNIOL, LIBRAIRE-ÉDITEUR.

DE L'ÉDUCATION, par Mgr Dupanloup. Neuvième édition. 3 vol. in-12. Tome Ier : De l'éducation en général. — Tome II : De l'autorité et du respect dans l'éducation. — Tome III : Les hommes d'éducation.

LIBRAIRIE HACHETTE ET Cie

79, Boulevard Saint-Germain.

LIVRES A L'USAGE DE LA CLASSE DE PHILOSOPHIE.

Notions de philosophie, par M. Ch. Jourdain, membre de l'Institut. Onzième édition conforme aux derniers programmes officiels. 1 vol. in-12, broché.   3 fr. 50 c.

Manuel de philosophie, contenant toutes les matières du programme des lycées pour l'enseignement de la philosophie et précédé de ce programme, par MM. Jacques, Simon et Saisset. 6e édition. 1 fort volume in-8, broché.   8 fr.

Modèles de composition française, comprenant des lieux communs ou dissertations, etc., avec des préceptes sur chaque genre de composition, par M. Chassang. In-12, cart.   2 fr.

Modèles de composition latine, comprenant des descriptions, des lieux communs ou dissertations, avec des arguments, des notes et des préceptes sur chaque genre de composition, à l'usage des aspirants au baccalauréat ès lettres, par M. Chassang. In-12, cartonné.   2 fr.

Sujets et développements de compositions latines données dans les Facultés pour les examens du baccalauréat ès lettres, recueillis par M. Albert Le Roy. 1 vol. in-8, broché.   3 fr.

Sujets et développements de compositions françaises données à la Sorbonne ou proposées comme exercices préparatoires pour les examens du baccalauréat ès lettres, recueillis par M. Albert Le Roy. 1 vol. in-8, broché.   4 fr.

Xénophon: Entretiens mémorables de Socrate (les quatre livres). Texte grec, édition classique publiée avec des notes en français, par M. Sommer 1 vol. in-12, cart. 1 fr. 75 c.

Palton: Gorgias. Texte grec, édition classique publiée avec des notes en français par M. Sommer. In-42, cart. 1 fr. 50 c.

Cicero: De re publica. Nouvelle édition classique publiée avec une notice, un argument analytique et des notes en français, par M. Charles, professeur de philosophie au lycée Louis-le-Grand. 1 volume petit in-16 également cartonné. 1 fr. 50 c.

— *Tusculanarum quæstionum libri quinque.* Édition classique, publiée avec des notes en français, par M. Jourdain. 1 vol. in-12, cart. 1 fr. 25 c.

— *De officiis libri tres.* Édition classique, publiée avec des sommaires et des notes en français, par M. H. Marchand. In-12, cart. 90 c.

Sénèque : Choix de lettres morales à Lucilius, Texte latin, édition classique, publiée avec des analyses et des notes en français, par M. Sommer. In-12, cartonné. 12 fr. 25 c.

Logique de Port-Royal, pas Arnauld. Édition publiée avec une ntroduction et des notes, par M. Jourdain. 1 vol. in-12, broché. 2 fr. 50

Descartes: Discours de la méthode pour bien conduire sa raison et chercher la vérité dans les sciences. Nouvelle édition classique publiée avec une introduction et des notes, par M. Vapereau, agrégé de philosophie. 1 volume petit in-16, cartonné. 90 c.

Pascal : De l'esprit géométrique, de l'art de persuader, de l'autorité en matière de philosophie ; fragments publiés avec un avertissement et des notes, par M. Jourdain. 1 vol. in-12, broché. 75 c.

Bossuet : De la connaissance de Dieu et de soi-même. Édition publiée avec une introduction et des notes, par M. de Lens. 1 vol. petit in1-6, cart. 1 fr. 50 c.

Fénélon : Traité de l'Existence de Dieu. Edition précédée d'un essai sur Fénélon, par M. Villemain, et publiée avec un avertissement et des notes, par M. Danton, 1 vol. in-12, broché. 2 fr.

LIBRAIRIE ACADÉMIQUE DIDIER ET Cⁱᵉ.

Les nationalités musicales, étudiées dans le drame lyrique par M. G. Bertrand. 1 vol. in-12. 3 fr. 50

L'auteur professe cette idée qu'aucune nation n'est fatalement déshéritée d'aucune de ces grandes facultés essentielles qui constituent l'humanité même : la logique, le courage, l'activité industrielle, l'éloquence, l'esprit philosophique, le sentiment artistique en ses diverses formes, etc.; seulement chaque nation gardera dans ses diverses applications son caractère et son goût particuliers ; aussi son but est-il de prouver la nécessité des rapports artistiques entre les différentes nations, de ces initiations de peuple à peuple. M. G. Bertrand, en nous en faisant l'historique avec une érudition peu commune, nous démontre l'utilité permanente et féconde des échanges réciproques, des entre-croisements de génie des diverses nationalités. Il combat en même temps cette opinion si fort accréditée que les Italiens sont mieux organisés que les Allemands et les Français, absolument dépourvus d'instinct musical. Dans ce résumé de l'histoire mu-

sicale chez les différents peuples de l'Europe, M. G. Bertrand redresse bien des erreurs, entre autres celle qui fait des Italiens les inventeurs de la musique moderne ; enfin il étudie à travers ces considérations générales les personnalités les plus caractéristiques de chaque nation, avec une grande sûreté de jugemen et un véritable esprit de critique.

Essais sur l'Histoire des religions, par M. Max Müller, associé étranger de l'Académie des Inscriptions et belles-lettres, traduits avec l'autorisation de l'auteur par G. Harris, professeur au lycée Condorcet. 1 vol. in-8. 7 fr. 50

Tout en poursuivant la publication du Rig-Véda et du commentaire de Sâyana, M. Max Müller a fait paraître de temps en temps, dans les principaux recueils périodiques de l'Angleterre, des études d'histoire religieuse qui offrent un très-haut intérêt. Proclamant l'incontestable prééminence du christianisme, l'auteur recherche les éléments vraiment religieux qui se trouvent dans les diverses croyances humaines. Les plus importantes de ces études sont celles sur la religion du Véda, ce dépôt des plus anciennes pensées et aspirations religieuses de la race aryenne ; sur le Zend-Avesta et ses papports réels ou supposés soit avec le Védisme soit avec la Genèse ; sur la métaphysique et la morale bouddhiques, ainsi que sur la propagation du bouddhisme dans l'Inde et en Chine ; enfin sur les tendances religieuses de la race sémitique. Tous ses *Essais sur l'histoire des religions* ont été réunis par M. Max Müller en un volume, qui a été accueilli par le public anglais avec une faveur marquée, et dont M. Harris vient de publier la traduction française.

Études d'archéologie celtique. — Notes de voyages dans les pays celtiques et scandinaves, par M. Henri Martin, membre de l'Institut. 1 vol. in-8. 7 fr. 50

L'auteur a réuni dans ce volume une série de travaux et d'études ayant pour but la reconstruction du vieux monde celtique. Il persiste à croire qu'il subsiste, sur ce sujet, plus de traditions écrites qu'on ne l'avait cru, traditions où il importe de tâcher de distinguer les éléments anciens et les éléments adventifs, et il poursuit la recherche de maintes traditions orales et locales, qu'il est intéressant de recueillir avant qu'elles aient achevé de disparaître. C'est ainsi qu'à côté des notes de voyage relevant sur le moment les impressions et les observations sur les hommes, sur les lieux et sur les monuments, M. Henri Martin nous représente quelques-uns des plus caractéristiques d'entre les documents secrets des bardes gallois. « Il y a plus aujourd'hui « qu'une curiosité d'érudition, » dit l'auteur, dont nous nous plaisons à reproduire les termes ; « il y a un véritable appui « moral à retrouver dans ces vieux documents celtiques, inspi-« rés par un esprit si radicalement opposé à cette philosophie « allemande du xixᵉ siècle, qui a envahi la France avant les « armées allemandes. »

LIBRAIRIE D'ERNEST THORIN

7, rue de Médicis.

——

Mythologie grecque et romaine, ou introduction facile et méthodique à la lecture des poëtes, par Jean Humbert, correspondant de l'Institut de France.

Ouvrage autorisé par l'Université, couronné par la Société pour l'instruction élémentaire, approuvé par Mgr l'archevêque de Bordeaux, etc.

Cinquième édition, revue et corrigée avec soin, prix : 2 fr.

ENSEIGNEMENT SECONDAIRE SPÉCIAL.

LIVRES DE CLASSE :

Simples récits de l'histoire de France, suivis de la *Géographie de la France* (année préparatoire), 1 vol. in-12, cartonné, avec cartes. — — — — 2 fr. 50

Cet ouvrage se compose de deux parties, Histoire et Géographie, que l'on n'a pas cru devoir traiter dans deux volumes distincts, ainsi que cela a eu lieu pour les années subséquentes. L'Histoire comprend, pour chaque numéro du programme officiel, un *sommaire* en caractères très-apparents destiné à être appris par cœur, et des *Récits* en nombre plus ou moins considérable, selon l'importance du sujet qu'ils sont destinés à mettre en saillie. La Géographie contient des notions succinctes mais complètes sur *chacun de nos départements disposés par ordre alphabétique* et une description développée de la *France physique et historique.* C'est bien le premier livre des enfants de douze à quatorze ans.

Précis des grands faits de l'histoire ancienne et de l'histoire générale du moyen âge (1re année), 1 vol. in-12, cartonné, avec cartes. 1 fr. 50

Précis des grands faits de l'histoire de France et de l'histoire moderne jusqu'en 1789 (2e année), 1 vol. in-12, cartonné) avec cartes. — — — — 1 fr. 50

Précis des grands faits de l'histoire de France et de l'histoire générale depuis 1789 (3e année), 1 v. in-12, cartonné, avec cartes. 1 fr. 50

Le texte de ces *Précis* est celui des *Répétitions écrites d'histoire* du même auteur, ouvrage dont six éditions successives ont pleinement justifié le mérite. Il est complété par des tableaux synoptiques et généalogiques, par des cartes historiques et géographiques, etc.

Précis de la géographie des cinq parties du monde, avec l'étude détaillée de l'Europe (1re année), 1 vol. in-12, cartonné, avec cartes. — — — — 1 fr. 25

LIVRES DE LECTURE :

Grands faits de l'histoire ancienne et de l'histoire du moyen âge jusqu'en 1453 (1re année), 1 vol. in-12, br., de 472 p. 2 fr. 50

Grands faits de l'histoire de France depuis l'origine jusqu'à la révolution, et de l'histoire moderne de 1453 à 1789 (2e année), 1 vol. in-12, broché, de 480 pages. 2 fr. 50

Grands faits de l'histoire de France et de l'histoire générale depuis 1789 (3e année), 1 vol. in-12, br., de 444 pages. 2 fr. 50

———

REVUE ARCHÉOLOGIQUE

Bureaux. 35, quai des Augustins.

SOMMAIRE DE LA LIVRAISON DE FÉVRIER 1872

I. — *Textes géographiques du temple d'Edfou (fin)*, par M. Jacques de Rougé.

II. — *Étude sur quelques colléges funéraires romains. Les Cultores deorum*, par M. Gaston Boissier.

III. — *La cité des Osismii et la cité des Veneti (suite)*, par M. R. F. Le Men.

IV. — *Le tombeau du roi Clodemir, à Vézeronce (Isère)*, par M. Jacques Guillemaud.

V. — *Découvertes récentes à Salone*, par M. Albert Dumont.

VI. — *Archéologie chrétienne*, par M. Edmond Le Blant.

Bulletin mensuel de l'Académie des inscriptions (mois de janvier 1872).

Nouvelles archéologiques et correspondance.

Bibliographie : M. Ch. Lucas.

PLANCHES

II. III. — Edfou. Couloir du sanctuaire.

N. B. — Tout ce qui est relatif à la rédaction doit être adressé à M. Alex. Bertrand, au Musée de Saint-Germain, ou à M. G. Perrot, rue d'Hauteville, 52.

Les livres dont on désire qu'il soit rendu compte doivent être déposés en double au bureau de la *Revue.*

———

LA BIBLIOTHÈQUE UNIVERSELLE ET REVUE SUISSE

(*Partie littéraire*) paraît à LAUSANNE par livraisons mensuelles de 10 feuilles d'impression, et forme chaque année 3 volumes de plus de 600 pages.

SOMMAIRE DES MATIÈRES CONTENUES DANS LA LIVRAISON DE FÉVRIER.

I. Observations d'un voyageur sur les églises libres de France, par M. *Aimé Humbert*, ancien envoyé de la Suisse au Japon.

II. Mon étoile. — II. Une entorse. Nouvelle, par Mlle *Berthe Vadier.*

III. Les Marionnettes de Marc-Monnier, par M. *Eug. Rambert.*

IV. Un tableau de Paris sous le second empire (Deuxième partie).

V. Causeries parisiennes.

VI. Chronique littéraire de Paris.

VII. Chronique italienne.

VIII. Chronique d'Allemagne.

Bulletin littéraire et bibliographique. — Les derniers jours d'Ulrich de Hütten, par *Conrad-Ferdinand Meyer.* — Plan de Jérusalem ancienne et moderne, par le Dr *Ermete Pierotti.* — Histoire de l'instruction dans le canton de Vaud, par *Charles Archinard.* — Les ouvriers selon Dieu et leurs œuvres, par *Henri de Triqueti.* — Almanach de la Suisse romande.

SOMMAIRE DE LA LIVRAISON DE FEVRIER 1872.

La phosphorescence animale, par M. *P. Panceri.* Organes lumineux et lumière des Pennatules, par *le même.* Sur l'observation spectroscopique de la rotation du Soleil, par M. *F. Zöllner.* Sur les actions électriques des corps non conducteurs soumis à l'influence d'un corps électrisé, par M. *R. Felici.*

———

Le Directeur-Gérant : **G. HUBERSON.**

Paris. — Imprimerie de GAUTHIER-VILLARS, quai des Grands-Augustins, 55.

(Ancienn. imp. Bonaventure.)

JOURNAL

DE

L'INSTRUCTION PUBLIQUE

1re PARTIE : JOURNAL DES LETTRES

REVUE ANALYTIQUE & BIBLIOGRAPHIQUE

De Littérature, de Philosophie et d'Histoire

Paraissant le 10 et le 25 de chaque mois.

ABONNEMENTS :

Paris.... { 6 mois, 7 »
{ 1 an... 12 »
Dépts..... { 6 mois, 8 50
{ 1 an... 15 »
Étranger { 6 mois, 10 »
{ 1 an... 22 »

On ne reçoit que des abonnements d'un an, en un mandat-poste, ou à vue sur un banquier de Paris.

ANNONCES :

La ligne { 1 insertion » 60
{ 3 — » 50
{ 6 — » 40
{ 12 — » 30
{ 24 — » 25

Pour tout autre mode d'annonces, s'adresser au Directeur, rue Servandoni, 12, à Paris.

Toute communication relative à l'Administration du Journal doit être adressée *franco au Directeur*, rue Servandoni, 12. — Les communications relatives à la Rédaction doivent être envoyées *franco au Rédacteur en chef*, à la même adresse. Les manuscrits *non insérés* seront *rendus*. Il sera rendu compte, *sous quinzaine*, de tout ouvrage dont 2 exemplaires auront été adressés au *journal*.

PREMIÈRE ANNÉE. — No 1. — 10 MARS 1872.

LES ÉTUDES CLASSIQUES

Puisque tout le monde en a dit son mot, parlons-en donc à notre tour. Avons-nous un système d'études capable de former la jeunesse? Devons-nous, et plus tôt que plus tard, réformer notre enseignement? Nos maisons d'instruction publique répondent-elles aux besoins de notre société? Faut-il élaborer à nouveau un système de pédagogie? Sommes-nous, à ce point arriérés, qu'il faille mettre dès à présent les fers au feu, sous peine de n'avoir plus dans quelques années d'ici que des générations inutiles au bien de la patrie?

Sur ces questions, déjà beaucoup ont répondu. Les téméraires, les impatients, les mécontents, les destructeurs et les niveleurs ont fait connaître leurs oracles. Suivant eux, notre jeunesse, enfermée dans les lycées ou colléges, s'étiole

au lieu de se fortifier; elle vieillit dans une enfance prolongée au delà de toute raison, elle s'instruit dans l'ignorance, et travaille sept ou huit années à se rendre inutile. A quoi voyez-vous, nous dit-on, que soit apte un jeune homme au sortir de vos bancs? Sait-il compter, calculer, supputer, tenir des livres au comptoir, manier un fusil, prendre la hauteur des astres sur un navire, plaider une cause au barreau, soigner un malade à son chevet, creuser des canaux, pointer un canon?

On en est là pourtant. Plusieurs ne veulent pas considérer qu'en sortant de ses classes le jeune homme de dix-sept ou dix-huit ans ne peut être encore un membre actif de la société et coopérer par des actes effectifs et réels au travail universel. A moins d'apprendre un art manuel que peut-on donner à cet âge? L'enfant d'un ouvrier, mis au métier à douze ans, n'arrive qu'après un long apprentissage à manier d'une façon utile la lime et le rabot; il a concentré tous ses efforts, toute son intelligence, sur une profession dont les limites sont tracées et les moyens circonscrits, il n'est point encore, à dix-huit ans, passé maître, et l'on veut que dans un ordre d'idées tout à fait différent, quand il s'agit du perfectionnement intellectuel et moral des jeunes gens, d'études délicates, difficiles et sans limites, on atteigne du premier coup au *nec plus ultra* du savoir; qu'on soit un homme utile dans le sens bas et pratique du mot! C'est là une de nos plus grosses erreurs. Presque tout le monde la partage.

Sans réfléchir à la diversité des conditions, sans envisager la vérité dans toute son étendue, on débite de vaines phrases appuyées sur des parallèles plus vains encore. Que dit-on le plus souvent? Voyez l'Angleterre? A dix-huit ans, l'enfant a déjà couru le monde, franchi les mers, il a tout vu, il a tout compris : il revient instruit par l'expérience et formé par le combat de la vie. Cela n'est juste que pour une classe de la société anglaise. Les marchands, dont les vastes opérations embrassent le monde entier, sont, il est vrai, préparés de bonne heure à cet usage d'une existence d'affaires. Ils s'y enferment, ils y mettent toute leur âme, ils s'y noient. Leurs efforts sont fructueux et de très-grosses fortunes les récompensent de ces labeurs prématurés.

Mais ce n'est là qu'un des côtés de la question. Ce n'est là qu'une partie de la société anglaise. Cette classe vit d'une vie qui lui est propre et pour laquelle il ne semble pas que nous soyons faits. Il résulte de cette éducation mercantile et hâtive des inconvénients qui n'ont point échappé à l'observation des moralistes. L'habitude de s'enfermer dans une sphère d'action d'où sont bannies les études que nous appelons inutiles et superflues, abaisse le sentiment et déprime les âmes. L'attitude des Anglais en est, de notre temps, une preuve frappante et singulière. Tout mesurer au mètre, tout peser au poids de la livre sterling, c'est, je le veux bien, sagesse et prudence. Un peuple qui se conduit d'après ces principes peut avoir une forte marine, une industrie puissante; il peut avoir le sentiment vif et pénétrant de sa valeur, le désir jaloux de sauver partout sa liberté et sa dignité. Je ne méprise point ces avantages, et je les voudrais voir plus à notre portée. Mais on m'accordera sans doute aussi qu'il y a dans le caractère du peuple anglais une rudesse, un égoïsme, un calcul d'intérêt qui ne sont pas ses plus belles qualités. Ces défauts originels se montreraient bien plus encore au grand jour, si l'aristocratie anglaise ne faisait, par ses mœurs, contre-poids à celles du peuple.

Rien n'est plus intéressant à voir que le jeu de cette vie aristocratique en Angleterre. Il y a là un spectacle tout à fait éblouissant pour nos yeux. Ces riches seigneurs qui fondent et entretiennent des *Revues*, ces lords instruits et voyageurs qui consacrent à la science leurs immenses revenus, ces politiques habiles qui donnent au monde la surprise sans cesse renouvelée d'un art exquis à tempérer la liberté par la sagesse et la modération, où se forment-ils, je vous prie?

Les voit-on, comme nous, mépriser les études? Se hâtent-ils de suivre en courant quelques exercices scolaires? Sont-ils pressés d'en finir avec l'enseignement de leurs maîtres? Point du tout. Il faut opposer au mince bagage littéraire de nos jeunes gens les mieux élevés l'ample et solide érudition de ceux qui se destinent aux grandes fonctions de la vie publique. Dans leur antique maison d'Eton, et dans beaucoup d'autres, ils restent longtemps sur l'enclume des études. Les littératures anciennes, dont nous faisons fi, sont leur plus abondante nourriture. Ils n'ignorent rien du grec et du latin. Ils sont capables, en classe, sans livre, sur l'ordre d'un maître, de traduire en vers latins tel ou tel chœur d'Eschyle qu'on leur désigne. On voit des hommes d'Etat du plus haut mérite se délasser des travaux du parlement en traduisant, en vers anglais, une ode d'Horace; on a vu deux chefs de parti dans les chambres, après leurs débats politiques, en engager d'autres plus paisibles, soumettre à l'appréciation du public éclairé le résultat de leurs efforts, et attendre du jugement des hommes instruits la récompense de leur mérite littéraire.

Voilà les citoyens qui conduisent les affaires de leur pays. Ils n'y mettent la main qu'après s'être fortifiés de cette *substantifique* moëlle. Ce ne sont pas des orateurs gonflés de mots, des cymbales retentissantes : ce sont des penseurs, des hommes instruits, des hommes à qui les fortes études ont mis au cœur de forts et nobles sentiments. Ils se sont éclairés, ils ont élevé leur esprit, ils ont élevé leur âme, et le zèle ardent qu'ils ont pour la science, ils le répandent autour d'eux. Ils savent qu'étendre les notions vraies, « c'est élargir les voies droites; qu'améliorer l'éducation d'un peuple, c'est ajouter à sa civilisation et à sa vertu. » Tel était lord Brougham qui, jeune écolier, savait toutes les finesses des écrivains du siècle d'Auguste; jeune homme, lisait un volume de La Place, pour se perfectionner tout à la fois dans la connaissance du français et des mathématiques, fondait la Revue d'Edimbourg avec Sydney Smith, Francis Horner, John Murray, Jeffrey, dont on pouvait dire ainsi que de ses amis : « Ils s'étaient arrogé une autorité pontificale en matière de goût, prophétique en matière de gouvernement; les destins des auteurs et des royaumes étaient en quelque sorte commis à leur decision et à leur prescience, et Jeffrey et Brougham devenaient le Minos et le Rhadamante de la littérature et de la politique. »

Que dire des Prussiens? Nous ne sommes pas éloignés de croire qu'ils n'ont eu sur nous dans cette dernière guerre tant de funestes avantages que pour avoir su la géographie. On se persuade que si nos officiers eussent connu cette science mieux qu'ils ne la possédaient, nous aurions été facilement vainqueurs. Il est juste de dire que nous avons donné de grands exemples d'ignorance et d'incurie; mais n'accusons pas la géographie seule de nous avoir perdus. Tel de nos officiers qui ne distinguait plus la Seine de la Marne, avait appris autrefois cette science précieuse, mais il l'avait oubliée dans la paresse et les honteux loisirs des garnisons. Ce qu'il n'aurait pu oublier, s'il les eût acquises autant que les Prussiens, ce sont les connaissances générales dont nos études classiques mènent après elles l'utile cortége. Ce qu'il n'aurait pas été exposé à perdre dans ses passetemps oisifs, c'est la solidité du raisonnement, la vivacité de l'esprit, la souplesse et la fécondité. Les Prussiens, nous le savons aujourd'hui, par les rapports du baron Stoffel, les Prussiens ne se contentent pas de donner dans leurs écoles spéciales un enseignement pratique aux officiers de leur état-major, ils le font précéder d'une préparation générale et fortement classique. Personne, chez nous, n'apprend aussi bien que les écoliers de leurs gymnases le grec et le latin : Voilà le secret de leur supériorité sur nous.

Voilà, je crois, la vérité; voici notre malheur : depuis une trentaine d'années on a pris à tâche d'anéantir chez nous les études classiques. De toutes parts on a frappé sur elles. On les a accusées de tous nos malheurs. Les uns ont vu dans l'enseignement des langues anciennes une perte de temps, les autres un instrument de despotisme, d'autres le levier des révolutions politiques, et enfin la source de toute impiété. Avec la faiblesse qui nous est propre de ne penser que d'après les journaux, de ne contrôler jamais leurs opinions, et d'écouter toujours complaisamment ceux qui parlent le plus haut et disent les choses les plus insensées, nous avons accepté ces opinions folles. Elles sont entrées dans toutes les familles, elles ont pénétré dans toutes les maisons d'éducation, elles se sont installées dans presque tous les ministères de l'instruction publique.

Rien n'a plus de chance de réussir en France qu'une sottise : celle-ci a conquis la vogue en moins de rien. Elle a eu pour elle, cela va sans dire, un tas de grimauds qui se croient invincibles quand ils ont demandé à quoi sert dans la vie le thème grec et les vers latins. Leur triomphe était facile. C'est le *tarte à la crème* du marquis de Molière. Il n'y a rien à répondre à cela ; puisqu'avec des vers latins on ne fait ni des bottes ni des machines à vapeur, il n'en faut plus parler. Les études ont subsisté en apparence, elles ont été ruinées en fait, et l'intelligence est tombée dans notre pauvre pays à un tel degré d'abêtissement qu'on n'est plus compris lorsqu'on parle d'autre chose que des *cascades* des acteurs, du luxe des filles et des infidélités des caissiers.

Je comprends les démocrates quand ils attaquent notre système d'études. Ils sont outrageusement envieux. Leur maladie, c'est l'amour de l'égalité ; leur monstre, c'est la supériorité, en quelque genre qu'elle éclate. Ils ne songent pas à s'élever, ils ne veulent que rabaisser les autres. Le niveau du ruisseau, voilà leur idéal. Les colléges ne font que des *nobles*, disent-ils, détruisons-les. C'est affaire à eux de saper l'édifice qu'ils prétendent bâti sur les fondements du grec et du latin. Ils font leur œuvre, c'est naturel. Quand ils auront éteint toute lumière venue d'en haut, ils seront les maîtres. Ils règneront dans leurs clubs où quelques mots empruntés à un vocabulaire inaccessible à la foule valent plus que des raisons, et emportent les votes de l'assemblée. Mais que les ennemis de ces hommes ardents à tout renverser viennent faire chorus avec eux lorsqu'ils insultent les études classiques, voilà ce qui ne se comprend pas !

Il faut être bien aveugle pour ne pas voir qu'on doit mettre obstacle à ces idées subversives, qu'il faut faire ou du moins entretenir ce qu'on appelle avec raison des *classes dirigeantes*. Ne faites pas des études classiques, un privilége de la richesse, rien de mieux ; et jamais il n'en a été ainsi dans notre pays ; les lycées et les colléges sont à la portée de tous : ne les fermez à personne, mais sachez y donner une large et solide instruction. Ne craignez pas les longueurs ; ce temps est le mieux employé de la vie. C'est l'unique moyen d'avoir des générations fortes, fondées sur les bons principes, aptes à les soutenir contre les sophismes, capables de les faire passer dans leurs actes, d'en embellir leur vie privée, d'en décorer la vie publique. Hors de cet enseignement vigoureux et noble, il ne peut y avoir que faiblesse, ineptie, ravalement des âmes et déchet moral.

Leibnitz, qui voyait ces études déjà décroître de son temps, a prévu les tristes effets de cette décadence.. Ses paroles qui, ressemblent à une prophétie, ont aujourd'hui pour elles la démonstration de l'histoire et l'autorité de nos malheurs : « Je trouve, disait-il, que de mauvaises doctrines s'insinuent peu à peu dans l'esprit des hommes du grand monde, qui règlent les autres et de qui dépendent les affaires, puis, se glissant dans les livres à la mode, disposent toutes choses à la révolution générale dont l'Europe est menacée, et achèvent de détruire ce qui reste dans le monde des sentiments généreux des Grecs et des Romains..... Et si pour la grandeur ou par caprice quelqu'un versait un déluge de sang, et s'il renversait tout sens dessus dessous, on compterait tout cela pour rien, et un Erostrate à la façon des anciens ou bien un don Juan du *Festin de Pierre* passerait pour un héros. » (Nouveaux essais sur l'Entendement, liv. IV, chap. XVI.)

Eh bien ! ne nous y voilà-t-il pas venus ? Et nous continuons à élargir la brèche !

La Russie est bien plus sage. Elle aussi par des raisons analogues à celles qui firent toucher à notre système d'études, avait cru devoir bannir à peu près de ses écoles l'enseignement du grec et du latin. Un czar, despote prévoyant, redoutait une révolution faite au nom des grands séditieux de l'antiquité ; il ordonna de supprimer ces voix éloquentes. Sur ses injonctions « on établit dans les gymnases, dit M. G. d'Eichthal, non pas seulement une *bifurcation*, comme en France, mais une *trifurcation*, et une seule des trois branches put conduire aux Universités ; l'étude du latin fut considérablement restreinte, et, à partir de 1852, l'étude du grec, établie dans 45 gymnases, fut supprimée dans 40. »

Le czar put se croire bien en garde contre les idées dangereuses qui ébranlent les trônes. Rien de moins vrai pourtant, et la preuve la voici dans un document officiel qui précède un décret de restauration rendu en faveur des études classiques par l'empereur de Russie. Le morceau est des plus curieux, il mérite d'arrêter notre attention, on dirait une page de notre propre histoire : « Ces modifications qui précédèrent la limitation à 300 du nombre des étudiants dans les Universités, et qui étaient inspirées par la même pensée, furent la conséquence d'événements et de malentendus des plus regrettables, et à leur tour elles eurent des résultats dont la funeste influence se fait encore sentir aujourd'hui. C'est en effet dans le bannissement de l'étude des langues classiques, de la langue grecque surtout, du programme de nos établissements secondaires, qu'il faut voir, sinon la seule, du moins la principale cause du matérialisme, du nihilisme et de la fatale présomption qui se sont emparés de la jeunesse. En remplaçant, dans la plupart des cours, l'enseignement des langues mortes par celui du droit et des sciences naturelles, et en l'affaiblissant dans les autres, les réformes de 1848 et de 1851 ouvrirent la voie pour la jeunesse à des tendances malsaines qui, maintenant encore, n'ont pas entièrement disparu, et qui, franchissant les murs des écoles, devaient se faire jour dans la littérature et pénétrer plus ou moins dans toutes les classes de la société. La négation des principes spiritualistes et moraux et des grands intérêts de l'humanité, la recherche exclusive des instincts et des besoins matériels, le langage vulgaire et aussi repoussant pour le sentiment moral que choquant pour le sentiment esthétique, qui vers 1860 étaient le propre de beaucoup de nos organes littéraires, et qui, maintenant encore, dégradent une partie de notre presse, eussent été impossibles avec des esprits nourris de l'étude de l'antiquité classique, et initiés par ces œuvres à l'exquise élégance et à la dignité parfaite qui distinguent la plupart d'entre elles. » (*Voir le Temps, n° du 15 février 1872, article de M. G. d'Eichthal.*)

Ces révélations du comte de Tolstoï, ces bons conseils n'ont pas été perdus pour la Russie. Elle a reconnu sa faute, elle a cherché les moyens d'en réparer les pernicieux effets, elle a réintégré le latin et le grec dans ses gymnases, elle leur y a fait une place d'honneur, et, par un sentiment d'émulation ou de rivalité jalouse avec la Prusse, elle veut que ses enfants emploient par semaine six heures à l'étude du latin et quatre heures et demie à celle du grec, ce qui lui donne l'avantage sur la Prusse, son alliée ou sa rivale, nous ne savons comment dire.

S'il nous faut des exemples venus d'ailleurs pour comprendre nos intérêts, sachons les voir, sachons en profiter. Puisque, par bonheur, nous n'avons point encore détruit notre plan d'études, consacrons-le par un redoublement de ferveur et de zèle. Sans repousser la géographie, le maniement des armes, l'étude de l'allemand et de l'anglais, mettons au premier rang l'étude du grec et du latin : c'est une nécessité politique et sociale.

Ch. Gidel.

L'ENSEIGNEMENT SUPÉRIEUR EN ANGLETERRE

UNIVERSITÉS D'OXFORD ET DE CAMBRIDGE.

I

L'organisation des deux célèbres universités d'Oxford et de Cambridge offre au plus haut degré l'expression des caractères distinctifs dont sont marquées les institutions sociales en Angleterre: respect pour la tradition, maintien, à côté des progrès accomplis par le temps, d'habitudes appartenant aux âges les plus reculés; prépondérance de l'Église, dont l'État respecte l'indépendance pour prix de l'appui moral qu'elle lui prête; priviléges hiérarchiques se produisant non-seulement par les distinctions extérieures dont jouissent certains étudiants, mais encore par le genre d'instruction qu'ils reçoivent et qui ne peut être accessible qu'aux représentants des familles aristocratiques.

Les universités anglaises ont eu la même origine que celles qui s'étaient établies au moyen âge à Paris et dans les provinces de France. Même liberté, même système d'études, mêmes priviléges pour les écoliers, et aussi mêmes habitudes turbulentes.

Les désordres devinrent moins violents et plus rares lorsque, grâce à de pieux fondateurs, il s'établit, auprès de chaque université, des colléges où les jeunes gens, soumis à une surveillance paternelle, purent poursuivre le cours de leurs études sans troubler la paix publique. C'est ainsi que, du XIIIe au XIVe siècle, se sont successivement élevés les vingt colléges réunis autour de l'université d'Oxford et les dix-sept qui se groupent autour de l'université de Cambridge.

Ce furent primitivement de véritables couvents dans lesquels les exercices religieux occupaient naturellement une grande place. Les diverses branches d'enseignement qui s'y introduisirent, dans la suite, formèrent une échelle de connaissances commençant par la grammaire et conduisant au doctorat. Pendant longtemps, il ne fallut pas moins de vingt années pour en franchir les nombreux degrés.

On y distinguait plusieurs sortes d'étudiants : les *agrégés* pourvus de grades; les élèves *boursiers* se préparant à les obtenir ; des élèves *serviteurs* gagnant, en se chargeant d'un travail domestique, le droit de prendre part à l'enseignement, et enfin des élèves *pensionnés* formant alors, comme aujourd'hui, la majorité des étudiants et devenus la source des riches revenus des colléges.

Nos universités provinciales ont disparu : la main d'un puissant organisateur les a remplacées par un vaste système d'instruction dont il serait injuste de méconnaître les avantages, mais dans lequel il est permis de réclamer l'introduction des améliorations rendues nécessaires par les changements survenus dans les institutions politiques de notre pays.

En Angleterre, les universités et les colléges d'Oxford et de Cambridge sont à peu près aujourd'hui ce qu'ils furent à l'origine, des corporations enseignantes constituées et dotées de certains priviléges, se gouvernant elles-mêmes, ayant leurs assemblées législatives, leurs chefs élus, leur juridiction intérieure et leur représentation au parlement britannique.

Elles sont encore les avenues principales du ministère de l'Église établie. Elles prennent part à la législation du pays par les deux députés que chacune d'elles envoie à la Chambre des Communes. Elles possèdent le droit de mainmorte pour acheter des propriétés, et ont reçu du Parlement le pouvoir d'accepter des legs d'une quotité illimitée sans avoir recours aux formalités nécessaires en tout autre cas. Elles présentent aux bénéfices ecclésiastiques placés sous le patronage des catholiques romains. Plusieurs de leurs membres sont de droit chanoines de certaines cathédrales. Les chefs de leurs colléges peuvent occuper des bénéfices avec charges d'âmes, sans être obligés à résidence. Enfin, elles reçoivent des allocations annuelles du Parlement, et leurs imprimeries ont un monopole pour la vente des livres liturgiques (1).

Indépendamment des protecteurs officiels que l'usage place à la tête des universités et qui sont choisis parmi les plus illustres fonctionnaires de l'État, elles ont pour administrateurs un chancelier, dont le titre est purement honorifique, et un vice-chancelier, sur qui repose la direction effective. Il est l'exécuteur des règlements, auxquels concourent plusieurs assemblées librement élues et se contrôlant mutuellement. Chaque collège est gouverné par un chef assisté du corps des agrégés, *fellows*, qui sont les véritables propriétaires de l'établissement, et dont les chaires, distribuées autrefois d'une façon assez arbitraire, se donnent aujourd'hui au concours.

La plupart de ces professeurs ne donnent chaque année qu'un petit nombre de leçons. Quelques-uns même n'enseignent pas du tout, et leurs chaires, richement rétribuées, sont de véritables sinécures. Ce sont des maîtres particuliers, des *tuteurs*, qui se chargent, moyennant rétribution, de préparer, par des répétitions individuelles, les étudiants aux divers examens qu'ils doivent subir,

II

Ce qui assure l'existence des universités et de leurs colléges, c'est qu'ils n'ont pas besoin de demander chaque année, comme dans la plupart des États européens, une dotation dont le chiffre est constamment remis en question. En Angleterre, cette dotation, créée par la libéralité des particuliers, protégée par la loi, accrue par l'action bienfaisante du temps, est considérée comme une véritable propriété nationale sur laquelle aucune puissance n'oserait porter la main. Leurs recettes, provenant du revenu de leurs propriétés territoriales, de rentes sur les fonds publics, des droits perçus pour les inscriptions, les examens et la collation des grades et sur quelques autres bénéfices résultant de certains priviléges, ne sauraient être évaluées d'une manière exacte. Aucune publicité n'est donnée à leur gestion financière. D'après des indications fournies par de patients investigateurs, on croit pouvoir évaluer à 12,500,000 francs la dotation de l'université d'Oxford et celle de ses colléges. Celle de Cambridge est beaucoup moins considérable : 5,125,000 francs.

Le nombre total des aspirants aux grades était, en 1870, pour les deux universités, de 3,800 seulement : à Oxford 1,800 et à Cambridge 2,000. L'âge moyen auquel on entre aux universités est de 18 à 19 ans. On y reste, en général, de trois à cinq ans, selon l'activité qu'on déploie à conquérir son grade et selon la difficulté du grade que l'on ambitionne. Le personnel des étudiants se compose des jeunes gens riches que la mode et le bon ton poussent aux univer-

sités, des aspirants aux fonctions ecclésiastiques, à qui les évêques imposent, avant l'ordination, le séjour et les grades (ils forment la plus grande masse des étudiants) ; puis des jeunes lauréats des écoles secondaires qui obtiennent une bourse, et enfin des élèves qu'attire le désir d'instruction. Les derniers sont en minorité.

On ne s'étonnera pas du petit nombre des étudiants appelés à jouir des bienfaits de l'éducation supérieure, malgré les immenses ressources scientifiques mises à leur disposition par les deux villes, possédant de magnifiques musées, des laboratoires, de riches collections, de splendides bibliothèques (la *Bodléienne* d'Oxford, celle de *Christ-church*, de Cambridge), quand on saura combien sont coûteux pour les étudiants les dépenses de séjour et les frais d'études. Ils ne sont pas moindres de 5,000 francs pour les jeunes gens les plus économes. Il va sans dire que les plus riches peuvent dépenser le double et le triple, lorsqu'ils veulent transporter à l'université, ce qui n'est pas rare, l'existence luxueuse et aristocratique dont ils jouissent dans leurs familles. Les universités laissent donc en dehors de leur sein une foule de jeunes gens destinés aux professions libérales, Beaucoup d'avocats, d'avoués, de médecins, d'ingénieurs surtout, ne passent point par leur enseignement. Ils courent à l'instruction professionnelle, négligent la science théorique qui en contient cependant les principes.

Cette particularité concourt, avec bien d'autres causes, à expliquer le caractère des classes moyennes de l'Angleterre, leur habileté pratique dans toutes les professions et l'absence de toute tendance philosophique dans leurs écrits et dans leurs pensées.

La faiblesse ou plutôt la nullité de l'épreuve d'admission dont plusieurs collèges se contentent abaisse le niveau général des études. La masse des étudiants futurs travaille peu à l'école secondaire, parce qu'ils savent qu'ils seront admis avec la plus grande facilité dans l'université.

Les examens subis à l'université sont de deux sortes : le premier, obligatoire pour tous les étudiants, n'exige que des connaissances superficielles, pour l'acquisition desquelles les tuteurs appliquent les procédés employés par quelques-uns de nos préparateurs au baccalauréat. Ceux qui les subissent dans ces conditions, désignés sous le nom de *passmen*, sont les premiers à reconnaître l'insuffisance du savoir que peut donner cet enseignement, ce bourrage, *cramming*, comme on l'appelle en Angleterre, qui n'exige qu'un effort de mémoire.

L'autre examen est peu sérieux. C'est un véritable concours *ad honores*, qui assure aux vainqueurs des prix et des avantages matériels considérables.

III

On éprouve un vif sentiment d'admiration et de surprise lorsque l'on visite pour la première fois ces grandes villes des étudiants, Oxford et Cambridge, où de véritables monuments ont été construits pour être exclusivement consacrés

---

(1) Demogeot et Montucci. De l'enseignement supérieur en Angleterre et en Écosse.

à la jeunesse, qui vient y compléter, par un enseignement supérieur, les connaissances qu'elle a pu acquérir dans les établissements d'instruction secondaire. Je laisse parler les derniers voyageurs qui ont exprimé d'une manière saisissante l'impression produite sur eux par l'aspect des deux cités anglaises.

« De véritables palais (1) à la fois austères et splendides, magnifiques de dessin et d'exécution, se succèdent à Oxford presque sans interruption à droite et à gauche et garnissent les principales rues. Chacun a son caractère et pour ainsi dire sa figure. L'un étend sa façade monotone sur une longueur de 200 pieds en lourdes assises horizontales, dont les deux premiers étages sont surplombés et en quelque sorte voilés par un large bandeau de pierre, tandis qu'au troisième les fenêtres, surmontées chacune d'un faîte triangulaire, lui forment un diadème radié comme celui des rois mérovingiens : c'est le collége d'*Alfred-le-Grand* (*University college*). Un autre (*Christ church*), avec ses tours majestueuses, sa vaste cour quadrangulaire, *sa cathédrale* du VIIe siècle, son réfectoire de 100 pieds de long sur 50 pieds de hauteur, aux voûtes de chêne sculpté, aux pendentifs élégants, aux vitraux coloriés, aux armoiries royales, semble rappeler avec orgueil Henri VIII et le cardinal Wolsey, ses fondateurs. Il domine la ville de toute sa hauteur impérieuse. Sur son portail d'entrée, composé de trois tours, s'élève le beffroi de *Tom*, le bourdon d'Oxford, deux fois aussi gros que celui de Saint-Paul de Londres, et dont la voix bruyante, souvent peu écoutée, sonne chaque soir pour tous les étudiants la retraite dans leurs colléges et la fermeture de toutes les portes. Plus loin, voici *Baillol*, avec son élégante chapelle toute moderne et la jeune façade qui vient de remplacer son portail contemporain de Henri VII. Voici *Exeter* avec sa longue façade à ogive, d'un effet si imposant ; voici *Brase-nose*, avec son nez de cuivre sculpté sur la porte ; voici le collége de *All-souls* et sa cour solitaire avec sa bibliothèque, dont les hauts contre-forts ressemblent à des minarets. Plus loin, à l'une des extrémités de la ville, s'élève le charmant collége de Sainte-Marie-Madeleine, bâti au XVe siècle. »

« Cambridge, avec ses deux seules rues, nous semble plus admirable encore. *King's college* est vraiment un palais de roi ; *Trinity* et *Saint-John* sont peut-être les plus magnifiques fondations collégiales de l'Europe. Les édifices de Cambridge, plus vastes et plus splendides que tous ceux d'Oxford, sont aussi mieux conservés. La pierre, plus dure, plus résistante, a gardé sous la grandeur du dessin toute la finesse des détails. Oxford s'émiette sous la main du temps et menace de tomber en poussière. Cambridge est jeune et forte dans ses sculptures séculaires. Cambridge a encore un charme particulier : la plupart de ses colléges, situés près de la Cam, ont de vastes jardins, ou plutôt des parcs somptueux qui descendent vers la rivière, la franchissent par des ponts ravissants,

la bordent de prairies et de saules pleureurs, la peuplent de batelets et d'yoles pavoisées. »

« Rien ne manque, dit M. Taine, dans la forte et intéressante Étude qu'il vient de publier sur les institutions anglaises (1), ni les beautés de l'art ni les fraîcheurs de la nature, ni les graves et grandioses impressions de l'histoire. Tout à l'heure, en me promenant dans les colléges, on me citait les noms d'anciens hôtes, étudiants à jamais célèbres, Wicleff, le prince Noir, sir Walter Raleigh, Pym, Hamden, l'archevêque Laud, Ireton, Addison... Je visite deux ou trois maisons de professeurs ; les unes, semblables à d'anciens hôtels français ; les autres, modernes et charmantes, toutes avec des jardins, des fleurs, des perspectives nobles ou riantes. Les plus vieilles, sous les portraits des prédécesseurs, rassemblent toutes le confortable moderne. Je les compare à celles de nos savants, sorte de cages au troisième étage d'une grande ville, aux tristes logis de la Sorbonne, et je pense à l'aspect si terne et si étriqué de notre Collége de France. Pauvres Français, si pauvres et qui vivent campés ! Nous sommes d'hier et ruinés de père en fils par Louis XIV, par Louis XV, par la révolution, par l'empire. Nous avons démoli, il a fallu tout refaire à nouveau. Ici la génération suivante ne rompt pas avec la précédente : les réformes se superposent aux institutions, et le présent, appuyé sur le passé, le continue »

Je reconnais tout ce qu'il y a de fondé dans ces réflexions mélancoliques. Mais, si dans des conditions qui peuvent en effet sembler misérables, quand nous les comparons à celles où se trouvent les universités d'Angleterre, la France a pu dans ses écoles primaires, son enseignement secondaire, et ses hautes études historiques, littéraires et scientifiques, s'élever au niveau, sinon au-dessus des autres nations, quels progrès ne doit-elle pas espérer lorsqu'elle pourra y consacrer des ressources et une puissance d'action plus grandes ?

Car, il faut le dire, les résultats obtenus par les célèbres universités d'Angleterre, quant aux écoles, ne sont pas en rapport avec la richesse des moyens que la munificence de leurs fondateurs a mis à leur disposition. Mais on se tromperait si l'on ne jugeait l'œuvre des colléges universitaires que sur la somme des connaissances littéraires que les étudiants en rapportent. Les deux universités sont surtout des villes d'éducation : elles présentent l'image de la vie anglaise elle-même avec ses qualités et ses défauts, l'énergie du caractère, le sentiment de la personnalité, la haine de toute chose basse et vile.

IV

Les inégalités sociales contre lesquelles, depuis le commencement de ce siècle, lutte l'esprit moderne, gagnent peu à peu du terrain malgré le respect pour les traditions du passé, et se produisent encore d'une manière frappante dans les différences hiérarchiques qui distinguent entre eux les étudiants. L'inégalité des rangs et des priviléges est consacrée par l'im-

(1) Demogeot et Montucci. DE L'ENSEIGNEMENT SUPÉRIEUR EN ANGLETERRE ET EN ÉCOSSE, p. 29.

(1) NOTES SUR L'ANGLETERRE, dans le journal LE TEMPS. (Mois de Septembre et d'octobre 1871.)

matriculation. Les pairs, les fils de pairs, les fils aînés de tous les fils de pairs et de princesses, jouissent de leurs droits, les baronnets et les fils de baronnets et de chevaliers sont distingués sous le titre collectif de *noblemen*. Leurs priviléges consistent à se présenter à l'examen de bacheliers après deux ans de séjour à l'université, au lieu des trois années exigées des autres étudiants. Au dîner, ils ont au réfectoire une table spéciale élevée sur une estrade; ils ont le droit de porter aux jours de solennités une robe chamarrée d'or et les autres jours un grand gland d'or à leur toque. Les nobles sont libres maintenant, en prenant leur inscription, de renoncer à leur position privilégiée.

Entre cette classe et celle des étudiants ordinaires, plusieurs colléges reconnaissent une classe de pensionnaires gentilshommes ou convives des agrégés, qui prennent leurs repas à une table particulière et peuvent porter une robe de soie; la richesse seule donne droit à cette distinction; pour l'acquérir, il suffit de la payer.

Les pensionnaires (*commoners*) diffèrent, à leur tour, des boursiers par la forme et la longueur de leurs robes. Mais ici la distinction sociale à l'origine est devenue purement intellectuelle, depuis que les bourses sont données au concours. La robe du boursier qui était, il y a cent ans, un stigmate de pauvreté, est aujourd'hui un vêtement d'honneur.

Les distinctions établies entre les étudiants se manifestent encore par la différence des sommes payées pour leur immatriculation. Le noble paye à Oxford 200 fr.; le gentilhomme pensionnaire, 125 fr.; le pensionnaire ou boursier, 62 fr.; l'élève serviteur, 12 fr. 50.

Les universités d'Oxford et de Cambridge jouissent d'une véritable indépendance à l'égard de l'État. Loin de dépendre du ministère, elles ont leur vote dans leur destinée. Il existe néanmoins entre elles et lui une étroite alliance. Dans un pays où l'État et l'Église ne font qu'un, l'État peut s'abstenir quand l'Église agit à sa place. Hautes écoles aristocratiques en même temps que séminaires ecclésiastiques, les universités, gouvernées et peuplées par les classes gouvernantes, sont le plus ferme appui de la constitution politique, essentiellement liée d'intérêt avec l'Église établie. Elles ne sont point des écoles professionnelles, puisque leur enseignement embrasse presque exclusivement la haute littérature, la philosophie, l'histoire, la théologie, les mathématiques pures. Elles offrent aux jeunes gens qui ont terminé leurs études secondaires une culture générale, une science désintéressée, utile sans doute à toutes les positions de la vie, mais n'étant immédiatement applicable à aucune. Les jeunes gens, appartenant aux classes moyennes, trouvent à l'université de Durham, et surtout à celle de Londres, un enseignement qui, sans cesser d'être aussi élevé, est essentiellement plus pratique.

C. HIPPEAU.

LA LITTÉRATURE FRANÇAISE

DES ORIGINES AU XVIIe SIÈCLE

Par Paul Albert, maître de conférences à l'École Normale supérieure.
Paris, Hachette, 1872.

Après avoir exposé dans deux ouvrages, justement accueillis par la faveur publique, les théories de la poésie et de la prose, et apprécié les œuvres les plus remarquables de cette double expression de la pensée humaine chez les différents peuples, M. Albert, coordonnant la série des dernières leçons faites à son auditoire de jeunes filles à la Sorbonne, dresse, ainsi qu'il le dit lui-même, un inventaire à peu près complet des richesses littéraires de notre pays. Il prend la littérature française à son berceau, il en note les premiers bégaiements, à cette heure, déjà lointaine, où elle sort des langes du latin, et il la suit dans la brillante carrière ouverte devant elle par le guide mystérieux de nos destinées historiques. Quelque douloureuses épreuves qu'ai traversées notre cher et malheureux pays, quoi que disent et quoi que fassent ses ennemis du dedans et du dehors, le génie de la France, qui est aussi celui de l'humanité, ne semble pas encore condamné à s'éteindre. En tout cas, lorsqu'on remonte avec M. Albert le courant des âges, on éprouve un allégement aux tristes impressions du temps présent et en se sent pris d'un légitime orgueil à la vue des trésors de raison, de moralité, de goût, d'esprit, de sentiments passionnés, qui brillent dans les chefs-d'œuvre de nos prosateurs et de nos poètes. Sur le terrain ferme et solide du style énergique ou gracieux, de la parole émue ou incisive, nous sommes et nous restons les maîtres. Nous y défions les provocations haineuses, les dénigrements systématiques, les espionnages éhontés, les ingérences insolentes, les triomphes brutaux, les écrasements financiers. C'est là qu'il fait bon retremper les courages, fortifier les volontés, élargir les esprits. « La France est le soldat de Dieu, » a dit Shakspeare. Que cet hommage, pieux et profond, rendu à nos devanciers, soit pour nos descendants de favorable augure!

La lecture du livre de M. Albert est bien faite pour entretenir cette espérance fondée sur le passé. Dans ses vingt-quatre leçons, qui embrassent une période de près de mille années, divisée en cinq ou six époques distinctes, le savant et éloquent professeur met en lumière les qualités et aussi les défauts de l'esprit français, manifesté par « un langage transparent et rapide, qui éclaire et qui court, » depuis les *Chansons de geste* des trouvères jusqu'au « seuil même du siècle de Louis XIV. » Sa critique ferme, alerte, franche, animée, ne se contente pas de juger : elle prouve, elle donne des exemples à l'appui. L'auteur montre avec netteté la valeur et la faiblesse des vieilles épopées nationales, dont la source et la sève, épuisées vers le xiiie siècle, se réparent un moment par l'allégorie, pour disparaître aux premiers rayons de la renaissance. En même temps, la prose, créée par Villehardouin, Joinville et Froissart, se développe, grandit et amène sa sœur la poésie à plus de précision, de sobriété, de clarté.

La septième leçon de M. Albert, *la Renaissance,* est une des plus attrayantes de son livre. Il marque de traits vifs et saillants le caractère propre de ce grand mouvement littéraire et artistique, que le xvie siècle voit éclore et se propager en Europe, surtout en Italie et en France, sous l'influence des chefs-d'œuvre de l'antiquité importés dans l'Occident par les Grecs réfugiés de Constantinople. Il fait ressortir avec bonheur la différence des hommes du Nord et de ceux du Midi, et l'effet particulier que devait produire leur contact. « C'est en Allemagne et en France, dit-il, que la renaissance pénétra les âmes au lieu de les effleurer, tendit les ressorts de l'activité libre et fit éclater cette tempête de cent années qu'on appelle le xvie siècle. » Il y eut, en effet, à cette heure splendide de l'histoire, comme une forte secousse donnée aux âmes incertaines, hésitantes, amollies : on se prit d'une ardeur enthousiaste pour les choses grandes, belles, inconnues, chimériques : on eut l'espérance parce qu'on avait la foi, et la volonté fut à la hauteur des entreprises. Heureuse époque, féconde, glorieuse, où le réveil de la raison humaine coïncide avec les progrès sûrs de notre grandeur nationale, ne reviendras-tu jamais?

La composition spéciale de l'auditoire de M. Albert lui rendait un peu difficiles des leçons sur Rabelais, Montaigne, Descartes. Il s'est tiré de ce pas avec une convenance et une mesure parfaites. Il ne dit rien qu'il ne puisse faire entendre au groupe de jeunes filles que sa tendresse paternelle instruit dans sa propre maison. Il a de même des pages très-solides, très-vigoureuses et très-sobres sur la Réforme, sur Luther, sur Calvin. Je le trouve un peu sévère pour Ronsard, qu'il appelle « un admirable fabricant de vers. » Il faut tenir compte à ce poëte « trébuché de si haut » d'accents vrais, sincères, d'une mélancolie touchante et pénétrante, dont nul, après lui, n'a surpassé le charme et la douceur. Quel est celui de ses détracteurs qui resterait insensible à la pièce : « Quand vous serez bien vieille, au soir, à la chandelle ? » Il faudrait n'avoir point d'âme. M. Albert en a une, et capable d'impressions profondes : témoin ce qu'il dit des *Commentaires de Montluc,* dont nous n'avons lu nulle part une appréciation plus judicieuse. Non moins remarquable est la leçon consacrée à d'Aubigné. Quel souffle vigoureux de poésie et de satire dans les *Tragiques !* Quelle œuvre, et qui n'a de rivale dans aucune autre littérature ! Il y a peut-être moins d'originalité dans le jugement de M. Albert sur Balzac et sur Malherbe ; mais il se rattrape avec l'*Astrée* de d'Urfé. Il s'en moque un peu trop sans doute, mais il dit franchement ce qu'il en pense. Pour nous, nous avons toujours eu peur de ne pas estimer assez une œuvre dont La Fontaine faisait ses délices.

Là s'arrête le livre de M. Albert : œuvre à la fois et forte et consolante. Elle nous venge de nos revers, par le spectacle de notre véritable gloire ; elle nous montre ce que nous pouvons être encore par le souvenir vivant de ce que nous avons été.

Eugène Talbot.

COLLECTION DES ÉDITIONS SAVANTES

Cornelius Nepos, 1 vol. in-8°; — Homère, *Iliade,* 2 vol. in-8°.

Il y a quelques années, la maison L. Hachette a commencé une publication importante des écrivains grecs et latins. Les courageux éditeurs, bien que les conditions soient aujourd'hui moins favorables, poursuivent cependant cette grande œuvre entreprise à une époque de prospérité nationale ; et nous savons que bientôt d'autres volumes viendront s'ajouter à ceux qui ont déjà paru. Certes, les collections de ce genre ne nous manquaient pas en France : sans parler des éditions *ad usum Delphini,* nous avions celles qui nous ont été données par MM. Panckoucke, Nisard ou Lemaire. Mais, après ces travaux, il y avait encore quelque chose à tenter : il y avait d'abord à nous donner une bibliothèque grecque que nous ne possédions pas; il y avait ensuite à améliorer les éditions latines publiées jusqu'à ce jour. Pour cela, on a fait appel à nos hellénistes et à nos érudits français, et on leur a demandé de travailler en commun à élever un monument digne d'honorer notre pays.

Nous le reconnaissons volontiers, les ouvrages que nous avons entre les mains répondent à notre attente ; ils se distinguent par des qualités assez éminentes, pour justifier l'accueil favorable qu'on leur a fait dans le monde savant. C'est M. Alf. Monginot, professeur au lycée Condorcet, qui nous a donné l'édition du Cornelius Nepos. L'éditeur n'avait pas ici à se jeter dans de longues discussions philologiques, à rétablir des textes falsifiés, à proposer des leçons qui lui paraissaient meilleures que celles de ses devanciers, ou à étudier péniblement des manuscrits qui n'existent pas. Mais s'il était dispensé de cette tâche souvent ingrate, toujours laborieuse, il avait à faire mieux que ses prédécesseurs; il avait à comparer les différentes éditions de Cornelius Nepos, à nous faire connaître les différents travaux dont l'historien latin a été l'objet, afin de nous donner, s'il était possible, une édition définitive.

A cet égard, le travail de M. Alf. Monginot nous a pleinement satisfait, et satisfera, nous en sommes sûr, tous ceux qui, par goût ou par profession, donnent encore leur soin à l'étude des lettres latines. L'*Introduction* que le nouvel éditeur a placée en tête des *Vies des grands capitaines,* renferme tout ce que l'on peut désirer savoir sur cet élégant ami de Catulle, d'Atticus et de Cicéron. D'abord, il établit clairement que les *Vies* sont l'œuvre de Cornelius Nepos, et non le travail d'un faussaire ou d'un abréviateur. La thèse contraire a été développée par un critique allemand, M. Rinck, dans ses *Prolegomena ad Æmilium Probum* ; on la trouve dans l'édition de Roth, in-8, Bâle, 1841. Dans une discussion courte, serrée, précise, M. Alf. Monginot réfute les arguments de Rinck, et prouve qu'Æmilius Probus, ce grammairien du temps de Théodose, n'est ni l'auteur ni l'abréviateur de Cornélius. Non, au ive siècle, à cette époque de décadence pour les lettres latines, on n'écrivait plus de ce style correct, limpide et d'une transparence si parfaite. « Pour tout *dégustateur* tant soit peu exercé, dirons-nous avec l'un des traducteurs de notre historien, la saveur de cette latinité n'est pas de l'époque de Théodose. Il y a là une fleur, un *bouquet* d'élégance et de naturel qui équivaut à la date la plus authentique. » Un autre critique, M. Nissen, sans accepter la thèse de M. Rinck, et tout en admettant que les *Vies des grands capitaines* sont l'œuvre de Cornélius, a soutenu que l'ouvrage ne nous était pas parvenu tel qu'il avait été composé, et qu'il avait été retouché, arrangé par Æmilius Probus. Cette seconde hypothèse, M. Alf. Monginot la rejette ; et si, en France, son opinion n'eût pas été déjà la plus universellement répandue, nous devrions lui savoir gré de l'avoir établie avec une autorité si complète. D'ailleurs, même en Allemagne, l'opinion contraire à celle de M. Rinck ou de M. Nissen a été soutenue dans des dissertations excellentes, et dont M. Monginot a su tirer le meilleur parti. En 1833, M. Wiggers publiait à Leipzig un travail rempli d'observations curieuses, fruit de patientes recherches, et accompli avec une remarquable sagacité : *De Cornelii Nepotis Alcibiade quæstiones criticæ et historicæ*. Quelques années après, en 1844, un autre savant allemand, M. Lieberkühn, prouvait l'authenticité de l'ouvrage de Cornélius Nepos : *Vindiciæ librorum injuria suspectorum, II. Defensio Cornelii Nepotis contra Æmilium Probum, librarium*, in-8, Leipzig. Et enfin, dans cette même ville de Leipzig, M. Nipperdey soutenait la même opinion que ses compatriotes, et montrait que primitivement le nom d'Æmilius Probus avait été inscrit à tort en tête du livre de Cornélius, et que les copistes suivants n'avaient fait que reproduire l'erreur première : *In Cornelio Nepote spicilegium criticum*, in-8, Leipzig, 1850. Ce sont ces différents opuscules dont M. Monginot s'est servi avec habileté, dont il a su tirer un excellent profit, et à l'aide desquels il a corroboré ses raisons personnelles.

L'éditeur termine son Introduction en nous disant quelques mots des principales éditions de Cornélius Nepos, depuis celle d'Utrecht en 1542, jusqu'à celle de Roth, imprimée à Bâle, en 1841. Je ne les cite pas : on trouvera l'indication de chacune dans M. Alf. Monginot. Je me contente de remarquer que ces différentes publications nous viennent toutes de savants étrangers : Bos, Van Staveren, Bremi, Roth, etc. Quant à la France, il n'en est pas question. Il est possible que nos éditions françaises de Cornélius Nepos se fassent trop peu remarquer pour mériter l'honneur d'une mention. Nous aurions voulu cependant que M. Alf. Monginot fît une exception pour le Cornélius de la collection Lemaire, que M. Descuret a publié, avec le concours du savant doyen de la Faculté des lettres de Paris, M. J. V. Leclerc. Nous savons bien qu'il cite cette édition ; mais la citation se trouve placée dans une note sommaire, et à un endroit où on la remarque si peu, que c'est comme si elle n'existait pas.

Et, puisque nous faisons des critiques, qu'on nous permette quelques autres remarques. Nous trouvons dans l'édition Lemaire une Table chronologique des événements racontés par Cornélius Nepos : *Chronologia rerum memorabilium in Cornelio Nepote*. Pourquoi une table semblable n'est-elle pas dans l'édition de M. Alf. Monginot? Si l'éditeur a cru qu'elle serait inutile, nous ne sommes pas de son avis. Nous ne sommes pas fâché, en lisant la biographie de Miltiade, d'Iphicrate ou de Phocion, de pouvoir vérifier sans trop de difficulté à quelle année se rapportent les faits décrits par l'historien latin.

Nous ne disons rien de l'index historique et géographique qui se trouve aussi dans Lemaire. M. Monginot a tâché d'y suppléer par les notes qu'il a insérées dans le texte de Cornélius ; mais cependant nous eussions préféré qu'il eût suivi l'exemple du savant français. Ce que nous regrettons surtout, c'est le vocabulaire des expressions de Cornélius que M. Lemaire a placé à la fin de son édition. M. Monginot ne l'a pas fait : c'est là une lacune fâcheuse, et que l'on ne voudrait pas trouver dans une édition faite d'ailleurs avec un soin si consciencieux et un zèle si éclairé.

Du reste, ce défaut n'est pas particulier à M. Monginot ; le Virgile de M. E. Benoist manque aussi de cet utile vocabulaire. Personne cependant n'ignore l'importance de ces tables qui, à l'aide d'un seul mot d'un auteur, permettent de retrouver tout le passage dont on peut avoir besoin. C'est pour avoir expérimenté nous-même les services que rendent ces sortes de tables, que nous les réclamons avec instance. Sans elles, une édition n'est pas parfaite ; et on l'a si bien compris, qu'on en a mis dans la *Collection des grands écrivains de la France* que publie aussi la maison L. Hachette. Pourquoi donc ne ferait-on pas pour les écrivains grecs et latins ce que des éditeurs ont déjà fait, et ce que l'on croit devoir faire en ce moment pour Corneille, Boileau et Mme de Sévigné? Au xviie siècle, Huet fit dresser des tables de ce genre pour les éditions *ad usum Delphini* ; et, c'est avec un orgueil légitime qu'il parle de cette amélioration dont il fut le promoteur. « J'eus seul l'idée, dit-il dans ses Mémoires, de faire faire pour chaque auteur un indice, non comme on le pratiquait habituellement en se renfermant dans les choses et les mots les plus essentiels, mais en y faisant entrer tous les mots dont cet auteur est composé. Je connaissais de longue main et par expérience l'utilité des indices exécutés d'après cette méthode sur les auteurs grecs et latins par quelques érudits, tels que Wolffgang Seber sur Homère, Daniel Paré sur Musée, Nic. Erythræus sur Virgile, Horace Tuscanella sur Catulle, Properce et Tibulle, le même Paré sur Lucrèce, Thomas Tretter sur Horace, Joseph Lange sur Martial, Juvénal et Perse,

Pompeio Pasqualini sur les *Métamorphoses* d'Ovide, et d'autres sur d'autres auteurs (1). »

L'exemple donné par Huet, par Lemaire est bon à suivre; et nous désirons vivement que les prochains volumes de la collection des *Éditions savantes* contiennent ces tables dont l'utilité est incontestable : c'est là un avantage qu'il ne faut pas laisser aux éditions faites précédemment. Sans cela, malgré tout le mérite des nouveaux commentateurs , on recherchera de préférence les éditions de M. Lemaire. La librairie Hachette est encore au début de sa glorieuse entreprise; tandis qu'il en est temps encore, nous l'en avertissons: elle fera bien de réparer cette faute pour les ouvrages qui sont sur le point de paraître, pour ceux surtout qui paraîtront à l'avenir.

Nous regrettons l'absence des mêmes tables dans la remarquable édition de l'Iliade d'Homère. Cette édition, préparée par M. Alexis Pierron, est un véritable monument, et fait le plus grand honneur à l'érudition française. Dans les sept chapitres de sa savante *Introduction*, M. Pierron retrace les premiers travaux des Grecs sur l'Iliade, fait l'histoire de la critique alexandrine, examine les textes manuscrits et imprimés, juge l'Iliade de Villoison, apprécie les travaux de Wolf et de Heyne, et enfin nous expose les derniers travaux des modernes sur le poëte grec. Pour mieux compléter son ouvrage, M. Pierron a inséré à la fin du second volume de l'Iliade les plus remarquables travaux modernes : les prolégomènes de Villoison, ceux de Wolf, avec ses préfaces, et une dissertation de M. Egger sur la plus ancienne rédaction des poëmes homériques. On n'avait rien fait encore, que nous sachions, de plus sérieusement étudié, de plus complet sur Homère. L'*Introduction* surtout est un prodige de science, de recherches, de sagacité et de goût. Aussi, par ce grand travail, M. Pierron s'est fait une belle place parmi nos érudits français, et désormais il pourra sans peine se tenir à côté de nos illustres maîtres : Daunou, Boissonade, Guigniaut, Egger. Son Homère, car il lui appartient, sera sans rival ; et, si les Allemands veulent à l'avenir publier des travaux sur l'Iliade, ils seront obligés de recourir à son édition. Et certes, ce n'est pas là un mince avantage. Dans un temps où l'Allemagne est si fière du triomphe de ses armes, on est heureux de pouvoir se dire que pour l'érudition nous ne lui cédons pas aisément la victoire. Depuis longtemps on nous répétait que l'Allemagne était plus savante que nous, plus instruite que nous, plus éclairée que nous; eh bien, c'est avec un sentiment de légitime orgueil que je constate que l'érudition française n'est pas en décadence, et qu'elle atteste sa valeur par de puissantes œuvres.

M. Pierron ne traite pas ses prédécesseurs avec beaucoup de tendresse : il raille sans pitié la manie qu'a eue Bekker de perfectionner les vers d'Homère; il remarque que **Paley**, un éditeur anglais d'Homère, s'est *lourdement trompé*,

et qu'il y a chez lui des *centaines de naïvetés philologiques*; enfin, jusque dans l'Iliade de l'excellent et illustre M. Dübner, l'inexorable critique relève *des négligences inimaginables :* négligences si inimaginables, en effet, qu'elles lui ont fait prendre *le blanc pour le noir, le jour pour la nuit.* La critique est sévère, et exprimée avec une certaine vivacité; mais aussitôt M. Pierron rend volontiers justice à cet helléniste qui était aussi modeste que savant : «Il a souvent, nous dit-il, de bonnes choses qui ne doivent rien à personne, qui sont de lui, et qu'on est heureux de citer avec éloge. »

D'ailleurs, ce ton un peu vif à la rencontre, qui serait déplacé chez un autre, ne déplaît pas dans un homme qui a passé de longues heures, de longs jours dans la préparation d'une œuvre importante, et qui mieux que personne peut apprécier les erreurs commises par ses prédécesseurs. « Je ne parle pas des peines de mon labeur, dit M. Pierron en terminant son Introduction. Ce n'étaient point des peines. J'ai travaillé avec amour. C'est trop peu dire encore : j'étais possédé d'une passion acharnée. Les heures passaient comme des instants. Trois années m'auront à peine suffi, uniquement et absolument consacrées à la tâche ; mais je compterai ces trois années parmi les plus heureuses de ma vie. » Nous aimons à voir cette passion du travailleur pour son œuvre : il l'a aimée, il s'y est dévoué avec *acharnement,* et c'est pour cela que de ce labeur *de trois années* est sorti un ouvrage sérieux, profond, riche de toutes sortes de pièces, fait de verve, en quelque sorte, comme une œuvre d'imagination, et dans lequel, malgré la multiplicité des notes, on ne sent nulle part ni la fatigue, ni l'effort.

A. Fabre.

M. ADOLPHE BERGER

PRÉFACE DE L'HISTOIRE DE L'ÉLOQUENCE LATINE

Publiée par M. Victor CUCHEVAL (1).

I

M. Adolphe Berger, sous le nom duquel nous publions aujourd'hui cet ouvrage, est un des maîtres qui ont le plus honoré, dans notre temps, l'enseignement de la Faculté des lettres de Paris. Professeur de rhétorique au collége de Charlemagne et maître de conférences à l'École normale supérieure, il était depuis longtemps renommé comme un des savants les plus versés dans les Littératures anciennes, lorsqu'il fut appelé, d'une manière définitive, en 1854, à la Faculté des lettres de Paris, où il avait déjà suppléé, à différentes reprises, M. Saint-Marc Girardin et M. J. V. Le Clerc.

---

(1) Mémoires de Huet, Liv. V, pag. 181. trad. de M. Ch. Nisard.

(1) 2 vol. in-12, Hachette, édit.

De 1834 à 1869, M. Berger a professé, à la Sorbonne, le cours d'*Eloquence latine*, avec un succès qui est toujours allé en grandissant, et que justifiaient la valeur et la haute portée de son enseignement.

D'autres maîtres ont pu déployer, dans les cours de nos Facultés, un talent d'orateur plus brillant, aucun n'y a apporté un ensemble de qualités plus précieuses et plus solides. L'amour des belles-lettres et de l'Antiquité ; une érudition profonde qu'un travail incessant renouvelait et augmentait chaque jour ; une mémoire admirable qui ne laissait rien échapper de ce qui lui avait été confié ; une infatigable curiosité qui ne voulait ignorer aucune des matières se rattachant de près ou de loin aux objets de ses études ; un jugement droit et pénétrant qui allait au fond des choses ; une parole facile, abondante, animée ; une causticité spirituelle, rehanssée par la bonhomie du ton et de la personne : tout le rendait merveilleusement propre à l'enseignement dont il était chargé. Aussi le cours de M. Berger devint-il bientôt populaire, et les auditeurs ne cessèrent pas, pendant quinze ans, de se presser, en rangs toujours plus serrés, autour de cette chaire, où le savant professeur leur expliquait l'histoire de l'éloquence latine, et l'éclairait de toutes les lumières d'un esprit auquel nulle science n'étai. restée étrangère.

En effet, M. Berger, comme l'a dit de lui son éminent ami M. Vacherot, dans la notice détaillée et émue qu'il a consacrée à sa mémoire (1), M. Berger « était de cette école qui n'a jamais compris qu'on pût faire de la critique littéraire sans le secours de la biographie, de l'histoire, de la philosophie, des sciences physiques et naturelles elles-mêmes, au moins dans une certaine mesure... Et, quelque branche des connaissances humaines qu'il abordât, en dehors de celle qui faisait l'objet de son cours, il était aussi sûr de sa science, aussi maître de sa pensée, aussi net et aussi démonstratif dans l'expression d'idées et de faits étrangers à son enseignement ordinaire que s'il eût eu à parler sur des questions de pure littérature.

» Ainsi, par exemple, s'agissait-il des origines de l'Éloquence latine, toute la science allemande des Niebühr et des Mommsen sur les premiers temps si obscurs de l'histoire romaine venait, sous une forme nouvelle et dans un langage tout français, éclaircir un problème de littérature inséparable d'un problème historique. S'agissait-il d'expliquer les lois agraires, et tel discours des Gracques ou de Cicéron, la science des légistes romains intervenait pour faire comprendre l'objet et l'état des questions qui passionnaient les partis et agitaient le Forum. S'agissait-il de tel traité de philosophie ou de morale d'un écrivain latin, l'histoire des doctrines philosophiques était là pour montrer les sources où cet auteur avait puisé. S'agissait-il de certains traités scientifiques, tels

que les *Questions physiques* de Sénèque, ou l'*Histoire naturelle* de Pline l'Ancien, on était ravi de voir à quel point la science des Aristote, des Buffon, des Cuvier, des Claude Bernard, était familière à ce professeur de latinité. »

II

Aussi, lorsqu'en 1869, à peine âgé de cinquante-huit ans, le savant professeur fut arrêté par la mort presque en descendant de sa chaire, la nouvelle de sa fin prématurée fut un deuil pour tous ceux qui s'intéressent aux lettres latines. On se demandait avec inquiétude si, de tant d'érudition laborieusement amassée, de tant de leçons intéressantes, il ne resterait qu'un souvenir fugitif et bientôt effacé. En effet, ce maître modeste n'a conservé aucun des cours qu'il a professés avec tant de succès. Une extrême défiance de lui-même, un scrupule excessif qui lui faisait craindre de dérober à la préparation du cours qui allait commencer le temps consacré à écrire le cours qui venait de finir, enfin la perte successive de ses enfants, et l'état de sa santé, l'empêchèrent de compoer l'histoire de la littérature latine que l'on attendait de lui.

Toutefois, à défaut d'un livre qui assurât la perpétuité de son enseignement, M. Berger laissait des quantités considérables de notes courtes et précises qui avaient servi de matériaux à ses cours. Pouvait-on tirer parti de cette multitude d'extraits succincts, de citations latines, de passages d'auteurs anciens transcrits soigneusement sur des feuillets détachés, et mis en un ordre dont les sommaires des leçons, conservés pour la plupart, aidaient à deviner le secret? Ses amis l'ont espéré, et l'un d'eux l'a tenté.

III

L'ouvrage que nous présentons aujourd'hui au public est l'*Histoire de l'éloquence latine depuis l'origine de Rome jusqn'à l'époque de Cicéron*. En choisissant ce sujet parmi tous ceux qui ont été traités à la Sorbonne par M. Berger, nous avons voulu combler une lacune que nous avons souvent entendu déplorer. Les auteurs de la plupart des histoires de la littérature latine publiées en France, pressés d'arriver à l'étude des chefs-d'œuvre que tout le monde connaît et admire, ont glissé rapidement sur les époques arides et presque ignorées qui en ont été la longue et pénible préparation. Pour suppléer à leur silence, nous avons abordé hardiment cette partie de l'histoire littéraire sur laquelle les modernes ont des renseignements si incomplets et dont il reste si peu de fragments authentiques. Dans ce but, nous avons mis en œuvre les documents accumulés patiemment par M. Berger pour les cours qu'il a consacrés à plusieurs reprises, et notamment en 1855, à cette période, en complétant quelques rares lacunes par nos recherches personnelles, et en nous servant des rédactions des élèves de l'École normale qui avaient suivi le cours de 1855, rédactions qui, par une circonstance exceptionnelle, ont été conservées à l'Ecole (1).

(1) Notice lue à la réunion annuelle des anciens élèves de l'École normale, le 16 janvier 1870, et publiée dans la Revue de l'instruction publique.

(1) Quelques-unes de ces rédactions, notamment celles de MM. Bréal,

Cet ouvrage peut donc passer pour une reproduction de l'enseignement professé par M. Berger sur les obscurs commencements de la littérature latine. Le premier volume remonte aux origines mêmes de la population romaine et de la langue qu'elle parlait; puis il recherche et apprécie, dans leur ordre chronologique, toutes les manifestations de la pensée romaine, depuis le *Chant des Frères Arvales* jusqu'à l'époque où Caton l'Ancien est élevé à la dignité de censeur. Les monuments les plus anciens de la langue écrite, les lois des Rois et celles des Décemvirs, les témoignages des Grandes Annales et des inscriptions, les rapports primitifs de Rome et de la Grèce, les origines de l'Eloquence et de l'Histoire, les fragments des premiers orateurs et des vieux historiens, sont l'objet d'études attentives et minutieuses. Bien que le programme des cours de M. Berger l'astreignît à s'occuper exclusivement de la *Prose* latine, le savant professeur ne s'est pas interdit les excursions dans le domaine de la *Poésie*, toutes les fois qu'elles pouvaient servir à expliquer les progrès de la culture intellectuelle chez les Romains, et les transformations successives de l'esprit national. A son exemple, nous n'avons pas hésité à rappeler les origines de la poésie latine, et à passer en revue les fragments principaux des vieux poëtes qui, en initiant les Romains aux arts de la Grèce, ont modifié si profondément toute leur littérature.

Au second volume, la grande figure de Caton l'Ancien, mieux connue que celle de ses devanciers, grâce aux nombreux débris de ses ouvrages qui nous sont parvenus, ouvre dignement ce qu'on peut appeler la seconde époque de l'éloquence latine. M. Berger étudie sous toutes ses faces ce génie multiple et original, qui, orateur, historien, agriculteur, et adversaire de la civilisation grecque, a joué dans la République un rôle si considérable. Après Caton, comme pour montrer l'inutilité des tentatives du vieux Romain, se présente le sénatus-consulte relatif aux Bacchanales, dont le texte si curieux est arrivé jusqu'à nous. Cette étude, comme celle des satires de Lucilius, fait voir les progrès de la corruption des mœurs, et révèle certains côtés de la société romaine que les écrits des historiens et les discours des orateurs laissent nécessairement dans l'ombre. Puis, après une appréciation sympathique de la politique et de l'éloquence des Gracques, vient l'étude de tous les écrivains, historiens, auteurs de *mémoires*, orateurs, qui se sont succédé depuis Caton jusqu'à Salluste et Cicéron. Le savant professeur les passe en revue tour à tour, en donnant sur chacun d'eux les détails biographiques que son érudition

Perrot, Goumy, aujourd'hui professeurs distingués à Paris, sont très-bien faites, et nous n'avons eu à y apporter que de légères modifications.. Qu'ils veuillent bien recevoir ici nos remercîments, ainsi que le directeur de l'École normale, dont l'obligeance a mis ces rédactions à notre disposition.

lui a permis de recueillir, et en citant et appréciant les fragments de leurs écrits conservés par les Macrobe, les Aulu-Gelle et les divers grammairiens de l'antiquité.

Il ne nous appartient pas de faire l'éloge de ces chapitres, auxquels nous renvoyons le lecteur. Qu'il nous suffise de dire que l'étude patiente de tant d'historiens et d'orateurs presque complétement perdus est animée et vivifiée par l'esprit que le professeur apportait à son cours. M. Berger aime ces vieux auteurs dont il recueille si soigneusement les lambeaux épars, et c'est avec une sorte d'affection paternelle qu'il les étudie, pour les venger, autant qu'il le peut, des injures du temps, qui n'a pas respecté leurs écrits. Mais sa critique réservée et judicieuse n'a pas la prétention de ne rien ignorer. Comme elle ne veut s'appuyer que sur des faits incontestables, elle aime mieux encore s'exposer au reproche de sécheresse et d'aridité que de marcher à l'aventure, et de se laisser aller à des développements dont l'imagination de l'historien fait d'ordinaire tous les frais.

Nous avons cité beaucoup de fragments et de passages d'auteurs dans le cours de cet ouvrage, en indiquant avec soin la source où ils étaient puisés, et nous en avons donné la traduction. Quant aux textes mêmes, nous avons songé aux professeurs des lycées de province, qui ne rencontrent pas toujours dans les bibliothèques locales les livres nécessaires à leurs études, et nous avons reproduit, à l'appendice de chaque volume, les inscriptions principales et les documents les plus importants cités ou traduits dans le corps de l'ouvrage.

Telle est l'œuvre utile, selon nous, mais modeste en ses prétentions, que nous offrons à ceux qui ont conservé le goût des lettres latines. Ce n'est ni un livre d'érudition pure, ni un ouvrage destiné au grand public, mais une œuvre d'un genre intermédiaire, où l'on retrouve les vues et les qualités de la critique moderne appliquées par un de nos plus savants professeurs à un sujet traité jusqu'ici, en France, d'une manière incomplète. Plus que tout autre, nous qui avons pu apprécier, grâce à une longue intimité, la solidité et l'étendue de la science de M. Berger, nous sentons l'insuffisance du livre que nous mettons sous son nom. Nous n'avons pas hésité cependant à le publier, certain qu'en l'état même où il est, il rendra service à la littérature latine, et honorera le souvenir du maître qui voulait bien nous appeler son ami. Ce que nous demandons seulement aux lecteurs, c'est de n'imputer qu'à notre faiblesse les fautes et les imperfections d'une œuvre que nous eussions voulu élever comme un monument durable à sa mémoire.

Victor CUCHEVAL.

Septembre 1871.

Le Directeur-Gérant : G. HUBERSON.

Paris. — Imprimerie de GAUTHIER-VILLARS, quai des Grands-Augustins, 55.
(Ancienne imp. Bonaventure.)

JOURNAL

DE

L'INSTRUCTION PUBLIQUE

1re PARTIE : JOURNAL DES LETTRES

REVUE ANALYTIQUE & BIBLIOGRAPHIQUE

De Littérature, de Philosophie et d'Histoire

Paraissant le 10 et le 25 de chaque mois.

ABONNEMENTS :

Paris.....{1 an... 12 »
{6 mois, 7 »
Dépts.....{6 mois, 8 50
{1 an... 15 »
Étranger{6 mois, 12 »
{1 an... 22 »

Les abonnements en un mandat-poste, ou à vue sur un banquier de Paris, sont reçus à l'ordre du *Directeur*.

ANNONCES :

La ligne...... » 60 c.

Pour tout autre mode d'annonces, s'adresser au *Directeur*, rue Servandoni, 12, à Paris.

Toute communication relative à l'Administration du Journal doit être adressée *franco* au *Directeur*, rue Servandoni, 12. — Les communications relatives à la Rédaction doivent être envoyées *franco* au *Rédacteur en chef*, à la même adresse.

Les manuscrits *non insérés* seront *rendus*.

Il sera rendu compte, *sous quinzaine*, de tout ouvrage dont 2 EXEMPLAIRES auront été adressés au *journal*.

PREMIÈRE ANNÉE. — N° 2. — 25 MARS 1872.

Paris, le 25 mars 1872.

L'ÉCOLE

—

A M. Michel Bréal, professeur au Collége de France.

Monsieur, quelle heureuse rencontre pour ce journal d'être né à la même heure que votre livre sur l'*Instruction publique!* Les *quelques mots* écrits par vous auront du retentissement dans le pays. Sous ce titre modeste et qui, contrairement à la coutume, promet moins qu'il ne tient, vous avez composé un traité en règle. Il y a bien des mots dans ces 407 pages, et, comme il y a aussi beaucoup d'idées, vos lecteurs ne se plaindront pas. Si l'on est tenté de vous adresser un reproche, c'est d'avoir été trop court. Vous dites pourtant l'essentiel, et vous le dites en bons termes, avec un esprit d'indépendance et de modération que l'on ne saurait trop louer.

Quelqu'un prétendait dernièrement que vous n'étiez pas assez *radical*, un autre que vous l'étiez trop. La question des études a donc son extrême droite et son extrême gauche. Restons au centre, pour ne pas perdre la gravité qui convient à notre sujet. Je vous avertis que mon centre n'est pas un point rigoureusement géométrique ; c'est un espace assez vaste, où chacun peut se mouvoir à son gré. Celui-ci incline à gauche : celui-là se tourne plus volontiers vers la droite. C'est affaire de goût et de tempérament. Mais, en ne s'écartant jamais du juste milieu, on se tient ferme sur ses jambes, on marche résolûment, et, comme vous, monsieur, on peut se frayer un chemin entre les ornières de la routine et les casse-cou de l'utopie.

Sorti de l'Université, vous n'avez pas tardé à faire « comme ces enfants drus et forts d'un bon lait qu'ils ont sucé, qui battent leur nourrice. » Bien que vous eussiez déjà le poignet solide, l'*Alma Mater* ne s'est point fâchée : elle a vu là une exubérance de force plutôt qu'une intention maligne. Vos premiers pas lui rappelaient ceux d'Hercule, le héros de votre thèse. Dès le berceau, le dieu qui devait terrasser Cacus étouffait des serpents, par manière de passe-temps et d'exercice. Ainsi, à vos débuts, vous préludiez au grand travail que vous venez d'accomplir. Qui vous eût contemplé dans les langes de l'école normale, aurait pressenti le critique et le réformateur. Plus d'un maître vous avait deviné ; mais nul ne songe à se repentir de vous avoir enseigné ce rudiment que vous malmenez si fort, ou cette grammaire que vous comparez si bien.

La raison de cet accueil favorable, que vous trouvez partout, est que vous êtes à la fois conservateur et révolutionnaire. Vous voulez transformer et non détruire ce qui existe. Vous maintenez l'école, le lycée, la faculté. Seulement vous prétendez fonder une école idéale, un lycée modèle, une faculté comme on n'en voit pas. Vous invitez le public à visiter ces trois établissements. Permettez-moi de suivre la foule et de commencer mes visites par l'école primaire, la plus humble et non pas la moins utile de vos créations.

Votre instituteur est le véritable pédagogue ; ce qui signifie tout le contraire du pédant. Point d'appareil scolastique, de rudiment barbare, de longues dictées, d'ennuyeux pensums. Un maître aimable et aimé de ses élèves, dont il est l'éducateur et le conseiller ; un honnête homme, et qui plus est, un homme au fait des exigences de la vie réelle. Il a appris son métier ailleurs que dans les ordonnances et les circulaires ministérielles. Il a une méthode à lui ; il l'applique, il la perfectionne. Il n'attend pas le mot d'ordre du maire, de l'inspecteur d'académie, du recteur, du préfet. Il conduit sa compagnie de bambins, comme un capitaine habile et sûr de lui-même. Il ne ressemble point à ces caporaux-instructeurs qu'engendre l'obéissance passive aux règlements. Aussi est-il honoré de tous, fêté, salué jusqu'à terre :

Monsieur l'instituteur, ah ! gros comme le bras.

Il ne se contente pas d'enseigner à ses élèves la lecture, l'écriture et le calcul. Il est aussi fort sur l'éducation des âmes que sur la règle de trois. Il exerce dans son village une sorte de magistrature morale. C'est l'oracle des familles, le confident de tous les secrets, le moins imparfait des notaires, et le plus autorisé des juges de paix.

J'avoue, monsieur, que ce portrait, dont vous m'avez fourni les brillantes couleurs, a quelque chose de bien séduisant. Malheureusement, vous avez écrit le roman plutôt que l'histoire des instituteurs populaires. « Roman en deçà du Rhin, direz-vous, histoire au delà. » Nous touchons au point délicat. Peut-être vous accusera-t-on, tant votre idéal vous éblouit ! de voir la réalité avec des yeux prévenus. En Allemagne, les maîtres d'école ont plus d'instruction et d'expérience que les nôtres ; il serait puéril de le nier. —Sont-ils aussi parfaits que vous le soutenez, et nos compatriotes aussi nuls qu'il vous le semble ?

Si nous avons tout ou presque tout à créer, le mal est sans remède. On ne fait rien de rien. Les philosophes assurent que le passage du néant à l'être est une chimère métaphysique ; à plus forte raison est-ce une impossibilité matérielle. D'un autre côté, comme la perfection n'est pas de ce monde, j'ai peine à croire que tout soit pour le mieux dans la meilleure des Allemagnes possibles. Nous possédons en France un certain nombre d'excellentes écoles, et beaucoup de médiocres. Il s'agit de réformer celles-ci, et de multiplier celles-là. Ce n'est pas une besogne au-dessus de nos forces. Nos voisins de l'Est nous ont devancés dans la carrière. En doublant les étapes, nous ne désespérons pas de les rejoindre. Mais procédons avec méthode, et n'allons pas sans raison bouleverser notre enseignement national par la brusque importation des idées et des coutumes étrangères. Ce que Virgile a dit des productions du sol s'applique aux institutions des peuples :

Nec vero terræ ferre omnes omnia possunt.

Ne jetons pas au hasard, dans un terrain tout français, de la graine anglaise ou allemande. Choisissons avec discernement les semences que nous désirons voir fructifier. En réalité, monsieur, vous êtes de cet avis, parce que vous avez de la mesure jusque dans vos hardiesses. Mais les apparences sont contre vous, à cause du parallèle peu obligeant que vous établissez entre la France et les nations rivales.

Les gens éclairés ne s'y tromperont pas. Vous vous êtes souvenu de Tacite, qui morigénait son siècle à propos des Cattes et des Chérusques. Vous avez écrit votre *Germanie* scolaire pour stimuler notre zèle et nous faire rougir de nos faiblesses. L'intention est louable ; j'ai peur qu'elle ne soit méconnue.

J'ai rencontré l'autre jour l'instituteur d'un canton assez voisin de la capitale. Il venait à Paris pour affaire, du samedi soir au lundi matin. On lui avait parlé de votre livre ; il s'était empressé de l'acheter, et déjà l'avait dévoré aux trois quarts. C'est un homme jeune encore, plein de savoir et d'ardeur, moitié paysan, moitié bourgeois. — « Monsieur, me dit-il sans préambule, voici un livre qui risque d'être mal compris et surtout mal pris. Pour moi, je me flatte d'être l'admirateur de M. Bréal, et je ne lui en veux pas des horions qu'il nous distribue sans compter. Mais tous mes collègues n'ont pas ce caractère endurant. A lire les recommandations minutieuses que nous fait M. Bréal, on serait tenté de conclure que nous sommes des ânes, et qu'il est nécessaire de nous renvoyer à l'A B C. Qu'il critique nos manuels d'enseignement tant qu'il voudra, je n'ai pas envie de les défendre : mais, pour Dieu ! qu'il se transporte dans nos classes. Il verra comment on corrige par la leçon orale les imperfections de la leçon écrite. Est-ce que nous avons attendu ses préceptes pour expliquer les étymologies, mimer les métaphores, réconcilier Lhomond avec la logique, pratiquer l'exercice de la *Fibel* ou lecture courante ? L'école normale nous a révélé ces secrets pédagogiques ; il n'y a point là de sorcellerie, n'en déplaise à tous les *séminaristes* de l'empereur Guillaume.

« Quant à l'idée de remettre les patois en honneur, c'est là une invention de savant qui, dans la pratique, rencontrerait bien des obstacles. L'histoire de la formation de notre langue n'intéresse guère que les philologues et les hommes d'une culture avancée. Je brouillerais la cervelle de mes petits Picards, si, d'après les principes d'Auguste Brachet, je rapprochais leur langage et leur prononciation du dialecte de l'Ile-de-France, qui n'est pas devenu seulement « la langue littéraire », mais le français tout court, celui de la politique, des lois, des actes civils et administratifs, des électeurs et des députés, des négociants et des gens du monde. J'admets qu'on exige du maître d'école qu'il soit en état de comprendre le lexique et la syntaxe populaires. Cette science spéciale éclairera sans doute et simplifiera sa méthode d'enseignement. J'admets aussi que l'on nous donne quelque teinture du latin, — à la seule condition que nous ferons de tout cela un usage discret. Car nous ne devons jamais perdre de vue l'objet propre de nos fonctions, qui est d'élever des laboureurs, des ouvriers, des citoyens utiles, et non des diplomates, des membres de l'Institut ou des professeurs du Collège de France.

« Je ne sais par quelle étrange contradiction le professeur, qui voudrait transformer nos écoles en humbles succursales de sa haute chaire, se montre si dédaigneux

des règles de l'orthographe. Les mille complications que présente l'usage ne sont rien pour qui possède la clef de ces bizarreries prétendues. Or, nous sommes censés connaître les origines du français. Nous sommes donc en mesure d'indiquer aux élèves les motifs qui nous font placer un *h* après l'*r* de *rhétorique* et de *rhume*. Si peu éveillée que soit l'intelligence de nos enfants, ces raisons, tirées de l'étymologie, graveront à tout jamais la règle dans leur esprit. Les recettes de la magie blanche ne sont pas plus innocentes que cette mnémotechnie orthographique. Ma femme, qui a son brevet de capacité, et qui se charge de décrasser les sœurs et les cousines de mes marmots, est ferrée sur l'esprit rude comme feu madame Dacier en personne. Elle vous soutiendra gravement que *rapsode* sans *h* est un cas de tératologie grammaticale ; mais en revanche elle rirait aux éclats si quelqu'un écrivait le dimanche des *rhameaux*.

« M. Michel Bréal, continua mon interlocuteur, dit des choses fortes justes sur l'insuffisance de notre enseignement historique et géographique. Nos maîtres d'école sont de passables grammairiens ; ils ont quelques notions de géométrie, d'arpentage, d'économie politique et de littérature générale. Mais ils mordent difficilement à la grappe de la géographie et de l'histoire. Faut-il en conclure que les Français manquent absolument d'aptitude pour ces deux branches des connaissances humaines ? Ce n'est pas mon opinion. Nous sommes rebelles à la chose, voilà tout. Pourquoi ? C'est un problème que je creuse depuis longtemps sans pouvoir le résoudre. Nos ancêtres les Gaulois étaient cependant de fiers touristes. Encore aujourd'hui des voyageurs français promènent dans les quatre coins du globe leur curiosité scientifique ou leur humeur aventureuse. J'ai lu dans les journaux qu'un avoué de Périgueux était parvenu au trône d'Araucanie. Il s'en est fallu de l'épaisseur d'une balle prussienne, que ce pauvre Gustave Lambert n'ait eu la gloire de découvrir le pôle nord. Notez en outre que les grands historiens poussent chez nous comme en Allemagne et en Angleterre. Et puis, n'avons-nous pas des ouvrages de vulgarisation, avec cartes coloriées, gravures sur bois, toutes les séductions de la typographie moderne ? Dans le bourg que j'habite, un gros industriel me prête le *Tour du monde*, qu'il reçoit par livraisons. Mes ressources m'interdisent de m'abonner à cette publication. Je ne me permets que le luxe du *Magasin pittoresque*, recueil très-répandu parmi les petits bourgeois et les travailleurs aisés. Eh bien ! c'est à n'y rien comprendre. Les paysans des environs d'Amiens et de Beauvais sont aussi naïfs en géographie et aussi complétement inexpérimentés en histoire que les compagnons de Godefroy de Bouillon et de Pierre l'Ermite. M. Michel Bréal affirme que cette ignorance est commune à toutes les provinces. Je crois que c'est notre faute ; et, pour mon compte, je me promets de travailler à la détruire. Je commencerai par initier mes élèves au passé de leur pays natal, à la description du sol dont leurs parents exploitent les richesses. Je leur ferai parcourir ensuite les diverses contrées de la France ; je tâcherai de les intéresser à l'histoire de la grande patrie. Une fois hors de la frontière, il faudra bien qu'ils me suivent partout où il me plaira de les conduire, et, si Dieu me prête vie, je les mènerai jusqu'au bout du monde. Vous voyez, monsieur, que je n'ai pas la tête trop dure pour un Picard. Que mes collègues des autres provinces imitent ma docilité, et M. Bréal sera content de nous.

« J'adhère encore aux idées du savant critique sur la nécessité d'offrir aux enfants des représentations exactes des choses, de former leur raison autant que leur mémoire, de leur inspirer le goût des lectures sérieuses. Par exemple, sur la question religieuse, je me sépare net de mon auteur. Dans notre famille, nous sommes catholiques de père en fils : M. Bréal en tient pour Luther. Je lui tire ma révérence ; je ne chasse point de ce côté. Je reste fidèle au symbole que m'a enseigné le doyen de ma paroisse. Entre nous, je m'entends avec ce digne vieillard, comme le bon larron avec le Seigneur, excepté au sujet de l'obligation, qu'il appelle « mon dada. » — Parbleu ! Monsieur le curé, vous enfourchez le vôtre, et nous galopons de compagnie, en nous chamaillant à qui mieux mieux. Je n'en suis pas moins assidu aux offices, et soumis aux décisions de l'Eglise en tout ce qui regarde la foi.

J'allais oublier le chapitre des finances. En ce qui nous concerne, M. Bréal l'a traité brièvement ; mais le peu qu'il dit me donne à réfléchir. Sans argent, l'obligation n'est qu'un leurre. Je n'avais pas songé à cela. Il en faut, de ce maudit métal, pour faire le bien ! Les écoles ne viennent pas en pleine terre comme les champignons, et les maîtres ne vivent pas de l'air du temps, surtout quand ils ont de la famille. Ceux qui épluchent notre maigre budget objectent les dépenses de la guerre. La belle raison ! M. Bréal les pul-

vérise d'un mot. « Aux États-Unis, pendant la guerre de sécession, l'État de Massachussets triplait le budget de l'instruction publique. » Oh ! je sais la phrase par cœur : ces exemples-là se gravent dans la mémoire comme un beau vers de Corneille. Mais j'ai trop bavardé : l'heure s'avance. Si vous venez me voir aux vacances de Pâques, je vous entretiendrai de mes projets de réforme. En attendant, votre serviteur, et croyez que je ne suis pas un ennemi du progrès. »

Vous excuserez, monsieur, le franc parler de ce brave homme, qui ne soupçonnait pas l'indiscrétion dont je me rends coupable. Au fond, vous l'avez converti ; il ne regimbe que sur des vétilles. C'est un indépendant, un apôtre qui se fait tirer l'oreille, mais il marchera, je vous en réponds. Puisse votre plan d'école, amendé suivant les convenances locales et le respect de la liberté religieuse, ne rencontrer partout que de semblables adversaires ! Avant dix ans, la France d'aujourd'hui, imitant la Prusse de 1807, aura regagné en force intellectuelle ce qu'elle a perdu en force physique. Or, l'histoire nous apprend que pour la régénération d'un peuple la recette n'est pas mauvaise. Le malheur est que ces leçons-là coûtent cher : mettons-les à profit, il ne nous en coûtera pas davantage, et peut-être rentrerons-nous dans nos déboursés.

Agréez, monsieur, etc.

Alfred BLOT,
Rédacteur en chef du Journal de l'Instruction publique.

LES ÉTUDES CLASSIQUES
(Suite.)

La nécessité des études classiques admise, il reste à savoir si le plan qui les règle répond bien à son objet. Je sais qu'il est d'usage d'en médire. On passe pour un esprit étroit si l'on entreprend de le défendre. Il faut s'attendre au reproche d'être un routinier si l'on veut en approuver toutes les parties. Je brave volontiers ce reproche.

J'ai quelque expérience, j'ai souvent entendu crier contre nos études, j'ai questionné les amateurs de réformes sur leurs idées, je puis dire, en conscience, que j'ai rarement entendu avancer des raisons solides contre les exercices des classes. Ce n'est pas qu'il manque de mécontents, non ; ils abondent ; mais poussés au pied du mur, mis en demeure de remplacer ce qu'ils prétendent détruire, ils n'ont encore rien offert de mieux que ce qui se fait. Je ne vois pas qu'on ait rien imaginé qui diffère sensiblement de l'ancienne méthode. Sur des points particuliers on propose de prétendues améliorations, on épilogue sur des détails ; l'ensemble n'a été entamé sérieusement par personne. Le règlement subsiste dans son entier même après les plus rudes assauts.

On a bientôt fait de prononcer le mot de routine ; mais la routine, oserai-je le dire, quand elle est d'accord avec la raison, avec l'expérience, qu'est-ce autre chose que la sagesse ? Il y a des institutions qu'on ne gagne rien à remuer : l'enseignement est une de ces institutions. Il ne s'invente pas d'une année à l'autre de nouvelles pratiques quand il s'agit de former l'esprit des jeunes gens. Il n'y a pas d'empirique qui puisse se vanter de suppléer dans nos lycées, au temps, au travail, à l'exercice. La nature a ses lois, elle les suit sans impatience, on n'accuse pas le printemps de routine parce qu'il revient chaque année à son moment précis. L'intelligence humaine se meut et se développe d'après des lois qui lui sont propres ; il n'y a que des brouillons qui puissent entreprendre de les choquer. Il faut qu'on s'y résigne. Dans l'art d'instituer les enfants, ce sera *toujours la même chose*, parce que c'est *toujours la même chose*.

Qu'on supprime les études classiques, j'y consens ; qu'on bannisse à tout jamais l'étude du grec et du latin, qu'on nous bâtisse un plan d'études où la plus grande affaire sera d'apprendre à chiffrer, à cuber, à arpenter, à manipuler les oxydes et les acides ; qu'on passe sur toutes les têtes le niveau de l'enseignement professionnel, que Cluny prime l'Université ; qu'on réjouisse le cœur des démocrates en refusant aux *petits des bourgeois* un enseignement qui s'élève au-dessus de l'école Turgot : c'est bien. C'est un système, j'y vois un plan, un but, une raison. Dans cinquante ans la France abêtie aura perdu la moitié de son activité intellectuelle et de son goût, dans cent ans elle ne sera plus qu'une nation de contre-maîtres et de chauffeurs. Cette perspective peut plaire à de certaines gens. Mais si vous conservez les études classiques, soyez conséquents avec vous-mêmes. Arrêtez là vos plans de réforme, vos refontes qui se renouvellent tous les dix ans, qui ne changent rien à rien, qui n'ont qu'un effet, le plus détestable de tous, celui de conserver un enseignement sans autorité, sans conviction, sans profit, parce qu'il est sans cesse attaqué. Il ne pourrait rien y avoir de plus salutaire pour notre pays que d'interdire à tout jamais, à l'heure qu'il est, de toucher au plan des études tel qu'il est imposé à nos lycées : la raison en est, à mes yeux, qu'il suffit pour faire de solides esprits, bien préparés à ce qu'on peut exiger d'eux au sortir de nos classes.

L'enseignement se divise en deux parties, les études dites de grammaire, et celles qu'on appelait autrefois les humanités et qu'on nomme aujourd'hui les lettres. La première va jusqu'à la quatrième inclusivement, l'autre jusqu'à la philosophie et se couronne par l'examen du baccalauréat.

A partir de la sixième, l'enfant est mis plus sérieusement à l'étude du latin, du grec et du français ; on y a joint, depuis bien longtemps, l'étude des langues vivantes. Rien n'est plus raisonnable. On peut à ce moment imposer à l'esprit des enfants toutes les études techniques de langues qu'on voudra, on est sûr, avec du soin, du dévouement, de la méthode et de la patience, d'obtenir un bon résultat. La majorité des enfants, à cet âge, a du goût pour le travail. Consultez là-dessus les professeurs, ils vous répondront que dans la plupart des élèves la bonne volonté ne s'épuise jamais. Qu'on ne parle pas du danger de fatiguer les intelligences ; c'est notre temps qui a inventé ces belles raisons d'hygiène et de santé. La mollesse des parents dans ces dernières années a atteint jusqu'à ses extrêmes limites. Un affaiblissement du sens moral a porté les pères et les mères à choyer leurs enfants jusqu'à les énerver. Nous avons entendu toutes sortes de doléances sur les *études homicides* : et ces bonnes gens se sont apitoyés sur le sort des pauvres enfants cloués plus longtemps sur les bancs que les petits ouvriers dans les manufactures. Ces complaintes sensibles ont ému toutes les âmes, et le niveau intellectuel en a baissé. Regardez, je vous prie, autour de vous ; en qui trouvez-vous, aujourd'hui, la vigueur, la jeunesse, le ressort et la force, si ce n'est chez les derniers survivants de ces générations robustes élevées dans toute la rigueur des premières années de ce siècle ? Comparez ces vieillards généreux à nos jeunes gens, et dites-moi de quel côté est la vieillesse décrépite et prématurée.

Savez-vous pourquoi l'intelligence des enfants ne se fatigue pas des études ? Il n'est pas un professeur qui ne vous réponde : C'est que l'enfant n'en prend qu'autant qu'il en peut recevoir. Avec sa mobilité, il échappe à la plus étroite surveillance, et sait, quand il en éprouve le besoin, se donner des vacances sous l'œil même de son maître.

A quoi peut-on employer d'une manière plus sage et plus profitable de jeunes enfants qu'à leur faire apprendre les principes des langues ? L'explication des auteurs qu'on met entre leurs mains : Phèdre, Esope, Cornelius Nepos, Le Selectæ, les Dialogues de Lucien, Quinte-Curce, César, Virgile, la Cyropédie de Xénophon, est une mine d'excellentes pensées, d'exemples moraux, de réflexions ingénieuses. L'esprit s'y développe, le cœur s'y forme aux bons sentiments, l'esprit de critique s'éveille, et chaque jour ajoute à cette provision morale, chaque jour se forme dans les intelligences un vrai magasin, un trésor d'idées générales qui deviendront plus tard le germe de leurs productions, qui établissent ces liens intellectuels d'où naît une sorte de communauté pour tous les hommes qui ont reçu cette éducation classique.

Je mets au défi tout homme de bon sens d'affirmer que ces trois années consacrées à des études de ce genre, soient des années perdues.

Si l'on voulait en croire certains déclamateurs, l'université, toute hérissée ou seulement barbouillée de grec et de latin, laisserait ses élèves dans l'ignorance absolue du français. Il faudrait admettre, suivant ces critiques atrabilaires, qu'il n'est jamais ouvert, dans nos classes, un livre de français, jamais prononcé un seul mot en notre langue. Beaucoup, j'imagine, trompés par ces invectives contre les langues anciennes, se figurent que nous en sommes encore au Despautère, aux interrogations et réponses du *Præses* et du candidat du *Malade imaginaire*. Outre qu'il n'y a pas de meilleur moyen d'apprendre le français que de traduire de vive voix des auteurs grecs et latins, de faire des versions et surtout des thèmes, il faut que l'on sache que l'étude de la grammaire française est obligatoire jusqu'en quatrième ; qu'en cinquième la dictée figure parmi les devoirs prescrits aux élèves, que l'explication des auteurs français est imposée aux professeurs. Le plan d'études y a pourvu largement. Qu'on le fasse exécuter à ceux d'entre les maîtres qui voudraient s'en affranchir. Pourquoi y a-t-il des proviseurs, des censeurs des études, des inspecteurs et des inspecteurs généraux?

Croyez-vous que l'histoire, que la géographie, que l'arithmétique même y aient été oubliées ? Pas le moins du monde. L'enfant arrivé à la classe de quatrième aura vu l'histoire des Hébreux, des Egyptiens, des Mèdes, des Assyriens, des Grecs et des Romains. Il aura même eu, en quatrième, l'honneur de recevoir cet enseignement d'un professeur spécial ; même avantage pour l'arithmétique.

Je suppose donc le programme suivi pas à pas, chaque maître a fait son devoir dans les limites qui lui sont tracées, l'élève a fait également le sien : je dis qu'on ne peut pas faire plus et faire mieux. L'élève doué d'application, soutenu par la bonne volonté, dirigé par sa famille, surveillé dans les salles d'études, ne peut manquer d'avoir acquis, dans ces premières étapes, tout ce que peut savoir un enfant de son âge. Je dis même qu'il pourrait, comme cela se faisait autrefois, interrompre ses études classiques à ce point, et paraître avec son *certificat de grammaire* suffisamment préparé à certaines études spéciales, à certaines professions demi-libérales ou commerciales.

Les exercices des classes de lettres, consacrés à développer le goût, à réveiller l'imagination, me paraissent avoir été combinés avec la même sagesse. Les esprits s'y façonnent plus directement à l'art de penser et d'écrire. Le ton plus élevé du professeur, le choix des auteurs plus difficiles doivent avoir pour effet assuré de répondre à l'instinct du beau qui commence à prendre son essor. Il n'est pas si rare qu'on le croit de trouver dans les classes de troisième, de seconde et de rhétorique des jeunes gens en état d'expliquer honnêtement une page de latin, de grec ou de français.

Certes, si l'on juge du profit des études par l'état intellectuel de quelques pauvres garçons incapables ou dissipés, que l'examen prescrit à la fin de la quatrième aurait dû faire disparaître du lycée, ou que la sévérité des chefs d'établissements aurait dû éloigner des classes, on peut facilement triompher. Ceux-là certainement ne savent rien, ils ne sauront jamais rien. Ils n'en auraient pas appris davantage partout ailleurs. Qu'importe ! il ne faut voir les choses qu'en général, et, de ce point de vue, le plan d'études ne peut être attaqué.

L'histoire largement enseignée, la géographie rétablie dans les droits dont on l'avait frustrée, juste quelques années avant la guerre avec la Prusse, les mathématiques peut-être trop largement enseignées à ceux des élèves qui ne veulent faire que des lettres, l'histoire naturelle suffisamment entrevue, l'art d'écrire acquis à force d'exercices variés et gradués : voilà, ce me semble, de quoi satisfaire des hommes raisonnables.

Les élèves de l'Université ne savent rien, direz-vous, en sortant de nos mains : je le nie absolument. Ils savent ce qu'ils peuvent et doivent savoir à leur âge. Qui donc fournit au pays ses hommes de lois, ses ingénieurs, ses médecins, ses militaires, ses diplomates? Qui met les jeunes gens en état de poursuivre avec fruit les études spéciales et d'acquérir les connaissances qui ne sont pas du ressort des lycées? N'est-ce pas l'Université?

Quelques hommes, engoués des comparaisons avec l'Allemagne, voudraient voir dans chacun de nos élèves de rhétorique un philologue consommé. C'est se tromper de deux manières, d'abord parce qu'il est impossible qu'on soit un philologue à dix-huit ans, et ensuite parce que les études de l'Allemagne sont autres que les nôtres. En Allemagne, l'Université succède au gymnase. Est-ce notre faute si la Sorbonne, si les facultés ne saisissent pas les jeunes gens au sortir des lycées ? Cela ne nous reregarde plus. Il faudrait une constitution nouvelle de l'enseignement supérieur : mais je maintiens que le lycée a fait son œuvre.

L'Allemagne a sur nous cet autre avantage immense, on y croit aux études. Les jeunes gens, par une disposition naturelle qu'il n'est pas en notre pouvoir de donner à notre jeunesse, aiment les études, ils voient qu'autour d'eux on les honore, on les cultive ; ils se plient de bonne heure à les aimer, à les cultiver. Chez nous, depuis vingt ans, on dirait qu'il y ait une conspiration formée pour leur destruction. C'est à qui leur jettera la pierre ; c'est à qui les dénigrera. On croit les enfants inattentifs aux propos que l'on tient autour d'eux : c'est une grande erreur. Ils recueillent jusqu'aux moindres quolibets de leur papa ou de leur grand frère contre le thème grec et les vers latins ; ils rentrent avec ce dédaigneux *à quoi ça sert-il ?* C'est fini. Un vent destructeur a soufflé sur le bourgeon.

On a quand on le veut des enfants appliqués au travail : il suffit pour cela qu'ils voient dans leur famille estimer et apprécier les études du lycée. Je puis bien ici invoquer l'expérience de notre lycée. Nos élèves se partagent en trois classes bien distinctes. Les uns appartiennent à des parents indifférents qui mettent leurs enfants au lycée parce qu'ils y ont été eux-mêmes, parce que leur condition l'exige ; ceux-ci sont indifférents, ils n'aiment ni ne détestent les études : ils suivent paisiblement le fil de l'eau et ne s'inquiètent qu'à l'approche du baccalauréat. Nous en avons d'autres nés près d'un coffre-fort d'agent de change ou de banquier, je vous défie de tirer de ces jeunes gens arrivés à la troisième autre chose qu'un regard dédaigneux sur tout ce qu'on enseigne au lycée ; leur esprit est ailleurs. Ils suivent leur père à la corbeille, au bois, au théâtre et se soucient fort peu de Racine ou d'Homère. *La Belle Hélène et l'Œil crevé*, voilà toute leur littérature et toute leur esthétique.

Savez-vous où l'on trouve les bons élèves ardents au travail, passionnés pour les études littéraires, pour les succès du lycée? Je voudrais pouvoir citer ici des noms propres, vous verriez que ces enfants sortent de bonne maison, vous reconnaîtriez en eux l'influence d'un père qui a fait de l'étude l'honneur de sa vie, qui met au-dessus de tout l'instruction et les plaisirs de l'intelligence. Ceux-là suivent une tradition. On ne discute pas devant eux sur l'utilité du grec et du latin : ils ne pensent pas non plus eux, qu'on doive s'en passer; ce sont nos meilleurs sujets, ils seront un jour l'honneur de leur pays comme leurs pères en ont été la gloire.

Convaincu, comme je le suis, de l'utilité des études classiques, et de l'excellence du plan qui les dirige, je voudrais que l'Université rencontrât un jour un ministre assez fort d'esprit pour résister au désir de *faire quelque chose*; voici ce que je lui demanderais : je le prierais de faire une affiche pour dire aux réformateurs, aux novateurs, aux inventeurs de méthodes : « Grand merci, messieurs, nous sommes pourvus. » Puis je voudrais qu'il dît aux professeurs : « Rassurez-vous, messieurs, et reprenez courage. Vous ne serez plus troublés par les craintes qui depuis 1852 vous assiégent. Redoublez d'ardeur et de zèle, vous êtes dans la bonne voie, votre programme est tracé, mettez tous vos soins à le bien remplir; j'y veillerai par moi-même et par mes inspecteurs généraux. » Je puis me tromper, mais je crois bien que ce ministre aurait pour lui toute l'Université; non parce qu'il lui promettrait le repos dans la routine, mais parce qu'il l'aurait confirmée dans les bons principes qui l'inspirent et la soutiennent.

Ch. Gidel.

HISTOIRE DE FRANCE

DEPUIS LES ORIGINES JUSQU'A NOS JOURS

Par M. C. DARESTE,

Recteur de l'Académie de Nancy, correspondant de l'Institut.
Ouvrage honoré du prix Gobert. — 6 volumes in-8°.
Paris, H. Plon, 10, rue Garancière.

Depuis soixante ans, le mouvement imprimé à notre histoire nationale par Aug. Thierry, sur les pas de Voltaire et des esprits les plus éminents du XVIIIᵉ siècle, n'a pas seulement suscité des œuvres bien conçues et bien écrites, mais il a dirigé le bon sens et le bon goût du public et fait l'éducation des lecteurs. On n'exige plus simplement d'un historien l'éclat ou la pureté du style; on ne veut plus des siéges tout faits : il faut que le narrateur vive au milieu des événements qu'il raconte et qu'il y transporte ceux qu'il instruit; on lui demande un jugement impartial, uni à une émotion sincère; le mélange rare de l'imagination, qui peint les hommes et les choses, et de la raison, qui les pèse et les prise; on veut surtout qu'il ait un patriotisme sensé, réfléchi, convaincu; que,

s'attachant à la destinée de la nation et la suivant à travers les siècles, il recherche et montre dans leur racine les intérêts, les passions et les opinions qui nous agitent, qu'il raconte ce que nous avons été pour expliquer ce que nous sommes, et qu'il mette ainsi en pleine lumière les deux grandes lois qui sont l'âme de l'histoire, la continuité et le progrès. M. Dareste est un des écrivains les plus distingués de l'école historique, dont nous venons d'exposer les doctrines et d'esquisser les procédés. Il ne le donnerait pas à entendre dans sa courte préface, que son livre en ferait foi. OEuvre de longue haleine, mais clairement ordonnée et rédigée avec une merveilleuse netteté, dans ce style transparent et précis qui convient aux ouvrages didactiques, et qu'excellent à manier les maîtres qui ont la pratique de l'enseignement, la nouvelle histoire de France offre tout d'abord une suite de tableaux ethnographiques, où sont tracées largement, abondamment, les conditions matérielles, la religion, l'industrie et l'organisation politique des différents peuples, Gaulois, Grecs, Ibères, Romains et Franks, dont la fusion lente, progressive, tantôt contrariée, tantôt reprise, aboutit, après tant de siècles de luttes et de sang versé, à l'unité française. On la voit poindre sous la première race, s'accuser davantage sous la seconde, puis se dissoudre après Charlemagne et tomber en péril de mort au moment où paraissent les premiers Capétiens. Dès lors elle rentre, pour ainsi parler, dans la voie qu'elle avait perdue et se constitue pour toujours. La situation même du territoire de la maison capétienne est une force qui manquait aux derniers Carolingiens. Hugues est au cœur du royaume, au centre de la vie. Avec lui, la royauté, tombée en tutelle, reprend son essor et sa liberté. Or, la royauté, pendant la période féodale, se fait l'alliée des hommes de servitude : leurs intérêts se confondent, leurs passions se coalisent, leurs actes vont au même but; et, quand ils reviennent des croisades, seigneurs et serfs, suzerains et vassaux, clercs et vilains, il court dans ces masses, tout émues encore du sentiment religieux et du soulèvement de la commune, un esprit nouveau d'égalité et d'indépendance, qui tourne au profit de la nationalité. Les chevaliers en droit de Philippe le Bel et de ses fils commencent, à leur tour, l'unité légale, tandis que l'épée de Jeanne d'Arc assure l'unité territoriale, compromise, altérée par les Anglais. A partir de là, l'histoire de France est toute française.

A l'entrée de cette période apparaît la physionomie de Louis XI. M. Dareste (t. III, p. 201 et suiv.) en trace un excellent portrait. On a beaucoup dénigré Louis XI et puis on l'a beaucoup exalté. M. Dareste ne donne dans aucun de ces excès : il fait la part la plus équitable au caractère et au rôle politique de l'homme qui, suivant le mot de Comines, a si bien fait office de roi et de prince. Charles VIII, *vray tremblement et foudre de guerre*, dit Brantôme, jette la France dans les entreprises italiennes, où elle signale sa *furie* sans grand profit pour ses intérêts. L'administration paternelle de Louis XII répare l'intérieur que l'extérieur avait compromis. La Renaissance donne à tout une impulsion nouvelle. François Iᵉʳ trouve à *gâter un bel hé-*

ritage : il ne le gâte point; loin de là : il illustre son règne non-seulement par les actes sensés d'une monarchie tempérée, mais par une grandeur chevaleresque qui semble relever jusqu'à ses fautes. Il commence vis-à-vis de l'Autriche cette politique réfléchie et mesurée qui devient plus tard la vraie politique française, et il atténue les effets du fâcheux traité de 1501, par lequel Louis XII, songeant plus au présent qu'à l'avenir, contribue à l'agrandissement des Habsbourg et prépare à la France un terrible antagonisme. M. Dareste, après avoir tracé un remarquable tableau de ce règne, a donc raison, en n'en dissimulant pas les malheurs, de féliciter François Ier « d'avoir défendu par ses armes et par sa diplomatie l'équilibre européen contre le plus redoutable des rivaux (t. IV, p. 63). »

De 1521 à 1598, pendant près de cent ans, les guerres de religion occupent la scène historique. Les efforts de Paul III pour réformer l'Église, l'institution des Jésuites, le concile de Trente, les persécutions des Vaudois, les progrès du calvinisme, le procès d'Anne Dubourg, la réaction des protestants contre cet acte de violence, la conjuration d'Amboise, le supplice de la Renaudie, le procès de Condé, enfin les luttes armées conduisant aux champs de bataille de Dreux, de Jarnac, de Saint-Germain, la Ligue, les États de Blois, la Saint-Barthélemy, tous les épisodes désormais populaires de cette longue et sanglante tragédie, M. Dareste, par la simplicité sobre de son style et par la sûreté des matériaux qu'il met en œuvre, les rend vivants, animés, actuels. Avec Henri IV, la France respire. Une abjuration seule peut apaiser les colères, les passions hypocrites ou sincères; Henri IV abjure. « Le 21 juillet 1593, dit M. Dareste, l'archevêque de Bourges, neuf évêques, plusieurs abbés, le chapitre de Saint-Denis, se réunirent. Le 22, Henri IV se rendit au milieu d'eux. Le 23, il eut une conférence de cinq heures, après laquelle il se déclara suffisamment éclairé. Le 25, au matin, il alla en grand costume, entouré des officiers de la couronne et escorté de sa garde particulière, à l'église de Saint-Denis. Toute la ville était en fête, les rues ornées de tapisseries et jonchées de fleurs, le peuple en foule criant : *Vive le roi!* L'archevêque de Bourges l'attendait à l'entrée de la basilique avec le cardinal de Bourbon et les prélats. Il lui demanda qui il était. Le roi répondit : Je suis le roi. — Que demandez-vous? — Je demande, dit Sa Majesté, à être reçu au giron de l'Église catholique, apostolique et romaine. — Le voulez-vous ? dit monseigneur de Bourges. — A quoi Sa Majesté fit réponse : Oui, je le veux et le désire. Et à l'instant, à genoux, Sadite Majesté fit profession de sa foi. » Ce tableau n'est-il pas pris sur le vif? Habile à peindre, M. Dareste n'est pas moins apte à bien juger. Les pages intitulées *Jugement sur Henri IV* (t. IV, p. 608 et suivantes) donnent une haute idée de la précision de son coup d'œil et de la fermeté philosophique de son style.

A mesure que l'histoire de M. Dareste se rapproche de notre temps, les proportions s'agrandissent, le cadre s'élargit,

les détails abondent. Rien de plus naturel. Quoique l'époque contemporaine ait ses germes dans le passé, et que l'auteur, « en racontant ce que nous avons été, ne cesse pas d'avoir en vue ce que nous sommes, » on ne peut disconvenir que les influences immédiates des siècles les plus voisins du nôtre ne soient les plus pénétrantes et les plus déterminantes. Tout s'unit et s'enchaîne dans l'histoire de notre pays, mais nous tenons de plus près à nos pères qu'à nos aïeux, et ainsi de suite en remontant les anneaux de la chronologie. Cela étant, il ne faut pas s'étonner que les tomes V et VI, qui comprennent les règnes de Louis XIII, de Louis XIV et de Louis XV, offrent au lecteur de plus larges perspectives. La régence de Marie de Médicis, l'influence de Concini, la disgrâce de Sully, le mariage du roi enfant avec l'aînée des princesses espagnoles, — comédie conjugale dont le dénouement a été finement raconté par M. Armand Baschet : *le Roi chez la Reine,* — les manifestes de Condé, les États généraux de 1614, les remontrances du Parlement, la paix de Loudun, le meurtre du maréchal d'Ancre, le gouvernement de Luynes, le combat des Ponts-de-Cé, le siége de Montauban, et l'avénement définitif de Richelieu au ministère remplissent largement le livre vingt-huitième de M. Dareste. Balzac a dit de Richelieu que c'était un esprit à qui Dieu n'avait pas donné de bornes. L'admiration aveugle sans doute l'auteur du *Prince;* mais à lire dans M. Dareste les quatorze années de ce ministère qui prépara l'apogée de la monarchie française à travers tant d'obstacles suscités au dedans et au dehors, on est étonné des prodigieuses ressources que le cardinal trouve dans son génie véritablement politique et dans son inflexible caractère. Notons bien toutefois avec l'éminent historien que la liberté moderne ne doit rien à Richelieu : ce n'est pas un niveleur, mais un despote, et il n'a contribué aux franchises populaires conquises plus tard que par la haine qu'il a inspirée contre tous ceux qui en retardaient l'avénement. Mais, malgré l'imperfection de ses triomphes, on ne peut nier qu'il n'ait tenu l'Europe en échec et suivi à l'égard des grandes puissances la politique traditionnelle la plus conforme aux intérêts de notre patrie. Il était réservé à Mazarin d'assurer à la France la prépondérance sur l'Autriche. A l'intérieur, l'influence parlementaire commence à contrebalancer le pouvoir royal et à substituer un contrôle régulier aux résistances tumultueuses de l'aristocratie. M. Dareste fait ressortir avec sagacité cette influence d'une opposition qui contient en germe l'Assemblée nationale, et montre comment la révolution de l'Angleterre, en 1648, trouve en France une sympathie inconsciente, mais profonde. « Le nom même de *Parlement,* dit-il (t. V, p. 276), bien que les chambres anglaises ne ressemblassent point aux cours souveraines de Paris, l'invocation des lois fondamentales, le vœu d'un contrôle financier, le fait de la résistance à l'autorité, la présence à Paris de la reine d'Angleterre Henriette-Marie, retirée aux Carmélites dans le dénûment le plus complet, ne laissaient pas d'inspirer des inquiétudes secrètes. Les carnets de Mazarin ont révélé qu'il prêtait aux événements d'outre-Manche une attention continuelle et qu'il cherchait à empêcher qu'ils n'eussent un contre-coup en France. »

L'éclat brillant des armes de Louis XIV porte la royauté à son zénith. L'unité française est faite, et il semble que le royaume n'aura plus qu'à parcourir désormais les phases régulières de ses évolutions autour du soleil monarchique. Mais la loi de l'humanité interdit aux nations de s'arrêter dans leur marche progressive. Vico lui-même, quoique enfermant l'humanité dans un cercle infranchissable, ne peut repousser l'idée de progrès. Parvenue à la monarchie, suivant l'auteur de la *Science nouvelle*, l'humanité trouve deux routes devant elle : l'une, où les monarques s'efforcent d'anéantir les autres pouvoirs de l'État, et qui mène à la tyrannie; l'autre, où les plébéiens l'emportent : ils possèdent, ils contractent, ils se gouvernent eux-mêmes; ils entravent les délibérations du sénat, ils parviennent à toutes les dignités, ils sont les maîtres. A partir de Louis XIV jusqu'à la convocation des États généraux, c'est l'histoire de ce qui se passe en France. Les conquêtes, les fêtes d'une cour galante, les splendeurs des lettres et des arts, les lueurs nouvelles projetées par les découvertes scientifiques, ne peuvent dissimuler la faiblesse et la décadence de la royauté. Les ressorts financiers trop tendus, le peuple trop pressuré, la misère trop navrante et trop oubliée, la liberté de conscience trop persécutée, la noblesse et le clergé trop fiers de leurs priviléges, tout enfin porté à l'excès pousse à la catastrophe et au naufrage. Louis XV appelle cette crise le déluge, Voltaire et les Encyclopédistes lui donnent son nom véritable, c'est la Révolution. L'histoire de M. Dareste nous conduit au seuil de cette période mémorable : *son dernier volume se termine à la mort de Louis XV.* «Mais, dit-il, ce n'est pas là seulement la fin d'un règne, c'est la vraie fin de l'ancienne monarchie, couronnée par un essai malheureux de despotisme. On sentit qu'on allait entrer dans une ère nouvelle. Le règne de Louis XVI s'annonçait gros de promesses ou d'orages. Chacun se demandait quel serait le nouveau gouvernement de la France et quelle part y aurait la liberté. La mort de Louis XV est donc une date considérable. Ainsi qu'on l'a dit, les années qui s'écoulèrent de 1774 à 1789 appartiennent plus par leur caractère à l'ère de la Révolution qu'à celle de l'ancien régime. » M. Dareste racontera-t-il la nouvelle période qui s'étend de 89 à l'heure actuelle ? Nous l'espérons : on annonce même le septième volume de son histoire. Les qualités distinguées de M. Dareste, la précision, la netteté, l'impartialité, une chaleur sobre et discrète, auront l'occasion de s'y montrer sous le jour le plus favorable. Les deux seuls défauts qui nous aient frappé dans son travail, c'est-à-dire trop de calme en présence des faits qui émeuvent et pas assez d'importance accordée à l'élément populaire, y disparaîtront, sans nul doute, en face des événements dramatiques et des passions véhémentes qui entraînent les hommes et agitent les esprits. En attendant, M. Dareste a obtenu le succès qu'il ambitionnait : il n'a voulu faire ni un simple livre d'étude, ni un livre à consulter partiellement, il a entrepris de faire, ce qui est plus difficile et plus rare, un livre qui fût lu. Les lecteurs ne lui ont point manqué. Aussi est-ce autant la voix publique que les suffrages de juges éclairés, qui l'ont désigné à la haute faveur dont le prix Gobert a récompensé son ouvrage.

Eugène TALBOT.

LES SUPERCHERIES LITTÉRAIRES DÉVOILÉES

Galerie des écrivains français de toute l'Europe qui se sont *déguisés* sous des anagrammes, des astéronymes, des cryptonymes, des initialismes, des noms littéraires, des pseudonymes facétieux ou bizarres, etc.

PAR J.-M. QUÉRARD.

En se rendant acquéreur des papiers laissés par le laborieux bibliographe auquel on doit la *France littéraire* et les *Supercheries littéraires dévoilées*, un éditeur actif et intelligent, M. Paul Daffis, a entrepris, par la réimpression de ce dernier ouvrage, d'achever et de compléter un vaste travail d'érudition, bien connu des amateurs des bons livres et surtout de ceux qui s'intéressent à notre littérature nationale. Quérard, en parlant de son livre, écrivait au protecteur dont la généreuse sympathie le consola des attaques dont il fut l'objet et de l'indifférence des gouvernements : « C'est un ouvrage qui renferme des révélations piquantes; c'est peut-être un livre méchant; mais la faute doit moins m'en être imputée qu'à *notre époque.* J'ai eu tant de fraudes et tant de charlatanisme à dévoiler ! ce livre est néanmoins d'un honnête homme. »

La critique n'a pas manqué d'attribuer à la malveillance la pensée qui l'avait dicté : ce n'est cependant pas un pamphlet que l'auteur a voulu composer, mais bien *un véritable livre de bibliographie*, dont Charles Nodier avait plus d'une fois regretté l'absence.

Il y avait certainement du courage à exercer en quelque sorte la haute police de la république des lettres, en mettant au jour les ruses des faussaires en littérature, des plagiaires et des industriels littéraires, si nombreux en France. D'immenses recherches ont été nécessaires pour retrouver les écrivains qui ont dissimulé leurs véritables noms sous des pseudonymes, des titres nobiliaires, des qualités fictives, des noms de village substitués aux noms de leurs pères, etc. Ces impostures qui appartiennent à toutes les époques sont devenues plus communes que jamais dans ce siècle. Elles n'ont pas toutes la même gravité : les unes sont de simples peccadilles, les autres sont de véritables délits. Quérard ne pouvait se flatter d'avoir dévoilé toutes les fraudes, et, quel que soit le nombre de celles qu'il a signalées, il en est beaucoup qui ont échappé à ses investigations.

Elles appartiennent en général aux catégories suivantes : auteurs et ouvrages supposés. Telle est, par exemple, **une** histoire inédite de Vienne, sous les douze Césars, attribuée à Trébonius Rufinus, sénateur et ancien duumvir. L'auteur véritable n'était autre que celui-là même qui s'était donné comme le traducteur de cet ouvrage, c'est-à-dire M. Mermet, de Vienne. Les suppositions d'ouvrages et d'auteurs ont été souvent mises en usage dans un but religieux, et c'est surtout dans les premiers temps du christianisme qu'ont été commises ces pieuses fourberies : telles sont la lettre adressée par Jésus-Christ à Abgar, roi d'Edesse, et celle du proconsul Lentulus au patriarche de Jérusalem.

On ne parviendrait pas, a dit Charles Nodier, à moins d'y consacrer un volume tout entier, à donner une idée de la multitude d'ouvrages que les faussaires français ont mis sous des noms plus ou moins connus. Quérard poussant ses recherches aussi loin que possible a recueilli une foule de détails sur les fraudes de ce genre commises pendant les quatre derniers siècles. C'est ainsi que l'histoire de la guerre de la péninsule, pour laquelle le général Foy n'aurait écrit qu'une cinquantaine de pages, a été attribuée en entier au célèbre député de la Restauration.

L'usage du pseudonyme est très-ancien. Bien des motifs ont poussé les écrivains à substituer un nom à celui que leur avait transmis leurs pères. Les noms de Catin, Cochon, Gigot, Cornu, n'ont pas paru à ceux qui les portaient assez élégants ni assez nobles, pour s'étaler sur le titre d'une production littéraire. Des raisons de prudence, le désir de donner le change au public, pour un grand nombre la vanité qui engage à se parer d'un titre nobiliaire, quelquefois chèrement payé, ont créé bien des pseudonymes. Ce sont ceux de la dernière classe qui, excitent le plus la verve caustique de Quérard, qui signale les prétentions nobiliaires des littérateurs comme un des ridicules les plus communs de notre temps.

Une autre catégorie assez plaisante se compose des auteurs qui se voyant criblés de dettes, trouvent dans le pseudonyme un moyen d'échapper à leurs créanciers et d'empêcher les oppositions au payement du prix d'un roman ou aux droits d'auteur d'une pièce nouvelle.

M. Quérard n'est pas le seul qui se soit mis à la recherche des personnages ayant publié leurs livres sous des noms d'emprunt. Il en a donné lui-même une assez longue liste, et dans le cours de son ouvrage il s'appuie souvent sur les témoignages de ses devanciers.

Au nombre des supercheries littéraires dévoilées, il faut compter les procédés peu honnêtes des industriels qui abusent un peu trop du droit avoué par Molière « de prendre son bien partout où il le trouvait. » La prétention ne nous paraît nullement légitime, même pour notre grand auteur comique, coupable d'un véritable plagiat à l'égard de Cyrano de Bergerac, dont il a copié une des meilleures scènes de ses *Fourberies de Scapin*.

Le *plagiarisme* d'ailleurs fut tellement à l'ordre du jour au xvii⁰ siècle, qu'il eut des chaires et des professeurs enseignant les moyens de pratiquer en grand le vol aux phrases et aux idées. Le xviii⁰ siècle n'a pas été moins fécond en plagiaires, et Voltaire qui, par l'immensité de ses œuvres, leur offrait une mine abondante, n'a pas échappé lui-même à l'accusation d'avoir fait plus d'une fois à ses devanciers des emprunts habilement dissimulés.

S'il y a des écrivains qui ne dérobent à d'autres que quelques lambeaux d'ouvrages, il en est d'autres qui n'ont pas craint de s'attribuer des ouvrages tout entiers. Les premiers ne sont, d'après Quérard, que des filous, les seconds sont de véritables voleurs de grands chemins.

On conçoit combien, en se traçant un cadre aussi étendu, l'auteur a pu rassembler de faits curieux et de révélations piquantes. Il n'y a pas là seulement une vaine satisfaction pour les esprits investigateurs qui trouvent leur plaisir à soulever les voiles dont se couvrent la fourberie et le mensonge, et à découvrir les secrets et les mystères construits par des mains habiles.

Ce sont aussi des matériaux intéressants pour l'histoire littéraire, dont les hommes sérieux font leur profit.

L'ouvrage de Quérard forme trois beaux volumes grand in-8⁰, divisé en six livraisons, dont la dernière vient de paraître. Le même éditeur publie à leur suite et dans le même format le *Dictionnaire des ouvrages anonymes*, par A.-A. Barbier, avec une table générale des noms réels des écrivains anonymes et pseudonymes cités dans les deux ouvrages. Les bibliophiles qui regrettaient de ne pouvoir se procurer ces deux ouvrages, depuis longtemps épuisés, auront désormais à leur disposition une édition beaucoup plus complète que la première. Ce ne sera pas l'unique service rendu aux lettres par le nouvel éditeur, M. Paul Daffis, qui, devenu possesseur de la bibliothèque elzévirienne entreprise en 1853 par Pierre Jannet, se dispose à enrichir cette précieuse collection de publications nouvelles, après avoir achevé celles dont les premiers volumes seuls avaient paru.

C. Hippeau.

NOUVELLES DIVERSES

— Les n⁰ˢ XI et XII du *Bulletin de l'École française à Athènes* sont intéressants. Il y a d'abord les inscriptions qui ont été recueillies dans l'île de Samos, en 1870, par MM. Cartault et Rayet ; ce dernier, pour le moment, n'en publie que le texte, mais il annonce qu'elles seront insérées et commentées dans un travail qu'il se propose de publier sur les Sporades. Viennent ensuite des détails recueillis par M. Lebègue, sur des antiquités nouvellement découvertes à Ægium ; ce court article forme un utile supplément à ce qu'ont réuni sur cette cité achéenne Leake, Curtius et celui qui a résumé tous les voyages et travaux antérieurs, Bursian. C'est encore M. Lebègue qui nous tient au courant des renseignements que des travaux en cours d'exécution à Athènes ont fournis sur l'aqueduc qu'Hadrien avait bâti pour amener les eaux du Pentélique dans sa nouvelle Athènes, dans cette ville qu'il opposait si fièrement à la cité de Thésée. « L'aqueduc, dit l'auteur de cette notice, vient d'être retrouvé dans un assez bon état de conservation. Il était sans doute destiné à la ville que l'empereur avait construite sur la rive de l'Ilissus, mais Athènes entière en profitait peut-être et va en profiter encore. Les modernes n'en seront pas moins heureux que leurs ancêtres ; car dès l'antiquité la ville d'Athènes s'est toujours plainte avec raison du manque d'eaux courantes. »

Le n° XII est tout entier rempli par un article de M. Rayer qui fait suite à celui qu'il avait donné, paraît-il, dans le n° X de ce même Bulletin, numéro qui ne nous est jamais parvenu. Il est consacré aux fouilles que la *Société archéologique* a entreprises dans le Céramique extérieur. La Société a été, il est vrai, obligée de s'arrêter faute de fonds. « Si une bonne moitié de la tâche est encore à faire, les résultats obtenus n'en sont pas moins très-importants : non-seulement on a découvert un nombre considérable d'inscriptions funéraires, dont trois appartenant à des tombeaux élevés aux frais de l'État, et quelques morceaux de sculpture d'un véritable intérêt artistique, mais la topographie du Céramique s'est éclaircie de plus en plus, et l'on peut dès maintenant se faire une idée assez exacte de la configuration et de l'aspect de ce lieu célèbre. » *Haghia-Trias*, on le reconnaît aujourd'hui, est juste à côté de l'endroit où la voie sortie du Dipylon se séparait en trois. L'amorce des deux *latæ viæ* mentionnée par Tite-Live est maintenant parfaitement visible ; l'une de ces routes se dirige vers la trouée du Corydalle, où passait la route d'Eleusis ou Voie sacrée. Enfin, le *limes* de l'historien latin, le chemin plus étroit de l'Académie, se dirige franchement à droite entre deux rangées de tombeaux plus rapprochés l'un de l'autre. Les tombeaux qui bordaient les routes du Céramique, comme sans doute toutes celles qui sortaient d'Athènes, n'avaient d'ailleurs rien de l'aspect imposant des monuments funéraires de la voie Appienne ni même de ceux de Pompéi. « Les Grecs, dit M. Rayet, étaient moins heureux dans leurs constructions sépulcrales, et, à part quelques beaux *heroa*, rangés sur le bord même des voies, le Céramique extérieur, surtout à l'époque de l'empire romain, après l'ensevelissement des monuments des grands siècles, devait offrir l'aspect d'un champ de stèles et de cippes envahi par les tessons et sillonné par trois voies poudreuses. Je me l'imagine volontiers assez semblable à ces immenses champs des morts qui s'étendent en dehors des murs des cités musulmanes. Comme eux, c'était un lieu de promenade populaire : sans doute on y venait le soir prendre le frais, manger et dormir, et c'est peut-être à ces habitudes qu'il faut attribuer l'origine de la quantité d'os d'animaux, de coquillages et de fragments de pots qui, lentement accumulés et mêlés à la poussière, ont fini par exhausser de 5 ou 6 mètres le sol primitif. » A ces considérations, l'auteur ajoute la suite des inscriptions recueillies dans ces fouilles ; il en donne, dans ce numéro, près d'une centaine.

G. P.

(*Revue archéologique*.)

— Les amateurs du vrai et du beau dans le livre seront satisfaits de la jolie édition de *Turcaret* que vient de publier la Librairie des Bibliophiles. C'est la première reproduction exacte de l'édition originale (de 1709) avec le prologue et l'épilogue. La comédie de Le Sage, dont les qualités scéniques ne sont plus au niveau des exigences de l'art dramatique moderne, est restée un chef-d'œuvre de notre littérature, et doit, à ce titre, figurer dans toutes les bibliothèques.

— M. J. E. Alaux, docteur ès lettres, agrégé de philosophie, occupe en ce moment une chaire à l'Académie de Neuchâtel. Notre studieux compatriote, auteur de plusieurs ouvrages estimés, vient de publier en Suisse un nouveau volume sous ce titre : *L'Analyse métaphysique, méthode pour constituer la philosophie première*. Cet ouvrage se trouve à Paris, chez les éditeurs Sandoz et Fischbacher.

BACCALAURÉAT ÈS LETTRES

Session de mars 1872 (à la Sorbonne).

ÉPREUVES ÉCRITES

DISCOURS LATIN

Cassandra, Priami filia, sacro Apollinis furore percita, quæ mala genti suæ ac patriæ Trojæ immineant in bello cum Græcis conserto, vaticinatur, et, quasi vivida futuri temporis tabula, depingit.

VERSION (texte).

Fontéius, préteur en Gaule.

Provinciæ Galliæ M. Fonteius præfuit, quæ constat ex iis generibus hominum et civitatum, qui, ut vetera mittam, partim nostra memoria bella cum populo romano acerba ac diuturna gesserunt; partim modo ab nostris imperatoribus subacti, modo bello domiti, modo triumphis ac monumentis notati, modo ab senatu agris urbibusque multati sunt; partim, qui cum ipso M. Fonteio ferrum ac manus contulerunt, multoque ejus sudore ac labore sub populi romani imperium ditionemque ceciderunt. Est in eadem provincia Narbo Marcius, colonia nostrorum civium, specula populi romani ac propugnaculum, istis ipsis nationibus oppositum et objectum. Est item urbs Massilia, fortissimorum fidelissimorumque sociorum, qui Gallicorum bellorum pericula populo romano copiis armisque compensarunt. Est præterea numerus civium romanorum atque hominum honestissimorum.

Huic provinciæ, quæ ex hac gentium varietate constaret, M. Fonteius, ut dixi, præfuit. Qui erant hostes, subegit; qui proxime fuerant, eos ex iis agris, quibus erant multati, decedere coegit; ceteris, quid idcirco magnis sæpe erant bellis superati, ut semper populo romano parerent, magnos equitatus ad ea bella, quæ tum in toto orbe terrarum a populo romano gerebantur, magnas pecunias ad eorum stipendium, maximum frumenti numerum ad Hispaniense bellum tolerandum, imperavit.

CICÉRON, Pro Fonteio, IV et V.

TRADUCTION.

TRADUCTION.

Fontéius, préteur en Gaule.

Marcus Fontéius fut préteur en Gaule. Cette province se compose de cités et de peuples dont plusieurs, sans parler des temps passés, ont fait de nos jours au peuple Romain des guerres longues et acharnées ; d'autres ont été subjugués par nos généraux, ou domptés par nos armes, ou déshonorés par nos triomphes et les monuments de leur défaite, ou dépossédés par le sénat de leur territoire et de leurs villes. D'autres ont engagé la lutte avec Marcus Fontéius lui-même qui, à force de sueurs et de fatigues, les a replacés sous le joug et la domination du peuple Romain. Dans la même province se trouve *Narbo Marcius*, colonie formée de nos citoyens, qui est destinée, comme un poste d'observation et une citadelle, à surveiller et à contenir ces mêmes nations. Nous y avons aussi *Massilia*, ville peuplée d'alliés courageux et fidèles, dont les secours en troupes et en armes ont compensé pour le peuple romain les dangers des guerres contre les Gaulois. Il s'y trouve, en outre, un certain nombre de citoyens romains et d'hommes recommandables.

C'est dans cette province, composée de nationalités si diverses, que Fontéius a, comme je l'ai dit, exercé la préture. Les peuples qui étaient nos ennemis, il les a subjugués ; ceux qui avaient à peine cessé de l'être, il les a contraints d'abandonner les territoires dont nous les avions dépossédés. Quant aux autres que des victoires fréquentes et chèrement achetées avaient condamné à un esclavage éternel, il en a exigé une nombreuse cavalerie pour les guerres que nous faisions alors dans tout l'univers, de fortes sommes d'argent pour la solde de ces troupes, une grande quantité de blé pour soutenir la guerre d'Espagne.

DISSERTATION PHILOSOPHIQUE

Des notions et des vérités premières. Quelles différences principales entre les unes et les autres ? — A combien d'idées fondamentales peut-on réduire les notions premières ?

DISCOURS LATIN.

Jussus occidere Marium in privata domo Minturnis clausum, servus publicus, natione Cimber, strictum gladium tenens, senem et inermem et squalore obsitum aggredi non sustinet, tanti viri claritate occæcatus.

VERSION.

La Noblesse.

Paulus, vel Cossus, vel Drusus moribus esto :
Hos ante effigies majorum pone tuorum :
Præcedant ipsas illi, te consule, virgas.
Prima mihi debes animi bona : sanctus haberi
Justitiæque tenax factis dictisque mereris ?
Agnosco procerem. Salve, Getulice, seu tu
Silanus, quocumque alio de sanguine, rarus
Civis et egregius patriæ contingis ovanti.
His ego quem monui ? Tecum est mihi sermo, Rubelli
Plaute. Tumes alto Drusorum sanguine, tanquam
Feceris ipse aliquid, propter quod nobilis esses.
Vos humiles, inquis, vulgi pars ultima nostri,
Quorum nemo queat patriam monstrare parentis ;
Ast ego Cecropides. Vivas, et originis hujus

Gaudia longa feras : tamen imâ plebe quiritem
Facundum invenies ; solet hic defendere causas
Nobilis indocti ; veniet de plebe togatâ
Qui juris nodos et legum ænigmata solvat.
Hic petit Euphraten juvenis, domitique Batavi
Custodes aquilas, armis industrius : at tu
Nil nisi Cecropides, truncoque simillimus Hermæ.
Dic mihi, Teucrorum proles, animalia muta
Qui generosa putet, nisi fortia? Nempe volucrem
Sic laudamus equum, facili cui plurima palma
Fervet, et exultat rauco victoria circo.
Nobilis hic, quocumque venit de gramine, cujus
Clara fuga ante alios, et primus inæquore pulvis.

(Juvénal, *Satire* VIII.)

TRADUCTION.

Sois un Paulus, un Cossus ou un Drusus par tes mœurs : place leurs vertus avant les images de tes ancêtres ; et, consul, qu'elles précèdent même tes faisceaux. Je te demande avant tout les qualités de l'âme : mérites-tu par tes actions et tes paroles le titre d'homme juste et intègre? Je te reconnais pour un grand. Salut, Gétulicus, ou Silanus, ou tout autre rejeton illustre! Citoyen rare et distingué, la patrie se fait gloire de te posséder.

A qui s'adressent mes avis? A toi, Rubellius Plautus. Tu t'enorgueillir de l'antique race des Drusus comme si tu avais fait quelque chose pour mériter d'être noble.

« Vous autres, dis-tu, vous êtes des gens de rien, la lie de notre populace, aucun de vous ne pourrait indiquer la patrie de son père : moi, je descends de Cécrops ! »

Puisses-tu vivre, et jouir longtemps de cette belle origine !

Pourtant c'est au sein de cette populace que tu trouveras l'orateur éloquent, le défenseur de la noblesse ignorante ; c'est de cette plèbe portant la toge, que sortira l'interprète des problèmes de la jurisprudence et des énigmes de la loi. Jeune encore, le plébéien vole aux rives de l'Euphrate, ou va se ranger sous nos aigles pour maintenir le Batave dompté. Toi, tu n'es qu'un descendant de Cécrops parfaitement semblable à la statue d'Hermès. Dis-moi, fils des Troyens : parmi les animaux privés de la parole, ne sont-ce pas les plus vigoureux qui passent pour les plus nobles? C'est ainsi que nous faisons cas du rapide coursier, qui gagne facilement de nombreuses couronnes et fait retentir le cirque des acclamations de la victoire. Il est noble, de quelque pâturage qu'il vienne, celui qui devance brillamment ses rivaux à la course, et qui le premier soulève la poussière dans l'arène.

(Juvénal, *Satire* VIII.)

DISSERTATION PHILOSOPHIQUE.

Montrer combien la connaissance de l'activité libre est importante pour les sciences morales.

Le Directeur ; **G. HUBERSON**.

Paris. — Imprimerie de GAUTHIER-VILLARS, quai des Grands-Augustins, 55.
(Ancienne imp. Bonaventure.)

JOURNAL

DE

L'INSTRUCTION PUBLIQUE

REVUE ANALYTIQUE & BIBLIOGRAPHIQUE

De Littérature, de Philosophie, d'Histoire et de Sciences

Paraissant le 10 et le 25 de chaque mois.

ABONNEMENTS :

Paris.... { 1 an... 12 »
{ 6 mois, 7 »

Dépts..... { 6 mois, 8 50
{ 1 an... 15 »

Étranger { 6 mois, 12 »
{ 1 an... 22 »

Les abonnements en un mandat-poste, ou à vue sur un banquier de Paris, sont reçus à l'ordre du *Directeur*.

ANNONCES :

La ligne...... » 60 c.

Pour tout autre mode d'annonces, s'adresser au Directeur, rue Servandoni, 12, à Paris.

Toute communication relative à l'Administration du Journal doit être adressée *franco au Directeur*, rue Servandoni, 12. — Les communications relatives à la Rédaction doivent être envoyées *franco au Rédacteur en chef*, à la même adresse. Les manuscrits *non insérés* seront *rendus*. Il sera rendu compte, *sous quinzaine*, de tout ouvrage (dont 2 EXEMPLAIRES auront été adressés au *journal*.

PREMIÈRE 'ANNÉE. — N° 3. — 10 AVRIL 1872.

LETTRE DE M. BRÉAL

A M. Alfred Blot, Rédacteur en chef du JOURNAL DE L'INSTRUCTION PUBLIQUE.

Cher monsieur,

J'ai lu la lettre que vous voulez bien m'adresser, dans le dernier numéro du *Journal de l'Instruction publique*. Je suis confus des choses aimables que vous me dites. Vous me comparez à des héros mythologiques infiniment trop brillants, et vous faites allusion à des souvenirs d'Ecole normale qui, je le crains pour moi, ne sont pas très-conformes à la vérité historique. Mais ce n'est pas de cela que je veux vous parler.

Vous avez causé l'autre jour avec un instituteur d'un canton voisin de la capitale. Il avait lu mon livre et il le jugeait avec indulgence ; mais la partie qui concerne les patois lui a semblé chimérique. « Quant à l'idée de remettre les patois en honneur, vous a-t-il dit, c'est là une invention de savant, qui dans la pratique rencontrerait bien des obstacles. L'histoire de la formation de notre langue n'intéresse guère que les philologues et les hommes d'une culture avancée. Je brouillerais la cervelle de mes petits Picards si, d'après les principes d'Auguste Brachet, je rapprochais leur langage et leur prononciation du dialecte de l'Ile-de-France. »

Je n'aurai pas l'indiscrétion de vous demander le nom et l'adresse de votre interlocuteur. Peut-être est-il parent de ces personnages que Paul-Louis Courier et Prévost-Paradol aimaient à faire parler et converser devant leurs lecteurs. Mais permettez-moi, à mon tour, de vous citer les paroles d'un instituteur rural, dont l'existence ne me laisse aucun doute. C'est précisément d'un Picard qu'il s'agit.

A M. Michel Bréal, professeur au collège de France.

Étaves (Aisne), ce 18 mars 1872.

Monsieur,

Quoique n'ayant pas l'honneur de vous connaître, je vous envoie une franche et cordiale poignée de main, en signe de la parfaite conformité de vues dans laquelle nous sommes touchant la manière d'enseigner la langue française dans nos écoles primaires rurales.

En débutant, il y a cinq ans, au fond de la Picardie, j'ai immédiatement compris que l'enseignement de la langue française ne peut intéresser les enfants de nos communes rurales qu'à la condition d'admettre pour base de cet enseignement le patois que parlent ces enfants ; il faut les prendre tels qu'ils sont, avec leurs archaïsmes et leur façon de prononcer ; puis, leur faisant voir les transformations par où a passé le langage, les amener insensiblement à parler et à écrire purement le français actuel.

Je suis heureux, car votre autorité me rassure et me dit que je n'ai pas fait fausse route. D'ailleurs, je vous dois avouer qu'en marchant dans cette voie, j'ai obtenu un plein succès. Mais, monsieur, me voyant presque seul sur cette route, je marchais timidement : aujourd'hui votre autorité m'est un solide appui. Et le MANUEL GÉNÉRAL qui m'a apporté cette bonne nouvelle va propager cette idée juste et vous aurez le bonheur de la voir faire son chemin...

Cordialités franches et sincères,

CHOQUENET,
Instituteur primaire.

J'ai pensé que ces lignes pourraient vous intéresser, ainsi que vos lecteurs. Aussi n'ai-je pas hésité à vous les envoyer, après en avoir demandé la permission à mon correspondant.

J'attends avec intérêt et curiosité la suite de vos appréciations.

Veuillez, agréer, monsieur, l'expression de ma considération très-distinguée.

Michel BRÉAL.

———

Notre instituteur de fantaisie s'incline devant le réel M. Choquenet, précurseur de l'Ecole fondée par M. Bréal. Bien que le nouveau Jean-Baptiste nous fasse l'effet de prêcher dans le désert, nous ne demandons pas mieux que de voir son exemple suivi. Il est vrai que l'enseignement primaire ressemblera bientôt à la Tour de Babel : ce sera la confusion des langues, nous voulons dire des patois. A moins d'un miracle, les inspecteurs auront de la peine à comprendre cette cacophonie historico-grammaticale.

M. Choquenet est un instituteur privilégié, et les enfants sont autrement précoces à Étaves que dans le reste de la France. Peste ! voilà des écoliers bien éveillés, bien assidus et qui ont du temps devant eux ! Ils sont capables de suivre les transformations qu'a subies le langage ; ils sont amenés « insensiblement » à parler et à écrire avec pureté le français actuel. Mais c'est une petite Athènes que ce village de l'arrondissement de Saint-Quentin !

Encore une fois, nous admirons l'habileté de M. Choquenet et l'aptitude prodigieuse de ses élèves. Nous ne craignons qu'une chose, c'est le peu de succès de ses imitateurs, s'il s'en présente par hasard. L'intelligence de nos instituteurs n'est point en cause : nous doutons moins que M. Bréal des ressources de l'esprit français. Raison de plus pour nous fier à la prudence des maîtres, et pour ne pas trop compter sur des exceptions aussi extraordinaires. L'école d'Étaves est jusqu'à présent sans rivale. Tout à l'heure nous comparions cette localité à la ville de Minerve. Ajoutons qu'elle a quelque analogie avec la cité de Neptune. Or M. Bréal sait qu'il n'est pas donné à tout le monde d'aborder à Corinthe.

A. B.

———

Paris, le 10 avril 1872.

———

LE LYCÉE

—

Seconde lettre à M. Michel Bréal.

Cher Monsieur,

Votre éminent collègue, M. Ernest Havet, dans un billet fort aimable où il souhaite la bienvenue au *Journal de l'Instruction publique*, me fait l'honneur de m'écrire qu'il accorde beaucoup plus que moi à vos idées. « Mais enfin — daigne-t-il ajouter — on peut s'expliquer avec vous, car vous êtes conciliant ; avec d'autres il n'y a pas moyen de s'entendre. »

Je remercie M. Havet d'avoir si bien compris le rôle modeste que j'ambitionne. Entre les honnêtes gens, l'accord est toujours possible ; c'est pourquoi je n'accepte pas le blâme indirect lancé par mon honorable correspondant sur tel ou tel de vos adversaires. Frappé de bonne heure de l'inanité des controverses, qui le plus souvent se réduisent à des disputes de mots, je m'efforce de ramener ces mots à des idées identiques ou équivalentes. Il m'est arrivé de cette façon de reconcilier, dans ma pensée, bien des ennemis qui semblaient irréconciliables. L'histoire de l'esprit humain n'est qu'une longue série de malentendus, de gloses étroites, de contre-sens obstinés. La république des lettres n'est pas moins belliqueuse que les autres républiques. Mais nos armées se contentent de verser des flots d'encre, et nos combats les plus acharnés sont heureusement des « batailles sans larmes. »

Une chanson célèbre raille certains polémistes de vouloir rallumer le feu, en éteignant les lumières. J'ose espérer, monsieur, que vous ne me reprocherez rien de pareil. Comme vous, je souhaite que l'intelligence de tous les peuples soit éclairée *a giorno*. Grâce aux progrès de la civilisation, la flamme des bûchers ne s'élève plus qu'en métaphore dans les colonnes du *Siècle*. Et, vu mon caractère conciliant, je n'aime guère ceux qui attisent le feu de la discorde.

Ces tendances libérales, ces dispositions pacifiques sont celles d'un grand nombre de nos amis, universitaires ou professeurs d'établissements libres. Les esprits en apparence les plus récalcitrants, ceux qui, selon l'expression de M. Havet, « ont des *non possumus* dignes de Rome, » oui, même ceux-là sont meilleurs diables qu'ils n'en ont l'air. Ils pratiquent sans rien dire une partie de ce que vous conseillez, sans l'avoir pratiqué vous-même. Mais quand on est aux prises avec les difficultés réelles de nos classes, quand on professe dans un vrai lycée ou dans un vrai collége, comment n'aurait-on pas quelque défiance à l'endroit des réformes proposées par des hommes étrangers à l'enseignement secondaire ? Plus ces novateurs déploient de science et de talent, plus ils courent risque de s'égarer, de franchir les limites du possible, et, faute d'expérience, de prendre pour modèle du lycée français je ne sais quel gymnase imaginaire du grand-duché de Gerolstein.

La question qui nous occupe, Monsieur, est trop importante pour être traitée en une fois. Votre livre sera l'objet d'une suite d'études, où j'essayerai chapitre par chapitre, non pas de vous réfuter toujours, mais de rapprocher vos théories de la tradition universitaire, et d'émettre un humble avis, sous ma responsabilité personnelle. Car ce journal n'est pas l'organe d'une secte exclusive : chacun est libre ici d'exprimer sincèrement son opinion. Bien que dévoués à la défense des principes conservateurs de notre vieille Université, nous croyons tous qu'améliorer n'est pas détruire. Vous verrez, monsieur, que je fais à vos idées la part assez large, pour que vous me pardonniez la franchise de mes critiques. D'autres peut-être seront plus avares de concessions ; ils useront d'un droit que je réclame pour mon compte. Nous accueillerons d'ailleurs avec empressement les réponses qu'il vous plaira de nous adresser. Tâchons seulement de ne pas nous payer de mots. « Avec des mots, dit Méphistophélès, on dispute parfaitement ; avec des mots, on fonde un système. »

Nous n'avons pas l'impertinence du Satan germanique ; nous ne voulons point berner, mais instruire nos lecteurs. Attachons-nous donc aux idées et aux faits. Alors « nous entrerons par la porte sûre dans le temple de la certitude. » C'est encore une expression de Goëthe. J'ai pensé vous être agréable, en citant un de vos auteurs favoris. Vous n'accuserez plus les uni-

versitaires d'être des latinistes encroûtés. Si nous buvons à notre ordinaire le classique Falerne, nous réservons le vin du Rhin pour les grandes occasions. Je connais plusieurs de nos collègues dont la cave est mieux montée que la mienne, et qui pourraient vous offrir des crûs de plusieurs pays.

Veuillez agréer, monsieur, l'expression de ma considération très-distinguée.

Alfred BLOT,

DE L'ÉDUCATION

(De l'Éducation, par Mgr Dupanloup. — De la Haute éducation intellectuelle, par le même. — Nouvelle édition, 1872. Douniol, édit.)

(1er article.)

« Il y a des temps pleins d'alarme, où les nations les plus puissantes se troublent tout à coup et semblent, selon l'expression de l'Écriture, marcher étourdies et chancelantes dans leurs voies ; des temps pleins de douleur, où les royaumes inclinent à leur ruine ; où les âmes les plus fermes, frappées du spectacle accablant des maux publics et privés, ont peine à se défendre des plus sinistres pressentiments. Et cependant, une voix a toujours crié à travers les siècles, qu'il ne faut jamais désespérer du genre humain ni de son avenir, parce que le genre humain passe et se renouvelle sans cesse, et peut chaque jour arriver à un renouvellement heureux.

« Il ne faut même pas désespérer d'une nation : quels que soient ses malheurs, il y a toujours pour elle une admirable ressource qui peut suffire à la régénérer, malgré ses égarements et ses fautes. Que lui faut-il ? une seule chose : qu'elle se laisse *élever*. »

C'est en ces termes qu'il y a près de vingt-cinq ans déjà, Mgr Dupanloup jetait le cri d'alarme tout ensemble et montrait l'ancre de salut à l'aveugle génération qui devait aboutir aux catastrophes de l'année 1870 et aux exécrables forfaits de 1871.

« On doit se décider à le comprendre, reprenait-il bientôt après, (le 15 juin 1851) quand tous les sommets de la société chancellent et s'affaissent, c'est que depuis longtemps déjà la base défaille et s'écroule : il faut restaurer les fondements si l'on veut sauver l'édifice ! l'*Éducation !* l'*Éducation :* voilà le seul remède profond aux maux présents et à venir… »

Et il entreprenait et continuait sans relâche, il publiait d'année en année, cette série de volumes sur l'éducation où, avec toute l'autorité de sa longue et savante expérience, il indiquait et démontrait à tous, hommes politiques, penseurs et citoyens, pères de famille, et encore plus aux instituteurs, maîtres, professeurs, supérieurs et directeurs de maisons d'éducation, il rappelait et enseignait à tous, en partant des principes les plus élevés et en descendant jusqu'aux détails pratiques les plus spéciaux et les plus humbles, l'importance, les devoirs, les moyens, les règles et les conséquences à jamais salutaires ou funestes de l'éducation.

Malheureusement, en France, on est toujours porté à ne s'occuper et à ne se nourrir chacun que des livres écrits par les hommes de son opinion ou de son parti ; quelque excellents que puissent être les autres, du moment qu'ils sont signés de certains noms, ou sortis de telle librairie, on ne les lira, on ne les ouvrira pas, on ne voudra pas les connaître. C'est ce qui semble être arrivé à Mgr Dupanloup. Son ouvrage connu et étudié seulement par le clergé et par quelques hommes profondément voués à l'enseignement, ce remarquable traité d'éducation n'a pu conjurer les malheurs que prédisait l'éloquent prophète, et ceux plus effroyables qu'aucune pensée humaine dans ses appréhensions patriotiques ou ses plus violentes haines eût pu imaginer. L'implacable réalité a parlé ; éclairera-t-elle, corrigera-t-elle enfin gouvernés et gouvernants ? ou sommes-nous arrivés, à notre tour, à ce moment fatal dans la vie des peuples, où, selon l'historien latin, ils ne peuvent *nec vitia nec remedia pati ?* Mgr Dupanloup espère, veut espérer encore aujourd'hui, et il publie une nouvelle édition de son ouvrage sur l'éducation. Il faut espérer avec lui, et s'entretenir enfin longuement et consciencieusement de son livre.

Le temps est passé où l'antagonisme entre l'université et le clergé était de mode ; où abbés et professeurs se lançaient des libelles du haut de leurs chaires, et se déconsidéraient réciproquement pour l'édification des fidèles et la plus grande joie des étudiants. Si donc, au début d'un ouvrage qui remonte à une époque déjà éloignée, il est arrivé à l'auteur de céder aux passions d'alors, et peut-être aussi pour faire valoir ses maisons d'éducation au détriment de celles de l'Etat, il a glissé ici et là quelque assertion malveillante, écrit tout du long quelque page injuste pour l'Université, ses collèges, ses maîtres, et pour l'École normale supérieure, éternel désespoir du clergé, nous nous garderons de les relever et d'user de représailles faciles ; nous ne verrons, nous aurons soin de ne voir que ce qu'il y a de vrai, d'utile, de profondément bienfaisant d'un bout à l'autre de cette œuvre si considérable, heureux d'emprunter à notre tour quelque chose, et même beaucoup à un parti qui a plus d'une fois pris à l'Université ses méthodes et ses programmes, sinon ses maîtres.

C'est qu'en effet il ne doit plus y avoir de parti en France. Quand le vaisseau menace de sombrer, pilotes et timonier, matelots et chefs oublient leurs rancunes pour ne plus songer qu'au salut de l'équipage. Partout déjà dans nos villes, maisons universitaires et religieuses abjuraient toute mauvaise rivalité, unissaient leurs dévouements, leurs cœurs, leurs mains dans les jours néfastes de la défaite et de l'invasion. Sous le coup du double démembrement politique et moral qui nous attent, quel bienfait pour la patrie, si cette concorde, commencée dans le malheur, se continuait inviolable dans les efforts tentés pour le réparer ! Ce n'est pas

trop des dévouements réunis de tous les hommes d'éducation, quels que soient leur costume et leurs chefs, pour arrêter le torrent déchaîné. La tâche est assez lourde et assez complexe pour que tous en aient leur part, y aient leur place indiquée et obligée. Que les uns donc continuent à rallier, à abriter sous leur aile les âmes que la foi paternelle ou la désolation des jours présents leur amène. Les autres ont à recueillir cette foule qu'un autre courant emporte, à la nourrir virilement, à la grande clarté du jour, de l'étude de plus en plus sévère des chefs-d'œuvre de la pensée antique et moderne, c'est-à-dire de l'humanité. Et ainsi aucun membre, aucune classe de la grande famille ne sera abandonnée, livrée en proie à elle-même, c'est-à-dire à l'irréligion et à l'ignorance, ou au demi-savoir, pire mille fois que l'ignorance.

Commencé en 1849, l'ouvrage de Mgr Dupanloup est arrivé à former successivement six gros volumes d'abord in-8, maintenant publiés dans un second format in-12, ce qui permet à un plus grand nombre de se les procurer ; dont tout le monde pourrait enfin profiter aujourd'hui, si les volumes d'ailleurs séparés et distincts, comme nous allons le voir, se vendaient aussi séparément.

Les trois premiers, intitulés de *l'Education,* traitent *in extenso* de *l'Education en général ; de l'Autorité et du Respect dans l'éducation ; des Hommes d'éducation.*

Les trois autres, qui portent le titre de *Haute Education intellectuelle,* traitent *des Humanités ; de l'Histoire, de la Philosophie, des Sciences ;* et, comme couronnement naturel d'un ouvrage complet sur ces matières, *des Etudes qui conviennent aux hommes du monde,* aux nobles esprits fidèles au culte des lettres, premier aliment de la jeunesse, honneur et délassement de l'âge mûr, charme et dernier plaisir du vieillard.

Ces titres généraux font déjà pressentir les grandes divisions et les subdivisions dans lesquelles rentrent toutes les questions d'ensemble et de détail qui constituent l'éducation à tous ses degrés.

Le premier volume sur *l'Education en général,* établit les principes sur lesquels repose toute éducation, détermine et étudie les moyens qui lui sont indiqués ou permis, tant au nom du but qu'elle poursuit qu'en considération de la nature du sujet sur lequel elle s'exerce, de l'enfant, tel que la naissance et la société le livrent à ses instituteurs.

Remarquons d'abord ce titre *d'Éducation* et non d'instruction que Mgr Dupanloup donne à son livre : il a grand soin d'établir la distinction entre l'une et l'autre. Pour lui, l'éducation est le terme général qui embrasse tout ; l'instruction n'est qu'un des moyens de l'éducation. Il faut lire les belles pages de ce premier chapitre, où il fixe le sens profond de ce mot d'éducation, et indique les quatre grandes choses qui la constituent : la religion, l'instruction, la discipline, les soins physiques. L'homme ne *s'élève* (autre expression toute française dont il fait sentir la noblesse) qu'autant qu'il est religieux, instruit, discipliné, soigneux et surveillant de ce corps dont il doit rester le maître. Admirable

tendent mieux que moi le soin de déterminer si les recherches de M. Bouillier ont épuisé la matière, si ses
arguments sont solides et sans réplique. Je ne suis point un
initié; j'aime les livres de philosophie, voilà tout. Mon unique
but est de consigner ici un souvenir de l'impression que m'a
laissée la lecture du livre de M. Bouillier. J'espère bien que
ce journal même ne s'en tiendra pas à ma sincère mais vulgaire
appréciation, et que l'auteur y sera discuté et jugé plus tard
par quelqu'un de ses pairs. En attendant, je dis ce que je
pense; et je ne serais pas étonné que le légitime juge lui-
même ne fût plus favorable encore que le simple amateur.

A. PIERRON.

Variétés.

DEUX SECRÉTAIRES DE SAINTE-BEUVE

Cette quinzaine a vu paraître deux biographies de Sainte-
Beuve. Je commence par la première en date, celle qu'a
écrite M. Jules Levallois (1). C'est un travail très-élevé et très-
sincère, et, je n'hésite pas à le déclarer, le meilleur qui soit
sorti de la plume de ce critique. M. Jules Levallois examine
d'abord l'*œuvre du poète*. Il montre dans *Joseph Delorme* la
prédominance de l'élément individuel, l'élégie réaliste et
navrée, le désespoir intense, mais peu communicatif de ce
héros exceptionnel, de ce « Werther, carabin et jacobin, »
comme disait M. Guizot.

Laissons Joseph se morfondre dans la contemplation
de ses *Rayons jaunes*, et voyons ce que vaut le chantre des *Consolations*. Celui-ci a renoncé au lyrisme
des sensations violentes. On l'admet dans les salons
doctrinaires; on le présente à la vertueuse Duchesse de
Broglie, qui feint de ne pas le reconnaître sous son dégui-
sement, tant il semble confit en religiosité et en mysticisme !
Mais si le public choisi est tout flamme pour le nouveau
converti, l'autre public l'accueille avec une indifférence
glaciale. Joseph risque alors une seconde métamorphose.
Sur ses épaules de dévot mondain il jette le sombre manteau
du janséniste, et, ses *Pensées d'août* à la main, érige en système l'austérité de l'inspiration et le prosaïsme de la forme.

Cette fois le poète fut criblé d'épigrammes; sa muse fit le
plongeon définitif dans les eaux de l'oubli. De temps à autre
elle remontait à la surface, pour lui dicter des vers qu'il
communiquait à son entourage. Mais rien ne transpirait au
dehors.

Toute sa vie pourtant Sainte-Beuve protesta contre un
dédain qui lui semblait injuste. Le succès de sa prose ne le
consola jamais de l'échec de sa poésie. « On ne lui faisait pas
la cour, dit M. Levallois, et, parfois, on l'impatientait en lui

(1) Librairie Didier et Cie.

parlant avec l'admiration la plus vraie, la mieux sentie, de
sa critique ; mais, si fatigué ou si préoccupé qu'il pût être,
on était sûr de le dérider en glissant, à propos de quelqu'une
de ses pièces de vers, une louange adroite et bien tournée.
Il prenait feu, interrompait le travail commencé, allait
chercher le volume et lisait, d'une voix vibrante, l'élégie ou
le sonnet auquel on avait fait allusion. Le désir de plaider sa
ceuse, fût-ce devant le juge le plus obscur, le faisait quelquefois passer par-dessus une réminiscence désagréable. »

M. Levallois indique très-bien la transition naturelle des
Pensées d'août aux *Portraits littéraires et aux Portraits contemporains*. Chez Sainte-Beuve, même au plus fort de ses
accès de lyrisme, déjà le critique perçait sous l'élégiaque.
Joseph Delorme se distrait de son mal en lisant, non pas les
grands auteurs, Byron, Dante, Milton, mais les « *Anas*, de
naissance anonyme. » Il a soif de renseignements exacts sur
le séjour de Malherbe à Carpentras, sur les rapports de Ménage avec Mme de Sévigné. Il veut vérifier si Conrart savait
mieux le latin que Jouy, s'il « consommait en plumes moins
que Suard, » et combien de volumes au juste possédait le
docteur Guy Patin. Est-ce là ce qu'imaginerait, pour charmer
sa douleur, un lyrique de pure race, Lamartine ou Musset
par exemple?

Sainte-Beuve n'était pas seulement un critique, c'était le
critique même, non pas actif, mais passif, le critique-miroir
ou de reflet. On l'a bien à tort accusé d'avoir soutenu le
pour et le contre. Ce reproche tombe en plein sur Lamennais
qui, dans sa conversion ou son apostasie, n'a fait que changer
de dogmatisme. Quand il arrivait à Sainte-Beuve d'épouser
une théorie, c'était toujours de la main gauche. Le divorce
n'était pas nécessaire pour rompre ces unions morganatiques.
Suivant la judicieuse expression de M. Levallois, «il était
l'homme des individus, non celui des idées. » Comme ses
alliances avec les diverses doctrines ne tenaient qu'à un
léger fil, à la curiosité, et que cette curiosité insatiable se
portait indifféremment sur tous les objets, nul ne fut plus
que lui constant dans l'infidélité. Mais, pendant la période
passionnelle, comme dirait un disciple de Fourier, il s'in-
féodait à ses amitiés littéraires. Il se multipliait lui-même,
abîmait son *moi* dans celui de *l'autre*, accomplissait à la
lettre le prodige de la métempsycose. Dieu sait par quelles
incarnations sans nombre il a passé, depuis l'éclectisme du
Globe jusqu'à la sophistique de Proudhon! Et notez que
Sainte-Beuve n'était pas même pyrrhonien. Le Pyrrhonisme
suppose des principes arrêtés sur l'incertitude des phénomènes fugitifs de la sensation et de l'intelligence. Lui, le
spectateur universel, affirmait que tout a sa valeur dans l'enchaînement infini des causes et des effets, dans les manifestations les plus insignifiantes de la pensée. Il était bien de
l'école de Bayle, qui avait inventé la république ou plutôt la
démocratie des livres, et accordait une importance égale à
l'*Hippolyte* de Racine et à celui de Pradon. Bayle était
panthéiste en matière de librairie. A l'exemple de son maître,
Sainte-Beuve ne craignait pas de se mésallier. Il allait partout,
le long des rues, dans les boutiques des éditeurs, s'informant

du livre nouveau, et il ne s'épargnait pas les régals les plus vulgaires. Mais ce gros mangeur, cet *helluo librorum*, était en même temps un fin gourmet. Qu'on en juge par ses *Causeries du lundi* et par son *Port-Royal*.

L'éminent écrivain a mis dans *Port-Royal* non-seulement l'histoire d'une société célèbre, mais tout le grand siècle avec ce qu'il eut de plus intime et de plus ignoré. Il s'y est surtout placé lui-même, et qui n'a pas étudié ces six volumes, ne peut se faire une idée exacte du caractère de l'auteur.

Le livre fut commencé dans un accès de piétisme, et semble d'abord la continuation du roman mystique de *Volupté*. Avançons un peu; nous sommes en présence d'un homme d'étude, épris de son sujet. Avançons encore; nous trouvons un bénédictin qui n'a d'autre souci que l'exactitude historique. Vers la fin, on sent le découragement, l'indifférence absolue, l'ironie, triste et dernière transformation de la physionomie morale de l'historien.

M. Levallois, qui était secrétaire de Sainte-Beuve au moment où parut la dernière partie de *Port-Poyal*, exprime éloquemment la douleur qu'il ressentit à la lecture du fameux post-scriptum. Il y est question de la « défaillance finale, » de « l'inévitable dégoût, » de « l'illusion infinie. » C'est le cri lamentable d'une âme qui n'a plus de croyances, l'amertume d'un sage qui « meurt désespéré, » comme il le disait un jour au P. Gratry, qu'il avait rencontré à l'Institut, et de qui je tiens le mot. Ecoutez ceci : « Directeurs redoutés et savants, illustres solitaires, parfaits confesseurs et prêtres, vertueux laïques qui seriez prêtres ailleurs et qui n'osiez prétendre à l'autel, vous tous, hommes de bien et de vérité, quelque respect que je vous aie voué, quelque attention que j'aie mise à suivre et à marquer vos moindres vestiges, je n'ai pu me ranger à être des vôtres; si vous étiez vivants, si vous reveniez sur la terre, est-ce à vous que je courrais d'abord? J'irais une ou deux fois peut-être pour vous saluer et comme par devoir, et aussi *pour vérifier en vous l'exactitude de mes tableaux*, mais je ne serais pas votre disciple. J'ai été votre biographe, je n'ose dire votre peintre; hors de là, je ne suis point à vous. » Il faut lire le morceau tout entier. On comprendra le sentiment de M. Levallois. « Il me semblait que, publiées, mises en lumière, ces pages allaient faire crouler le monument, ou que du moins personne ne songerait à s'aventurer dans un édifice dont l'architecte était le premier à proclamer la fragilité. »

Les *Causeries du lundi* sont entre les mains de tous ceux qui de près ou de loin s'intéressent aux choses littéraires. M. Levallois, en louant le prodigieux savoir, le tact délicat, la sûreté de main du maître, a raison de nous mettre en garde contre la maladresse des imitateurs et des disciples. On ne recommence pas une pareille tâche sans avoir — ce qui manque à la plupart des critiques — le don naturel de l'observation et l'intuition profonde des esprits. L'élégance un peu compassée de Laharpe, les brillantes généralités de Villemain ne dépassent pas la mesure d'un certain nombre d'écrivains distingués, qui se disputent l'héritage de ces juges autorisés des productions intellectuelles. Mais l'analyse

complexe de l'œuvre et de l'homme exige des qualités dont la réunion se rencontre rarement dans un même individu. N'oublions jamais que, dans l'ordre de la pensée, Sainte-Beuve est une exception, et que, jusqu'à présent, c'est une exception unique. Avec des facultés de création bien supérieures, Goëthe seul peut lui être comparé au point de vue de la critique. Mais si Goëthe a la compréhension universelle de notre compatriote, il n'a ni sa grâce toute française, ni sa pénétration dans la recherche des mêmes détails : *Aquila non capit muscas*.

Il y a des révélations curieuses dans les chapitres de M. Levallois, intitulés *l'Homme public, — l'Homme privé*. Je reviendrai là-dessus, dans un prochain numéro, en parlant des *Souvenirs et Indiscrétions de M. Troubat* (1), dont je viens de couper les pages encore humides de l'impression. Aujourd'hui je tenais à remercier le biographe de Sainte-Beuve du plaisir que m'a causé je ne dirai pas la lecture, mais la longue dégustation de son œuvre. On est habitué à me voir égrener ailleurs l'interminable chapelet des nouvelles publications de la semaine. Pour cette fois, je me borne à l'unité. Que le lecteur me pardonne cette avarice inaccoutumée ! Il m'arrive si souvent d'être prodigue, que je puis bien me permettre un jour d'économie, ne fût-ce que par amour du changement. Et je prie M. Levallois de croire que j'ai à lui donner de meilleures raisons

ALFRED BLOT.

DE L'ENSEIGNEMENT DE LA GÉOGRAPHIE

—

Aujourd'hui plus que jamais, après les malheureux événements qui se sont accomplis, chacun a compris le besoin de favoriser par tous les moyens le développement de l'instruction, et tous travaillent à atteindre ce but.

Mais, parmi les diverses branches de l'enseignement, il en est une surtout dont la connaissance approfondie est indispensable, dont on a senti la nécessité tout récemment encore, et sur laquelle nous voulons appeler plus particulièrement l'attention. Il s'agit de l'étude de la géographie.

Tout le monde connaît et se rappelle certainement le mot de Goethe, causant à Erfurth avec Napoléon Ier. Depuis, hélas ! nous n'avons que trop justifié ce sentiment du poëte allemand, et nous pourrions peut-être confesser que la géographie n'est pas le côté brillant de notre éducation. Mais il faut que ce mot disparaisse de notre histoire. Il est temps de nous souvenir que vers le milieu du XVIIIe siècle la France avait conquis le premier rang dans les sciences géographiques, parmi les autres nations; et il faut absolument que nous reprenions aujourd'hui cette place que nous n'aurions jamais dû perdre.

Or, un des principaux moyens d'y revenir est, croyons-nous, de commencer par apprendre la géographie de notre propre pays, car si la connaissance des pays étrangers est une chose indispensable, le plus essentiel de tous les devoirs pour un Français est de connaître parfaitement la France, d'autant qu'il l'aimera mieux encore en la connaissant mieux, puisqu'il est prouvé qu'on n'aime *généralement* que ce qu'on connaît bien.

(1) Michel Lévy, éditeur.

Déjà, en 1866, on avait compris la nécessité de refaire l'éducation géographique, négligée ; et les programmes officiels, dès cette époque, mentionnaient l'étude de la France en général, et celle de chaque département en particulier.

Or, nous ne possédions point d'ouvrage à la fois assez élémentaire et assez complet qui rendît cette étude facile et attrayante en présentant d'une manière simple, claire et méthodique, les notions les plus usitées et les plus indispensables sur les principes de la géographie physique et politique.

M. Joanne, avec sa science et son expérience de vulgarisateur, éclairées et aidées en outre du concours des géographes distingués des départements, vient de combler cette lacune dans une série de 89 volumes (dont quinze déjà sont parus) (1), tous conçus et rédigés sous un type uniforme, et ayant chacun pour objet, sous une forme classique, l'étude d'un de nos départements.

Chaque volume contient, dans une centaine de pages environ, tout ce qu'on peut dire sur le département, et présente, dans un ordre didactique, les connaissances précises que les élèves doivent apprendre.

Des cinq parties dont il se compose, la première est entièrement consacrée à l'énumération de la situation, des limites et de la superficie du département, à sa géologie, au relief du sol et à la physionomie du pays. L'auteur en indique l'hydrographie et le climat, et termine par la description et l'énumération des productions et des curiosités naturelles.

L'histoire et la biographie font l'objet d'une seconde partie qui contient également des renseignements statistiques des plus complets et des plus intéressants sur la population, l'agriculture, l'industrie, le commerce, l'instruction, les divisions administratives, les grandes voies de communication et la justice.

Dans le troisième chapitre, il est traité de l'archéologie, des monuments et des beaux-arts. Après y avoir étudié successivement et d'une manière générale les différentes périodes : celtique, romaine, romane, ogivale, renaissance et moyen âge (sans la connaissance desquelles il est impossible de comprendre et d'étudier un monument), le lecteur trouve ensuite la description et la liste sommaire des principales curiosités artistiques et des monuments les plus remarquables du département pendant ces diverses périodes.

De nombreuses gravures explicatives et des dessins facilitent l'intelligence et la lecture de ces pages.

Enfin, après nous avoir donné, dans la quatrième partie, la liste des principaux ouvrages qui ont été publiés sur le département dont il s'occupe, et à la lecture desquels il renvoie les lecteurs avides de plus de détails, l'auteur termine son ouvrage d'abord par un dictionnaire alphabétique et détaillé des communes ; puis par une magnifique carte coloriée, très-bien faite, qui sert de complément au dictionnaire. Grâce à l'un et à l'autre, on peut immédiatement savoir sur chaque commune, bourg et ville quelle est sa population, sa position, son altitude, sa superficie, les chemins de fer et les bureaux de poste qui les desservent, aussi bien que ce qu'on doit penser du sol, des diverses industries et du commerce des habitants.

Mais la seconde partie et la troisième sont, sans contredit, celles qui offrent au lecteur et au curieux le plus grand attrait. Le précis historique de l'une permet à l'élève d'apprendre, en quelques heures, l'histoire complète des faits militaires qui se sont accomplis dans son département, en même temps qu'il peut suivre sur la carte qui se trouve à la fin les mouvements des armées. Ces récits, très-rapides et très-exacts du reste, n'obligent l'élève à retenir que ce qu'il ne doit point oublier.

Nous n'insisterons pas sur l'intérêt qui s'attache à la lecture des pages traitant de l'archéologie et des monuments ; nous nous contenterons de faire remarquer que l'auteur, qui connaît parfaitement la France pour l'avoir explorée lui-même dans toutes ses régions, était un des plus

(1) Librairie Hachette et Cie.

capables de la décrire avec une scrupuleuse exactitude et une autorité digne de foi.

On peut juger, d'après ce que nous venons de dire, de quelle utilité peut être cet ouvrage pour l'instruction de la jeunesse, et quelle place importante doit prendre cette méthode dans l'enseignement géographique et historique.

L'auteur a, croyons-nous, atteint le but qu'on doit se proposer dans une semblable étude, et il nous semble que cet ouvrage doit désormais faire partie de toutes les bibliothèques publiques et communales, ainsi que de celles des lycées et colléges.

La seule remarque que nous nous permettons de faire en terminant (peut-être l'auteur y a-t-il songé déjà), c'est qu'il serait désirable, dans une seconde édition, de supprimer certains détails, afin de mettre l'ouvrage à la portée des élèves de nos écoles primaires.

Félix GRÉLOT,

LA VIE FUTURE

Par le R. P. LESCŒUR, de l'Oratoire.

(1 vol. in-12. — Albanel, édit.)

Dans son *Essai sur le traité* DE DEO *de Thomassin*, écrit *avec une perpétuelle élégance*, a dit M. de Rémusat, le P. Lescœur avait suivi les inspirations du P. Gratry. Nous le retrouvons, dans son livre sur *la Vie future*, fidèle au maître de sa jeunesse, au penseur original, au grand écrivain dont la tombe s'est ouverte prématurément, il y a deux mois à peine.

Dans le second volume de *la Connaissance de l'Âme*, où l'on rencontre de si merveilleux chapitres, le P. Gratry avait consacré plusieurs pages à rechercher le lieu de l'immortalité. Le P. Lescœur n'a eu garde d'oublier la pensée du maître. Lui aussi traite d'une manière spéciale du lieu de l'immortalité, dans son œuvre sur *la Vie future*. De temps à autre on y trouve encore des traits qui rappellent heureusement le P. Gratry.

Cependant tout n'est pas emprunt dans le livre du P. Lescœur : il a sa part d'originalité. Un choix de textes bien fait, un résumé substantiel des données philosophiques et chrétiennes sur ce problème de la destinée humaine qui a tant préoccupé Jouffroy, un style d'un goût exquis, auquel parfois on pourrait cependant souhaiter plus de relief, de variété et quelque chose de plus achevé, voilà ce qui appartient certainement au P. Lescœur. Nous aimons à voir la société qui a donné à la France Malebranche et tant d'hommes illustres, entrer de plus en plus dans cette voie d'études sérieuses que le P. Gratry lui a marquée.

Après s'être livré aux études philosophiques, pourquoi l'Oratoire ne se hasarderait-il pas dans les études d'histoire, de critique, d'exégèse, à la suite de Richard Simon et de Le Long, et comme ces bénédictins de la congrégation de Saint-Maur qui manquent, à cette heure, à la science française ? Avec M. de Rémusat, nous attendons beaucoup de l'Oratoire pour la philosophie et la critique.

E. MARTEL.

On nous communique la note suivante :

« Acteur principal dans les opérations de la première armée de la Loire, le général Martin des Pallières, ancien commandant du 15e corps, vient de publier, chez l'éditeur Henri Plon, sous le titre d'*Orléans*, le récit de cette campagne. On trouvera dans ce livre, écrit avec une entière sincérité, l'exposé fidèle des faits qui ont amené l'évacuation d'Orléans dans les premiers jours de décembre 1870, et la ruine de nos premières espérances.

« Rétablir la vérité dénaturée par la passion politique ou par l'intérêt personnel sur cette triste page de notre histoire, mais tirer en même temps de nos cruelles épreuves d'utiles enseignements pour éviter à l'avenir les mêmes fautes, et reconstituer notre armée sur des bases solides, tel est le double but que s'est proposé le général des Pallières. »

On sait que le président de la République a prescrit la publication d'une *Bibliothèque de l'armée française*, comprenant des écrivains militaires de tous les temps.

Cette bibliothèque est en cours de publication. Les dix premiers volumes, dont trois appartiennent à l'histoire ancienne et sept à l'histoire moderne, ont déjà paru.

Les premiers contiennent : *Expédition des dix mille*, par Xénophon, traduction de M. Eugène Talbot ; *Guerre de Jugurtha*, par Salluste, traduction de M. Croiset ; *Siège de Jérusalem*, par Flavius Josèphe, traduction d'Arnauld d'Andilly.

Les écrits de César prendront certainement place dans une collection destinée à l'armée française, et la science militaire des Grecs n'y sera sans doute pas représentée par le seul Xénophon.

Les sept volumes d'écrits modernes se composent de : *Mémoires de Turenne*, avec un précis des campagnes de Turenne par Napoléon (1 vol.); — *OEuvres historiques de Frédéric*, contenant *Mémoires de mon temps* et la *Guerre de Sept ans*, suivies du précis des guerres de Frédéric, par Napoléon (3 vol.) ; — *Napoléon, campagnes d'Italie, d'Égypte et de Syrie* (3 vol.).

Chaque ouvrage est précédé d'une note historique par M. Camille Rousset, sous la direction de qui se publie la *Bibliothèque de l'armée française*.

THÈME LATIN.

Classe de seconde.

Nous avons beau nous flatter et corrompre la fidélité de notre histoire : jusqu'ici nous devons notre conservation plutôt à toute autre chose qu'à nous-mêmes, et si, depuis la naissance de l'État, on excepte seulement la vie de deux princes et quelques années de celle des autres, il se peut dire que la fortune a gouverné parmi nous souverainement, et qu'en la conduite de nos affaires, elle n'a laissé que fort peu de part au sens et à la raison. On a mis en proverbe notre légèreté, notre inconstance et notre folie. On a dit que la France était un vaisseau à qui la tempête servait de pilote. Nos pères ont conduit leurs guerres sans discipline et leurs négociations sans secret. Leur façon d'agir était aussi peu réglée que s'ils eussent eu dessein de perdre en tous les traités; leur vaillance, aussi étourdie que s'ils se fussent bandés les yeux pour combattre. Ils nous ont pourtant laissé ce qu'ils gouvernaient si mal, et leur État est venu jusqu'à nous dans cette confusion et dans ce désordre. Toutes les maximes reçues universellement pour véritables se sont trouvées fausses en ce qui nous regarde ; tous les signes d'une mort certaine ont été vains quand ils ont paru pour nous; toute la sagesse étrangère s'est trompée au jugement qu'elle a fait de la durée de notre monarchie.

BALZAC.

Licet nobis blandiamur, historiæque fidem adulterare conemur, salus nostra non a nobis sed aliunde hactenus orta est ; atque, a regni exordio, si duorum principum vitam ceterorumque aliquot annos excipias, dicere possis omnia penes fortunam fuisse, minimamque rerum nostrarum partem judicio et rationi fuisse relictam. Itaque in proverbium venit ingenii nostri levitas, mobilitas dementiaque ; et sermo obtinuit Galliam tanquam navem, tempestate duce fluctuare. Patres nostri quæ armis agitabant, nulla lege ; quæ vero per legatos, nulla silentii fide tutati sunt; et in agendo inordinati ut ipsos omni fœdere excedere voluisse putares, et pugnando inconsulti tanquam si oculos velamine sibi obduxissent. Quod tam imprudenter administratum nobis tamen reliquerunt, ac Respublica ita turbata permixtaque ad nos pervenit ; quæ sententiæ apud omnes gentes valuerunt, si ad nos spectemus, aliquid erroris habere visæ sunt. Quidquid ruinam certam portendit, statim ut nobis prodiit, irritum cecidit; omnisque externa sapientia, dum imperii nostri de brevitate judicium tulit, prave judicavit.

VERS LATINS.

CLASSE DE SECONDE.

Le Retour des hirondelles.

Solvitur hiems : redeunt agris gramina, et arboribus frondes ; rediere jampridem sepibus obductæ violæ; quid igitur tu cessas, hirundo, quam votis petimus, prænuntiam veris, qua reduce, vere ver redierit ? At injusta querimur : nempe una aut altera hirundo jam visa aera tranare, Lutetiam repetens, tecta nostra, notas sedes tanquam explorans. Has scilicet gentis duces gens omnis mox sequetur. Ergo salvete, dilectæ aves, quæ nobis tepidos soles, quæ veris delicias et anni reducitis ; salvete, exspectatæ hospites : vos læti penates recipiunt, vos pueri virginesque, et si quis poeta superest, vos et ipse curis deditus ingentibus vir, gratis oculis salutat !

COPIE D'ÉLÈVE

Solvitur acris hiems grata vice veris, et agros
Floriferum viridi jam vestit gramen amictu.
Omnis jam frondes, brumis fugientibus, arbos
Pandit, et in mediis bene olet viola abdita dumis.
At tu, veris amans, veris prænuntia, hirundo,
Non ideo nostros gestis invisere fines ?
Ver spernis tu sola tuum ? Quæ, tardior hospes,
Te tantæ tenuere moræ ? Sic annua frustra
Huc te vota vocant, nobis optabilis ales ?
Num melior te temperies, num dulcior ora
Mulceat absentem semper, nidique relicti
Immemorem, ac merito te ingratam nomine dicant ?
Ah ! tibi si quis amor nostri, si cura, venito !...
Sed non justa queror : nempe una aut altera hirundo
Visa est Australi sese a regione referre,
Fidaque præcipiti volitare per aera penna ;
Cerne : Parisiacas strepitando pergit ad arces,
Jamque attenta cavos murorum explorat hiatus
Et latebras oculis, veterem vetus hospita sedem.
Has gentis dicam esse duces; has tota sequetur
Gentili de more cohors. Sibi construet altos
Ore lares, lætumque redux testabitur annum.
Salve igitur, dudum salve exspectate popelle,
Qui nitidos revehis soles, verisque calorem
Lætificum, qui delicias et amabile tempus.
Venisti tandem, nec te venisse pigebit.
Scilicet optatam plumosa cubilia gentem
Accipiunt ; nostram discursu hilarabitis urbem,
Aeriæ cives; pueri vos atque puellæ,
Turba hilaris, blandæ miratrix turba volucris ;
Vos, si quis superest constanti percitus æstro,
Temporibus diris, vates Phœbique sacerdos ;
Quique operi assiduo, lucri spe, fervidus instat,
Dum licet amoto cœlum spectare labore,
Vos oculis omnes, vos grata voce salutant !

A. B.
Lycée Corneille.

Le Directeur ; **G. HUBERSON.**

Paris. — Imprimerie de GAUTHIER-VILLARS, quai des Grands-Augustins, 55.
(Ancienne imp. Bonaventure.)

JOURNAL

DE

L'INSTRUCTION PUBLIQUE

Paris, le 25 avril 1872.

M. GUIZOT ET L'ENSEIGNEMENT PRIMAIRE

M. Guizot vient de prononcer un remarquable discours sur l'enseignement primaire. L'illustre homme d'Etat s'adressait à un public restreint, et quelques-unes de ses paroles avaient trait à la situation particulière de ses auditeurs. Mais la pensée de M. Guizot s'élève naturellement du particulier au général. L'assemblée qu'il présidait tenait sa séance annuelle au temple protestant de l'Oratoire. Dès le début du discours, on se sent transporté dans une sphère plus vaste; au lieu de ses frères en religion, M. Guizot semble avoir devant lui le pays tout entier. Une voix si grave et si éloquente ne saurait manquer d'être entendue.

Le moment n'est pas venu de discuter ici les questions qui se rattachent à l'enseignement primaire. Nous ne voulons qu'indiquer sommairement l'opinion d'un ancien ministre de l'instruction publique sur les trois points essentiels qui préoccupent aujourd'hui tous les esprits.

L'enseignement primaire doit-il être légalement obligatoire? M. Guizot commence par déclarer que la question n'est pas nouvelle en France, et que l'étranger n'en a pas l'initiative, comme le croient la plupart des publicistes. Au XVIᵉ siècle, dans les États-Généraux d'Orléans, en 1560, le vœu d'obligation légale en fait d'instruction primaire est exprimé en ces termes par le corps de la noblesse. « La noblesse demande que le clergé prélève, sur le revenu des bénéfices, une contribution pour stipendier des pédagogues et

gens lettrés, en toutes villes et villages, pour l'instruction de la pauvre jeunesse du plat pays en la religion chrétienne et autres sciences nécessaires et bonnes mœurs. *Et seront tenus les pères et mères, à peine de l'amende, d'envoyer lesdits enfants à ladite école, et à ce faire seront contraints par les seigneurs ou juges ordinaires.* »

M. Guizot admet en principe l'obligation légale; mais il exige « des garanties efficaces pour le maintien de l'autorité paternelle et la liberté des consciences et des familles. » Ces garanties obtenues, reste à savoir comment on assurera l'exécution de la loi. La nature des peines paraît difficile à déterminer, et c'est encore un sujet de controverse entre les partisans les plus résolus de l'obligation.

Dans le public éclairé, la gratuité ne jouit pas de la même faveur que le principe précédent. Aussi, à cette seconde question : L'instruction primaire doit-elle être absolument gratuite, l'orateur oppose une fin de non-recevoir tirée de considérations économiques, dont il est impossible, selon nous, de méconnaître la vérité et la justice. « Le droit absolu et légal, dit-il, à la gratuité de l'instruction primaire n'est pas plus légitime en soi ni plus sain dans ses effets que le droit au travail, dont pendant quelque temps on a fait tant de bruit; c'est une manière de dispenser de tout effort et de tout sacrifice pour l'éducation de leurs enfants les parents qui seraient en état de les faire. Qu'il s'agisse de l'instruction primaire pour les enfants ou du travail pour soi même, de telles dispenses ne sont qu'une provocation à la paresse, à l'imprévoyance et à l'égoïsme. »

La plus belle partie du discours que nous analysons

est une réponse à cette dernière question, tranchée d'une façon si péremptoire par l'ignorance et par l'esprit révolutionnaire : l'instruction primaire doit-elle être exclusivement laïque ou essentiellement religieuse? M. Guizot n'est point un défenseur de la *laïcité*, forme barbare d'une idée mal définie. A ses yeux, « l'État est laïque, spécialement laïque : l'ordre temporel est son domaine ; l'ordre spirituel ne lui appartient pas... L'État n'a ni mission ni droit d'enseigner et de faire enseigner en son nom la religion. Mais l'incompétence n'est pas l'indifférence. Si la religion n'est pas de leur ressort, l'État et les pouvoirs qui le gouvernent ne doivent pas méconnaître la valeur morale et l'importance sociale de la religion : c'est leur devoir, au contraire, d'en tenir grand compte, et de faire à la religion sa place en proclamant sa liberté. »

Ce discours magistral nous paraît avoir élucidé, sinon résolu dans toutes ses parties, un des problèmes les plus complexes de l'instruction publique. M. Guizot remarque justement combien ce mot *instruction* est incomplet et inexact. Il propose de le remplacer par le mot plus significatif d'*éducation*. Des peuples civilisés disent aujourd'hui, et nos pères disaient en 1789, l'*éducation nationale*. Ces deux termes expriment le développement complet de l'individu chez un peuple libre. Or l'homme qui sait lire et écrire n'est point par cela même l'idéal du citoyen. Le corps vit de pain, l'esprit de connaissances, l'âme de croyances élevées. Supprimer ou affaiblir dans les classes populaires le sentiment religieux, « ce grand et unique souvenir de noblesse, c'est, suivant un écrivain célèbre, rabaisser la nature humaine, et lui enlever le signe qui la distingue essentiellement de l'animal. » M. Cousin a dit quelque chose d'analogue et de plus vif à propos d'une mendiante décrépite : « Otez à cette femme sa foi chrétienne, elle tombera au-dessous du singe. »

L'anecdote est racontée par M. Guizot à la fin de son discours. Il faut bien qu'un sourire vienne parfois tempérer l'austérité de cette raison éloquente. Rien, en effet, de plus sérieux et de plus fort que ce morceau, une des pièces du procès qui s'instruit en ce moment devant l'opinion, et qui sera jugé quand il plaira à Dieu.

ALFRED BLOT.

L'abondance des matières nous oblige à remettre au prochain numéro la suite des Lettres à M. Michel Bréal.

LES ÉTUDES CLASSIQUES

(Fin.)

Il ne suffit pas d'avoir un plan, il faut vouloir, il faut savoir l'exécuter. Tout est là. Les professeurs de l'Université peuvent-ils exécuter le leur? Ont-ils les connaissances que réclame leur profession? Sont-ils assez bien formés quand ils entrent dans les chaires que l'État leur confie? Une fois installés dans ces chaires, continuent-ils à s'entretenir dans les études, et les progrès généraux de la science parviennent-ils jusqu'à eux?

S'il fallait s'en rapporter à certains esprits outrés, la réponse ne serait pas favorable aux professeurs. Quelques-uns de leurs anciens collègues, sortis aujourd'hui des rangs où ils ont débuté, paraissent être des juges sévères pour eux. A les entendre, l'ignorance s'accroît de jour en jour, et nous serions menacés de tomber, avant peu, au-dessous du dernier des peuples en Europe. Impossible de faire plus galamment le sacrifice de notre honneur et de notre Université. C'est donner complaisamment des armes aux adversaires de ce corps. Ceux-ci ne manqueront pas de s'en servir; ils l'ont sans doute déjà fait, sans prendre la peine de voir si les armes qu'on leur fournit sont de bonne et solide trempe. Ils ne diront jamais une chose, qui est vraie pourtant, c'est que l'Université, fût-elle réduite en l'état que l'on suppose, elle serait encore, par le savoir, par l'expérience et la méthode, fort au-dessus de ceux qui désirent son ravalement ou sa chute.

Sans vouloir me faire ici panégyriste décidé, on le verra bien dans la suite de cet article, je prétends montrer combien l'on a tort d'exagérer, pour les besoins d'un système, les griefs qu'on peut avoir contre l'Université.

Il me semble que l'histoire de l'Université, depuis sa fondation, offre une suite de pages assez honorables pour qu'on ait le droit de s'en glorifier. On peut dire que presque tous les progrès accomplis en France, dans les sciences et dans les lettres, depuis soixante ans, sont dus à ses professeurs ou à ses élèves. L'histoire, la philosophie, la critique, l'étude de l'antiquité, l'épigraphie, la philologie lui doivent, dans notre pays, leur rajeunissement ou leur naissance. Les noms abondent et viennent en foule sous la plume. Si nous n'avions pas la triste habitude de nous dénigrer nous-mêmes, nous serions fiers d'avoir rendu de tels services à nos contemporains, et nous serions plus justes envers une institution dont les annales offrent une suite si brillante de succès.

La séve s'est-elle affaiblie de nos jours? On voit bien que non. La génération actuellement vivante fait encore honneur à l'Université. D'où viennent aujourd'hui les journalistes, les économistes, les philologues, les épigraphistes, dont nous n'avons pas tort, j'imagine, de louer le savoir et le talent, sinon de cette Université que plus d'un ne craint pas de décrier injustement? Qui les a formés? ces mêmes méthodes qu'ils attaquent, dont ils blâment la prétendue stérilité.

Je prévois l'objection, et je me hâte d'y répondre. Sans doute, me dit-on, ces jeunes savants, que leur science rend un peu dédaigneux pour leurs anciens maîtres ou collègues, ont tous les mérites; ils veulent bien reconnaître qu'ils en doivent une part à leurs premiers instituteurs, mais ils se doivent beaucoup plus à eux-mêmes; ils ont tant ajouté au mince bagage qu'ils tenaient du lycée! J'en conviens; mais pour acquérir de nouvelles connaissances, il faut être capable d'en comprendre la valeur, d'en aimer les bienfaits; il faut, pour ainsi dire, un premier fonds de roulement; ils le tenaient de leurs études élémentaires et secondaires, c'était déjà quelque chose d'assez précieux; pourquoi refusent-ils aujourd'hui ces avantages aux élèves assis sur les mêmes bancs qu'ils ont illustrés par leur assiduité? Qu'ils soient un peu plus justes envers ceux qui les ont formés; il y aurait de leur part un orgueil par trop ingrat à vouloir se dire les fils de leurs propres œuvres. Je n'admets pas, pour ma part, ces générations spontanées chez des hommes qui, du lycée, ont passé à l'École normale.

J'entends dire encore : Ces jeunes savants dont l'Europe admire les lumières, ces journalistes qui redressent la France et la dirigent dans ses opinions, vous avez raison d'en faire honneur à l'Université; vous avez raison d'être fier d'avoir été leur collègue, mais oubliez-vous qu'ils ont quitté vos rangs, que, déployant leurs ailes, *majores nido pennas*, ils se sont élevés bien au-dessus de votre petit savoir, de votre petit métier, et qu'en ce moment, du haut de l'horizon où ils planent, ils vous voient si petits, si petits, qu'ils vous prennent en pitié? En vous quittant, ils ont tout emporté; après eux, que reste-t-il dans les chaires de l'Université? un vil rebut, ou des chrysalides qui n'attendent que l'heureux moment de secouer leur poussière et de briser leur coque.

Ceci peut sembler spécieux aux gens du monde : ça ne peut avoir aucun prix aux yeux d'un professeur. Je suis sans envie pour tous ceux qui s'élèvent, et j'applaudis avec joie aux succès que l'on doit à son travail et à ses efforts; mais j'aime la vérité, et, quand j'ai l'occasion de la dire, je ne la cache pas. Eh bien! donc, voilà ce que je réponds à cette nouvelle objection. Non, il n'est pas vrai qu'en quittant l'Université ou en s'élevant à ses emplois les plus hauts, ces privilégiés n'aient laissé derrière eux qu'un résidu sans valeur. J'affirmerai hardiment le contraire; s'il fallait des témoignages, j'en trouverais sans peine et des plus marquants.

Ces jeunes hommes, impatients d'arriver à la renommée, n'ont presque jamais été de bons professeurs. Ils avaient trop de science, et quelque légitime que fût leur ambition, elle les gênait dans l'exercice utile de leurs fonctions. Se croire trop au-dessus de la besogne journalière de l'enseignement, se gonfler d'un savoir qui ne peut pas trouver sa place dans une classe, c'est une mauvaise condition pour y réussir.

Il est bien facile de le comprendre. Il n'est pas toujours possible d'étaler son érudition devant des élèves : ils n'y prennent, la plupart du temps, qu'un fort médiocre intérêt. Leur esprit n'est pas fait pour saisir tous les mystères des découvertes germaniques sur la phonétique, par exemple; il leur importe peu qu'on ait été plein de sagacité et de bonheur dans l'explication d'une inscription. Le moindre grain de mil ferait bien mieux leur affaire. Ils veulent qu'on corrige leurs solécismes et leurs barbarismes, qu'on redresse leurs phrases mal faites, qu'on leur donne la clé des auteurs qu'ils tiennent en main. Ils ont un sens très-exact et très-droit des nécessités de l'enseignement. Le lycée n'est que le lycée; les études classiques ne sont que le degré secondaire de la science; ils sentent vaguement qu'on les déroute, ils se dégoûtent et du professeur et de la doctrine, et tout va à vau-l'eau. Le professeur lui-même s'ennuie, il prend sa classe en horreur; il court au ministère demander un poste nouveau en lorgnant l'Institut : voilà l'histoire des savants trop à l'étroit dans les chaires de nos lycées.

C'est qu'il faut à l'homme qui se charge d'enseigner la jeunesse, avant tout, un caractère ferme, une volonté solide, une patience à toute épreuve, un zèle qui ne se lasse jamais, un amour ardent pour le bien de la jeunesse; s'il n'a pas le cœur au métier, s'il ne s'intéresse à ses enfants que juste le temps où il est en leur présence, eût-il toute la science du monde, qu'il se hâte de quitter la robe du professeur, l'habit à palmes vertes lui convient mieux. Mais au moins, une fois sorti de l'Université, qu'il ne perde pas de vue les conditions véritables de l'enseignement, qu'il ne mette pas un roman à la place de l'histoire.

Est-il juste de faire de nos classes le tableau qu'en présentent souvent d'anciens professeurs ? Croient-ils que leurs collègues soient restés aussi étrangers qu'ils le disent aux progrès de la science ? Est-ce qu'il est un point important et sérieux où il subsiste dans l'enseignement des doctrines arriérées et des erreurs surannées ? L'antiquité grecque et l'antiquité latine ne sont-elles pas mieux connues aujourd'hui des professeurs qu'elles ne l'étaient il y a quarante ans ? N'avons-nous pas tous profité des découvertes de l'esprit moderne ? L'esthétique dans ses résultats généraux, l'archéologie, la grammaire comparée, ne sont-elles pas entrées dans nos lycées ? On parle d'explications d'auteurs que nulle observation n'accompagne d'histoire, de géographie, de chronologie; c'est véritablement se faire la part trop belle et triompher aisément. Que signifient donc alors ces éditions classiques accompagnées de notes dues à nos collègues ? Que signifient tant de thèses présentées par les membres de l'Université aux examens du doctorat, sur tant de sujets divers ? Tout cela ne proteste-t-il pas en faveur de l'Université contre les reproches dont on la poursuit. Peut-on dire que ces connaissances acquises ne se coulent pas dans l'enseignement? Mais si; elles y pénètrent, de biais ou de front, peu importe, elles y entrent doucement, dans la mesure que conseille la prudence et la bonne direction du travail, elles portent leur fruit tout autour de nous.

Cela dit, pour venger les professeurs trop durement menés par des critiques que je crois injustes, j'insisterai sur la nécessité, pour ceux qui enseignent, de se tenir sans cesse au courant des productions les plus estimables de la science ou de l'art. Je me plaindrai que l'administration centrale ne fasse rien pour faciliter à chacun ces études. Ce n'est certes pas la faute des personnes ; la nécessité du budget pèse sur elles, cependant il faudrait tenter quelque chose, il faudrait s'ingénier. Ceux qui étudent l'Allemagne parlent avec une juste admiration des travaux philologiques qui s'y produisent, je pense qu'un ministre, désireux de promouvoir les bonnes études en France, devrait essayer de faire arriver ces travaux à la connaissance de ses professeurs. Serait-il impossible, par exemple, de fonder rue de Grenelle-Saint-Germain une *Revue* qui, sans toucher à la politique, sans essayer de défendre en rien les actes du ministre, donnerait, chaque mois, ou tous les six mois, de larges comptes rendus des ouvrages dont quelques personnes parlent avec enthousiasme, que les professeurs ne peuvent pas se procurer, ou ne peuvent pas lire dans le texte même ?

Il faudrait de l'argent, me dira-t-on ? Sans doute. D'abord, on abonnerait d'office les professeurs. Puis, j'ai entendu dire, par des personnes compétentes, que l'argent ne manque jamais quand on veut en trouver pour faire plaisir à des amis. Or, quels devraient être les meilleurs amis d'un ministre de l'instruction publique ? Les professeurs, apparemment.

Les bibliothèques des lycées pourraient leur rendre de très-grands services ; en général, elles ne leur en rendent aucun. Elles renferment quelques livres sans valeur provenant d'un vieux fonds, elles n'ont rien des travaux modernes dus aux savants étrangers. Je les voudrais amplement pourvues et dotées, chaque année, de nouvelles acquisitions. La bibliothèque du lycée, confiée le plus souvent à la garde sévère du censeur, devrait être d'un accès facile aux professeurs. Ils devraient pouvoir y venir à toute heure du jour, y demeurer, y travailler. S'ils avaient dans le lycée ce lieu de réunion mis à leur disposition, ils pourraient se cotiser pour s'abonner à certaines *Revues*, s'entretenir, se concerter sur leur enseignement, et s'entendre ensemble pour le profit de leurs élèves. Ici encore l'éternel refrain : de l'argent. On en trouve de l'argent dans nos lycées soit pour ajouter une aile aux bâtiments, soit pour embellir la maison, soit pour construire des *gymnastiques* : on n'en a jamais trouvé pour acheter quelques livres ! Le *matériel* nous écrase.

Ces moyens d'étude mis à la disposition des professeurs, il en résulterait un grand bien pour l'enseignement. On entretiendrait ainsi en eux l'habitude de s'instruire et l'on préviendrait les tristes effets de la paresse ou du désœuvrement. L'inspection générale qui se fait chaque année dans les lycées pourrait se montrer plus sévère pour l'ignorance si elle en rencontrait des traces ; il n'y aurait plus d'excuse à faire

valoir tirée de l'absence des ressources et des instruments de travail.

Je pense que cette action de l'administration supérieure doit se faire sentir chaque jour davantage dans l'Université. Sans être tracassière, mesquine dans ses vues, prévenue dans ses jugements, il faut qu'elle prenne en main la direction des études; un grand corps comme celui-ci a besoin d'une impulsion venue d'en haut qui y renouvelle les idées, y entretienne le mouvement. Les concours de l'agrégation, les inspections annuelles, une action directe sur l'École normale, ne suffisent peut-être pas. Il faut autre chose dans ces postes élevés que des hommes chargés de contrôler les actes administratifs dans les lycées : les inspecteurs généraux ne doivent point passer dans les classes sans y laisser la marque de leur influence sur les méthodes, sans avoir réchauffé le cœur des professeurs et encouragé les élèves.

C'est aussi le devoir des proviseurs et des censeurs de surveiller activement les études. En contact journalier avec le personnel enseignant, il leur appartient de prendre en main les intérêts de l'Université. S'il est vrai, comme on le prétend, que certains professeurs consacrent trop de temps à la récitation des leçons, à la correction des devoirs, donnent à peine quelques instants à l'explication des auteurs, c'est le proviseur, c'est le censeur qui sont chargés d'y porter remède. On peut dans une classe, on doit y expliquer, y lire largement les auteurs grecs, latins et français. S'il est des maîtres à qui le sentiment de cette nécessité échappe, qu'on les y rappelle. Je voudrais que dans chaque classe il y eût un programme arrêté indiquant les auteurs que les élèves doivent avoir vus dans les explications journalières. Ils ne les voient pas toujours, parce que chaque professeur s'abandonne souvent à ses caprices et consulte son goût personnel. Il n'en manque pas qui regardent comme au-dessous d'eux les exercices qui sont imposés à leur classe. Il ne devrait être permis à personne de manquer aux parties obligatoires de l'enseignement, et les choses devraient être réglées de manière qu'en arrivant d'une classe à l'autre l'élève augmentât forcément son trésor de connaissances. Un professeur de grammaire dédaigne de faire apprendre à ses élèves la grammaire française, il oublie les dictées dès la classe de cinquième; tel autre passe vite sur les éléments de la prosodie, celui-ci abandonne les vers latins, quelques-uns négligent le grec; des professeurs d'histoire n'achèvent pas leur cours, laissent de côté la géographie ; que le proviseur avise, qu'il avertisse, qu'il conseille, qu'il réprimande, c'est son droit, c'est son devoir rigoureux.

On s'est moqué beaucoup, dans le temps, de la prétention d'un ministre de l'instruction publique qui voulait pouvoir dire, dans son cabinet, « A cette heure, dans tous les lycées de France, il se corrige un thème... » On a eu raison. Cette réglementation mécanique ne pouvait rien produire qu'un fonctionnement d'une uniformité puérile ; cependant, en laissant au professeur une grande liberté, il serait bon qu'on pût dire, à coup sûr, des élèves de telle classe, suivant les degrés : Ils ont vu une tragédie de Sophocle, tant de livres de Tacite, tant de livres de Virgile, la lettre à l'académie de Fénelon, etc., etc. Ainsi disparaîtraient des lacunes regrettables dans l'éducation de notre jeunesse, ainsi se fortifierait la foi dans les études, ainsi se multiplieraient les bons résultats. C'est là, suivant moi, ce qu'on peut attendre du mouvement des idées qui s'échangent aujourd'hui sur l'enseignement en France.

Il m'a semblé impossible de laisser plus longtemps l'opinion s'égarer sur la valeur de l'Université et sur les services qu'elle rend au pays; j'ai voulu la venger des attaques passionnées et vaines dont elle pourrait avoir beaucoup à souffrir. Si ses méthodes ne sont point parfaites en tout, il ne s'agit que de les améliorer et non pas de les détruire. Du reste, les plus hardis réformateurs, si l'on veut bien peser leurs systèmes, ne font point à notre enseignement classique de sérieuses objections. Ils ne proposent que des perfectionnements ou des changements de détail; il est inutile de faire si grand bruit pour si peu de chose. Je crois que notre plan des études répond aux intentions même de ces réformateurs, que les professeurs sont capables de l'exécuter, qu'ils aiment à s'instruire, qu'ils s'instruiront chaque jour davantage, et fortifieront de plus en plus en eux ce bon sens pratique indispensable aux maîtres de la jeunesse.

Ch. Gidel.

DE L'ÉDUCATION

(De l'Éducation, par Mgr Dupanloup. — De la Haute éducation intellectuelle,
par le même. — Nouvelle édition, 1872. Douniol, édit.)

(2ᵉ article.)

La seconde partie de l'ouvrage de Mgr Dupanloup, intitulée de la *Haute éducation intellectuelle*, est consacrée à l'instruction proprement dite, et elle en porterait le titre, si, comme nous l'avons vu, l'auteur, dans la belle et large extension qu'il donne au mot éducation, ne considérait pas l'instruction uniquement comme un des moyens de l'éducation. Encore est-il que c'est de l'instruction que s'occupent les trois volumes qu'il nous reste à analyser.

Chacun d'eux contient, avec la même abondance de développements et de lumière, tout ce qui concerne l'instruction que l'on a nommée instruction secondaire et instruction supérieure. Le premier traite des *Humanités*. Il commence par la définition de ce beau mot *Humanités*, « *Humaniores litteræ*»; et il en est d'un bout à l'autre la défense victorieuse, comme base de toute instruction digne de ce nom, contre les empiétements prématurés de l'enseignement scientifique ou professionnel : défense par le plaidoyer chaleureux et éloquent, c'est-à-dire par la discussion même de la question; défense aussi par les faits, c'est-à-dire par l'exposé, la déter-

mination, la sagesse, la beauté et le choix des programmes et des travaux. La longue série des études, depuis l'entrée au collège jusqu'à la sortie, la division par classes, l'indication et la justification des exercices et des auteurs prescrits pour chaque âge, depuis le plus jeune enfant qui prend les grammaires, jusqu'au jeune homme qui se prépare aux grandes écoles; étude du français, des langues vivantes et mortes, rôle et place que chacune doit occuper dans l'ensemble des classes, méthodes d'enseignement propre à chacune d'elles, tout est élaboré avec un soin, fixé avec une rigueur qui surprendra singulièrement ceux qui, aujourd'hui, font si bon marché des études classiques. Analyse, discussion et désignation de toutes les méthodes, plans et programmes applicables à une classe plutôt qu'à une autre, qui conviennent à la sixième et non à la quatrième, à la quatrième et non à la seconde et à la rhétorique : tout fait de ce volume le manuel et le guide indispensable du professeur. On y remarquera même un grand tableau aussi net que complet, un tableau synoptique, un ORDO DISCENDI ET DOCENDI, qui permet à tous, maîtres et parents, chefs et élèves, fonctionnaires de la maison ou observateurs du dehors, d'embrasser d'un coup d'œil l'ordre de toute la maison, la tâche de tous et de chacun, le travail de chaque jour et de chaque année, enfin tout l'enseignement du collége, l'œuvre entière de l'instruction qui s'y donne.

Les deux autres volumes sur l'*histoire*, la *philosophie*, les *sciences* et sur *les études* qui doivent suivre et compléter celles du collége, reprennent et développent, l'un les idées déjà contenues dans le volume des *Humanités*, au chapitre où était assignée la part de chacune des branches de l'enseignement ; l'autre, les conseils à l'homme fait, et les devoirs qu'il lui reste à remplir envers son propre esprit, dans l'état de culture et de développement où les études de sa jeunesse l'ont porté.

Avant d'analyser ces deux derniers volumes, non moins importants que ceux qui précèdent, j'ai à cœur de ne point quitter le volume sur les *Humanités* sans aborder de front une des graves questions que cet enseignement soulève aujourd'hui de toutes parts.

En fait d'*Humanités*, — disons instruction littéraire, classique, secondaire, de quelque nom qu'on veuille l'appeler, (je ne parle pas ici de l'enseignement populaire ou professionnel, non plus que de l'enseignement supérieur; je n'entends parler, dans la sphère où je reste humblement, que de cette instruction destinée à un certain nombre d'esprits que l'aptitude ou la fortune voue aux carrières dites libérales; — en fait d'instruction secondaire, y a-t-il tant à inventer, à innover, à réformer qu'on se plaît à le dire et à le répéter partout?

Et d'abord, s'il s'agit de programmes, ignore-t-on, ne peut-on s'assurer qu'à l'heure qu'il est, les programmes contiennent de tout, sinon tout; et que rien n'y manque, si ce n'est la mesure? Depuis longtemps déjà, de ministère en ministère, d'année en année, chacun a tenu à y introduire, et

<hr>

(1) Voir le numéro du 10 avril.

y a mis qui une chose, qui une autre, et ceci, et cela, et autre chose encore! Les programmes ont été et sont régulièrement maniés, remaniés, modifiés, grossis surtout, chargés et surchargés à tout rompre. Car il y a ceci de particulier, qu'on y ajoute toujours sans jamais rien y retrancher; or, comme les jours n'ont pas plus d'heures, ni les semaines plus de jours que par le passé, il en résulte qu'il faut faire le double ou le triple de devoirs dans le même espace de temps, c'est-à-dire les faire beaucoup plus vite et moins bien. Aujourd'hui il n'est pas d'élève, dans aucune classe, si heureusement doué et si laborieux qu'il soit, interne ou externe, qui puisse dans sa longue journée et dans sa semaine, y compris le jeudi et le dimanche, avoir le temps matériel de satisfaire à tous les enseignements qui se le disputent; loin de trouver le loisir de faire des lectures, repos pourtant et aliment indispensables d'un jeune esprit. Et je ne parle ici que des premiers élèves d'une classe; qu'on juge par là de la foule des autres. Les choses en sont à ce point qu'au nom des études, que pour le vrai profit du plus grand nombre, et pour la santé des bons élèves, il n'y a plus qu'à adjurer ceux qui font ces remaniements, non plus d'augmenter et de forcer incessamment, mais d'alléger, de ménager et d'approprier les programmes à l'âge, à la force réelle et à la journée de l'élève.

En second lieu, s'il s'agit de méthodes, il y a une chose qu'on semble oublier. Dans tous les pays, la sagesse de tous les hommes graves, appliquée de bonne heure à ces grands problèmes, a de bonne heure aussi fixé les principes, les règles, les méthodes propres à l'instruction de chaque peuple. Chez nous en particulier, après les fortes écoles que l'on sait, après tant et de si savants écrits sur ces matières, un homme d'un esprit élevé, mais toujours simple et juste, nourri des anciens, inspiré par les idées modernes, guidé par les grands modèles d'un grand siècle à peine éteint, un maître, qui connaissait à fond l'enfance et la jeunesse au milieu de laquelle s'était écoulée modeste et glorieuse une vie déjà longue, le savant et judicieux Rollin nous a légué ce *Traité des Études* qui résume tout ce que l'esprit ancien uni à l'esprit moderne contient de plus élevé et de plus pur à la fois et de plus précis, de plus pratique et de plus sûr. Et cet excellent livre n'a point cessé d'être le premier sujet d'études des maîtres, le point de départ de leur enseignement, enrichi depuis, sans cesse alimenté, ravivé, rajeuni par les progrès de la philologie et de la haute littérature.

Il faut regarder et trancher les questions de bien loin et de bien haut, pour affirmer, après cela, que tout est à créer, à renouveler, à refaire; pour venir de tous côtés, comme on le fait depuis quelque trente ans, apporter chaque matin son plan, sa réforme, sa brochure. Ça a toujours été la manie de notre pays dans les mauvais jours: « Inondation de livres sur « la guerre, pour être battus; sur les finances, pour n'avoir « pas un sou; sur la population, pour manquer de culti- « vateurs; sur tous les arts pour ne réussir dans aucun, » écrivait Voltaire à Mme du Deffand il y a plus de cent ans, à une époque déjà désastreuse. — Qu'il y ait aujourd'hui relâ-

chement, crise, désarroi terrible; qu'il y ait depuis longtemps symptôme de décadence : il n'est plus possible d'en douter; et qu'alors il soit urgent d'arrêter le mal, d'y porter remède : nul non plus ne le nie. Mais le remède n'est ni loin, ni extraordinaire ; le remède n'est pas à créer, le remède existe ; il est là, tout trouvé, sous notre main, chez nous. Il suffit d'avoir le courage et l'humilité de le reconnaître et d'en faire usage.

J'oserai dire toute ma pensée : le mal en éducation, comme en religion, comme en politique, comme en tout, dans notre pays, à l'heure où nous sommes, c'est que tout est remis en question par tous; c'est que les vérités les plus simples, les principes les plus élémentaires de la vie civile et privée, sont oubliés, méconnus, attaqués systématiquement par l'un ou par l'autre, par les savants tout comme par les ignorants; le mal, c'est qu'au lieu de commencer par étudier, apprécier, comprendre, respecter les règles, institutions, méthodes établies par la raison et l'expérience; au lieu de profiter sagement de l'œuvre lentement fondée par les âges précédents, on veut tout de suite se mettre hors de page, on trouve plus court et plus beau de fabriquer chacun son système, d'ouvrir chacun sa petite église. Le passé? Ce qui se faisait avant nous ? — « *Lieux communs! Routine!* » — Ceux qui se hasardent à le défendre, qui osent le maintenir ? — « *Capucins! Pédants! Pédagogues!* » Ces mots, et une demi-douzaine de semblables, faits à souhait pour dispenser les gens d'études préalables, et pour leur permettre de se croire d'emblée au-dessus des autres, ces mots sont la réponse à tout. — Et ce sont ces mots qui aujourd'hui paralysent, minent et détruisent tout en France. C'est grâce à ces mots, répétés par tant de bouches, sans plus d'égards pour ceux qui sont exposés à les entendre que de respect pour les choses et les hommes qu'ils vont frapper, c'est grâce à ces mots que la société, depuis le haut jusqu'en bas, ne sait plus où elle en est, ne sait plus ce qu'elle doit croire ou faire, ne sait plus à qui se fier, auquel entendre, et fatalement en vient à ne plus rien vouloir apprendre et respecter, à ignorer et à violer jusqu'aux lois fondamentales, jusqu'aux premiers rudiments de la vie, et alors à se laisser aller à la dérive sur le torrent tour à tour fangeux et sanglant de toutes les erreurs, folies, inepties monstruosités de l'espèce humaine sans culte, sans savoir et sans frein.

Le remède a un tel fléau, commun, hélas! aux civilisations avancées, tout le monde le voit maintenant. Le remède! c'est le retour pur et simple, plein et sincère, humble et docile à l'antique bon sens, aux traditions; le retour aux *lieux communs*, à la *routine*; oui, aux *lieux communs* de Platon, de Cicéron, de Sénèque, de St Augustin, de Descartes, de Pascal et de Bossuet; à la *routine* de Plutarque, de Cicéron, de Quintilien, de Boileau, de Rollin. De même que dans nos familles, l'enfant bien élevé est toujours celui que des parents intelligents, fermes dans leur tendresse bien entendue, ont préservé des mollesses, des dissipations et des allures de la vie actuelle, ont astreint, — comme autrefois, — à l'obéissance, au respect, au travail ; de même encore que les premiers sujets d'une classe sont toujours ceux que des maîtres patients, laborieux, confinés dans leur œuvre, animés du feu sacré, — comme autrefois, — ont formés à l'ombre ; de même aussi le retour du père de famille aux anciennes règles de l'éducation redressera les mœurs de la famille et de la société ; et de même, la confiance, la foi des maîtres dans les anciennes méthodes, l'étude, la pratique assidue, élevée et intelligente de livres comme le *Traité* de Rollin relèvera infailliblement le niveau des lettres et des esprits.

C'est l'idée qu'affermit de plus en plus en nous la lecture de l'ouvrage de Mgr Dupanloup. L'évêque d'Orléans, dont la longue et laborieuse carrière a été consacrée à l'enseignement, qui a passé sa vie entière au milieu de l'enfance et de la jeunesse, dont on ne contestera pas, je suppose, le talent, les lumières et la supériorité de l'esprit, n'a pas l'intrépidité de nos réformateurs; il n'invente, il n'apporte absolument rien de neuf; il ne propose pas de compromis ou de spécifiques ; il ne se croit pas obligé de compter avec ce que l'on appelle les besoins du jour, ou de recourir aux importations étrangères. Il croit que nous avons chez nous-mêmes tout ce qu'il nous faut, et il le prouve par son livre. Il a étudié l'essence de l'esprit humain, il connaît l'esprit français en particulier; il sait ce qui convient à la dignité de l'un, et au plus sain développement de l'autre; et avec son autorité, avec son incontestable compétence, il se contente de se faire le disciple et le continuateur de Rollin. C'est notre Rollin qu'il suit, reprend, complète, modifie ici ou là, explique d'abondance de cœur, dans ces pages si vivantes, si actuelles, si éloquentes. Qu'il s'agisse de la manière d'enseigner le latin ou le grec, de l'explication des textes anciens ou français, de l'art d'écrire et de composer, de l'étude de l'histoire et des lettres; ou qu'il s'agisse du gouvernement de la maison, des règlements et de la discipline, des exhortations et des punitions, (à part les suppressions commandées par des mœurs moins dures, comme celle des châtiments corporels ; et quelques divergences dans les détails, comme le pas donné au début au thème latin sur les versions), c'est l'esprit sage et élevé, c'est l'esprit même de Rollin qui l'anime, comme son expérience unie à la sienne le fortifie et l'éclaire. C'est Rollin qu'il reproduit, qu'il cite à tout moment, que parfois même il transcrit à son insu. — En lisant ces volumes si compactes, ces développements et ces interprétations si minutieuses, où nous retrouvons sans cesse les idées, le style, non moins que l'âme de l'ancien Recteur de l'Université de Paris, il nous semble voir ces longs et précieux commentaires dont les savants de tous les pays accompagnent, doublent et quelquefois décuplent les textes anciens; et ce n'est pas sans un certain sentiment de tristesse que nous songeons qu'insensiblement on arrive à nous expliquer et commenter tous nos auteurs, même les premiers et les plus indispensables, ceux mêmes qui datent de cent ans à peine, comme s'ils étaient devenus étrangers pour nous, comme si nous ne pouvions déjà plus les entendre sans interprète.

L'Université n'a point cessé de les étudier et de les pratiquer : Rollin reste et demeure son maître et son guide; et à ce point de vue, je n'ai pas à revenir sur chacun des livres et des chapitres qui composent le *Traité d'éducation* de son éloquent commentateur. — D'autre part, je n'ai point l'étrange prétention de résumer suffisamment en quelques lignes un ouvrage aussi considérable et aussi digne d'étude et de respect.

Je n'ai voulu cette fois qu'indiquer à ceux qui peuvent l'ignorer encore, que rappeler à ceux qui le connaissent et l'apprécient, la haute valeur de l'ouvrage de Mgr Dupanloup. Dans les articles qui pourront suivre, je reprendrai l'analyse des deux derniers volumes ; et surtout j'aborderai, avec Mgr Dupanloup, quelques-unes des questions générales ou particulières que traite son livre, et sur lesquelles se porte aujourd'hui l'attention du monde savant et du public.

Eug. Fallex.

LA FEMME GRECQUE

—

ÉTUDE DE LA VIE ANTIQUE

Par Mlle C. Bader. — 2 vol. in-8, Didier, 1872.

—

Dans le *Journal de l'Instruction publique*, M. Gidel prenait tout récemment la défense des études classiques, et nous montrait la solide érudition de ces riches seigneurs anglais qui fondent et entretiennent des *Revues,* qui n'ignorent rien du grec et du latin, et que l'on voit même se délasser des travaux du parlement *en traduisant, en vers anglais, une ode d'Horace.* Il y a eu aussi un temps en France où ces études ont joui d'une faveur universelle : notre nation mérita alors d'être le modèle de toutes les nations civilisées, et c'est avec raison que Voltaire put appeler ce siècle *le siècle le plus éclairé qui fut jamais.* A cette époque, nous ne le cédions à personne pour le culte des lettres, et ni l'Allemagne, ni l'Angleterre n'étaient chargées alors de nous apprendre en quelle estime nous devions avoir les chefs-d'œuvre de Démosthène et de Cicéron. Au XVII siècle, courtisans, grands seigneurs, hommes d'Église ou de robe, tous étaient familiarisés avec le grec et le latin, dont ils conservaient le goût au milieu de leurs occupations ou de leurs plaisirs. Montausier favorisait l'impression des éditions *ad usum Delphini* ; Fouquet, pendant les longues et tristes heures de sa captivité, écrivait des vers latins; et plus d'une fois, pendant ses insomnies, on entendit Bossuet réciter à haute voix des tirades d'Homère.

Les femmes elles-mêmes, non pas des précieuses ridicules, mais des femmes distinguées par l'élévation de la naissance et les qualités de l'esprit, connaissaient la langue latine, et ne songeaient pas le moins du monde à rougir de leur savoir. Mme de Sévigné eut Ménage pour maître de latin; Mme de La Fayette remerciait Huet de lui avoir envoyé quelques-uns de ses vers latins; et la spirituelle abbesse de Malnoue, Éléonore de Rohan-Montbazon, publiait son livre de la *Morale du sage*, qui n'est qu'une traduction, ou plutôt un commentaire des *Proverbes*, de l'*Ecclésiaste* et de la *Sagesse*.

Une agréable anecdote de Huet nous montre même que les femmes ne craignaient pas d'aborder les difficultés de la langue grecque. Le célèbre érudit se trouvait à Bourbon, où il était venu rétablir une santé ébranlée par des travaux excessifs. « Il y avait alors à Bourbon, dit-il dans ses *Mémoires*, une belle et modeste jeune fille que j'ai célébrée dans mes vers, Marie-Élisabeth de Rochechouart... Je la trouvai un jour seule dans un coin de son appartement, tandis que ses compagnes ou jouaient ou causaient entre elles. Elle lisait attentivement un livre qu'elle cacha soudain, dès qu'elle me vit entrer. Je lui déclarai que je voulais voir ce livre, et qu'au besoin j'y emploierais la force. Après avoir longtemps résisté, elle céda enfin en rougissant beaucoup. Elle me montra le livre, qui était un recueil de quelques opuscules de Platon, de l'édition grecque de Bâle. Elle me supplia de ne pas la trahir, et, puisque le hasard m'avait conduit céans, de lire avec elle jusqu'à la fin le *Criton*, dont elle avait déjà lu le commencement. C'est ce que nous fîmes en effet. Mais tout le temps de la lecture je demeurai dans un étonnement profond, causé par la découverte que je faisais alors de tant d'érudition jointe à tant de modestie dans un sexe et dans un âge si tendres (1). » Je ne dirai pas que les jeunes filles ou les femmes de notre temps lisent peu, et renoncent à avoir *des clartés de tout*; non, mais je crois bien qu'on n'est guère exposé à les voir lire aujourd'hui le *Criton*, surtout dans *l'édition grecque de Bâle*.

Cependant il faut faire une exception pour Mlle Clarisse Bader, helléniste véritable, bien capable assurément de lire *quelques opuscules de Platon*, et auteur d'un ouvrage en deux volumes que vient de publier la maison Didier : *la Femme grecque, étude de la vie antique*. Dans le premier de ces volumes, Mlle Bader essaye de nous tracer l'histoire de la femme *dans les temps légendaires*, et nous parle tour à tour des déesses et prêtresses de la Grèce à une époque que nous cache malheureusement une obscurité profonde; de la vie de la femme de la Grèce primitive; des héroïnes de l'Iliade et de l'Odyssée; de l'art grec et des déesses d'Homère, et enfin du rôle religieux et philosophique de la femme pendant les temps historiques. Le second volume contient l'histoire de la femme grecque *dans les temps historiques*. L'auteur nous montre d'abord le rôle de la femme dans la famille et dans la société; étudie ensuite les héroïnes du théâtre et les héroïnes de l'histoire; nous fait connaître les femmes poètes, les femmes artistes et les femmes moralistes; et termine son travail en traduisant pour la première fois quelques fragments attribués à des femmes pythagoriciennes.

Telle est dans son ensemble l'œuvre de Mlle Bader; œuvre intéressante, remplie de détails instructifs, et qu'on lira avec

fruit. Cette étude de la vie antique est pleine de charme en certains endroits : on aime ces mœurs simples et même un peu rudes des temps primitifs; on se plaît à voir grandir peu à peu la jeune fille grecque, enfant d'abord, adolescente ensuite, et qui sera bientôt la fiancée et l'épouse laborieuse et honorée dont Homère nous a tracé de si nobles portraits. Les jeunes filles recevaient à Sparte une éducation bien différente de celle qu'on leur donnait à Athènes. Tandis que, dans la capitale de l'Attique, la jeune fille, sévèrement renfermée dans le gynécée, passe ses jours à filer la laine, à ourdir et à broder des tissus, et ne paraît en public qu'à de rares occasions, la jeune Lacédémonienne s'exerce à la course, à la lutte, au maniement du disque et du javelot, se rend solennellement aux cérémonies religieuses, se mêle aux danses avec de jeunes hommes, et accorde même, en présence des rois, des magistrats et de tous les citoyens, le prix de la bravoure au plus digne.

Mlle Bader, tout en reconnaissant les avantages de l'une et l'autre éducation, reproche cependant aux Athéniens d'avoir négligé l'intelligence de la femme, et aux Spartiates d'avoir traité la femme en homme. Mais entre ces deux systèmes opposés, lequel choisirait-on ? L'un et l'autre heurtent si complétement nos idées actuelles, ils nous paraissent si défectueux, qu'il n'est pas aisé de se prononcer. Mlle Bader se prononce cependant ; c'est à l'éducation athénienne qu'elle accorderait la préférence. « Si celle-ci, dit-elle, ne cultivait pas l'esprit de la jeune fille, du moins elle n'étouffait pas son cœur. La retraite, trop sévère assurément, dans laquelle vivait cette ignorante enfant, concentrait néanmoins toutes ses affections dans le cercle de la famille, et leur donnait une force et une tendresse dont les poëtes tragiques nous offrent de sublimes exemples. Cette réclusion laissait aussi à sa chasteté ce parfum de modestie que la fille de Lacédémone perdait en se montrant trop hardiment au milieu des hommes; et les habitudes sédentaires de la vierge athénienne préparaient plus sûrement en elle la douce gardienne du foyer que les jeux publics et les exercices publics de la jeune Spartiate (1). »

Pour nous parler ainsi des usages de la Grèce, des coutumes nuptiales, de la demeure et de l'appartement de la femme, et des divers meubles qui ornaient la maison athénienne, il fallait connaître parfaitement les monuments de l'antiquité grecque; et chercher dans tous les écrivains de la Grèce, poëtes, philosophes, moralistes, historiens, les détails de cette vie intime que l'on se proposait de peindre. Mlle Bader n'a pas été au-dessous de cette tâche difficile; et l'on est vraiment surpris du savoir dont l'auteur nous donne à chaque instant la preuve. C'est ainsi que, à l'aide des ouvrages de MM. Petit-Radel, Raoul Rochette, de Clarac, Lenormant, Beulé, ou au moyen des bas-reliefs, des monnaies, des urnes, des médailles conservés dans nos dépôts publics, dans les collections surtout du duc de Luynes et du musée Campana,

---

(1) Mémoires de Huet, traduct. de M. Ch. Nisard, liv. VI, pag. 228.

(1) Vol. II, pag. 18.

Mlle Bader nous a décrit non-seulement le Parthénon et les sculptures qu'il renfermait, mais encore les divers bijoux qui servaient à la toilette des femmes, leurs colliers, leurs chaînes ou leurs bracelets. « Les motifs des pendants d'oreilles, dit l'auteur, sont d'une grâce et d'une originalité charmantes ; c'est un cygne d'émail blanc dont le bec, les ailes, les pattes et la queue sont en or ; c'est une colombe posée sur un mignon piédestal ; c'est un sphinx ; c'est une tête de panthère ; c'est une grappe de raisin à la tige d'or, aux grains d'émail, suspendue à un disque où s'épanouit une fleur ; c'est un petit vase d'améthyste dont la partie inférieure et les anses sont en or ciselé. »

Quant aux écrivains, Mlle Bader les a lus tous ; Homère, Xénophon, les Tragiques grecs, Plutarque, Pausanias, lui fournissent tour à tour les renseignements dont elle peut avoir besoin. Mais ses analyses des diverses scènes de l'Iliade et de l'Odyssée ne sont-elles pas trop longues ? Etait-il surtout bien nécessaire de nous donner un résumé si étendu du théâtre d'Eschyle, de Sophocle et d'Euripide ? Dans cette partie de l'ouvrage, il y a des *longueries,* qu'il eût été utile d'éviter. Par là, Mlle Bader entre sur un terrain qui n'est pas précisément le sien, celui de la critique littéraire, et semble perdre un peu trop de vue le but qu'elle se propose, la peinture des mœurs et des habitudes de la société grecque. Pour ne citer qu'un exemple, nous trouvons dans le second volume une analyse complète de l'OEdipe à Colone (1). L'arrivée du fils de Laïus à Colone, dans le bois sacré des Euménides ; les plaintes des vieillards qui refusent de recevoir parmi eux le pauvre aveugle ; la subite apparition d'Ismène, l'entrevue du roi de Thèbes avec Thésée ; la perfidie et la cruauté de Créon ; les malédictions qu'OEdipe prononce contre Polynice, qui a osé venir braver la colère de son père ; enfin, la mort mystérieuse du roi au milieu des éclairs et des grondements du tonnerre, tout cela nous est raconté dans le plus grand détail. Ce rapide résumé peut donner une idée du défaut que nous signalons. A notre avis, Antigone disparaît un peu trop au milieu de tous ces personnages : OEdipe, le Chœur, Thésée, Créon, Polynice ; c'est elle cependant, elle presque seule que l'auteur aurait dû nous peindre pour ne pas s'éloigner de son premier dessein. C'est peut-être insister beaucoup sur ce point ; mais Mlle Bader nous annonce qu'elle a l'intention d'écrire aussi un livre *sur la femme romaine :* c'est lui rendre un vrai service, croyons-nous, en l'avertissant de restreindre un peu cette partie analytique et littéraire, pour donner une plus grande place à la peinture des mœurs, des coutumes et des institutions.

Après le beau et savant travail de M. Patin sur les *tragiques grecs;* après les pages éloquentes que M. Saint-Marc Girardin a écrites dans son *Cours de littérature dramatique,* sur Alceste, Electre, Andromaque, Iphigénie, il est bien difficile de revenir sur ces divers caractères. On provoque par là des comparaisons redoutables, et qu'il n'est pas aisé de soutenir. Ainsi, tout en approuvant certaines remarques de Mlle Bader sur le théâtre d'Eschyle et de Sophocle, malgré soi, on songe à d'autres morceaux écrits sur le même sujet, et qui sont bien autrement précis, profonds, justes et colorés.

Mlle Bader n'est pas dépourvue de goût : son style clair, sobre, élégant et quelquefois même assez délicat, en est une preuve excellente. Mais pourquoi reproche-t-elle à Euripide d'abaisser *le caractère sympathique d'Admète ?* Sans aucun doute, le vieux Phérès, coupable de ne pas avoir voulu mourir pour son fils, n'est pas un modèle de dévoûment. Mais Admète, qui bientôt va trouver bon de laisser mourir Alceste à sa place, a-t-il bien le droit d'accabler de son *courroux le vieillard qui s'est refusé au sacrifice dont Alceste est victime ?* Non, Admète n'est pas sympathique : il a quelques qualités, il est vrai ; comme l'a dit M. Saint-Marc Girardin, « il a pour pleurer sa femme des larmes sincères et abondantes qui nous émeuvent ; il sait mieux la regretter qu'il n'a su la sauver ; » mais, au fond, il n'a pas grande générosité : c'est un égoïste naïf, désolé de voir que son père ne veut pas se dévouer pour lui.

Ajouterons-nous qu'en certains endroits Mlle Bader abuse un peu de la liberté de franciser certaines expressions grecques ? Sans doute, beaucoup de mots grecs sont passés dans notre langue, et ont acquis depuis longtemps, ou acquièrent chaque jour droit de cité parmi nous. Mais était-il nécessaire d'en augmenter si considérablement le nombre ? De parler du *chiton dorien,* de l'*ampechonion,* de la *péronétris,* ou même des *crépides* que portaient les jeunes Athéniennes ? Voici un passage dans lequel beaucoup de lecteurs, et surtout la plupart des lectrices de Mlle Bader, rencontreront, je le crains, plus d'une expression qui les étonnera, et qu'ils auront de la peine à comprendre. Il s'agit de la description d'un vase trouvé à Nole et qui représente une scène d'initiation ; l'auteur s'exprime ainsi : « Une belle calpis, découverte à Nola, représente une prêtresse prononçant debout l'invocation, tandis que l'initié, courbé devant elle, fléchit le genou. Derrière la prêtresse, une femme présente une phiale, tout en ne perdant de vue, ni un vase placé, croit-on, sur le feu, ni un grand lébès où se trouve une amphore. Du côté opposé, une de ses compagnes tend une lekané, et deux femmes, qui sont peut-être Cérès et Proserpine, éclairent de leurs torches cette cérémonie (1). »

Mais qu'on se rassure : Mlle Bader n'a pas l'habitude de parler ainsi longtemps grec en français. Son style, au contraire est en général correct, doux, facile, gracieux même, avec une petite pointe de sensibilité délicate qui, à nos yeux, est un charme de plus. Nous nous contenterons de citer ici la description de l'île de Lesbos, qui est vraiment délicieuse ; on dirait que l'auteur s'est particulièrement appliqué à peindre des plus fraîches couleurs la patrie de Sapho, cette femme *dont le génie, tour à tour ardent et placide, réunit tous les contrastes du sol où il se déploya :* « Que de contrastes

<hr>

(1) Vol. II, pag. 158.

(1) Vol. I, pag. 356.

dans l'aspect de Lesbos ! A l'occident, parmi les sombres déchirures de la côte, s'étend la colline d'Erèse dont le froment eût été digne des dieux, si les immortels ne se fussent nourris d'ambroisie ; et sur les coteaux de la même colline, les vignes qui donnent le meilleur vin de la Grèce, inclinent jusqu'à terre leurs pampres opulents.

« A l'intérieur de Lesbos, même opposition dans le caractère du paysage. Les montagnes, sombres toujours, se revêtent de forêts ou restent nues et désolées. Après des vallons égayés par des tamaris ou des lauriers-roses, et où les peupliers bordent les ruisseaux, le voyageur rencontre avec effroi les rocs et les torrents.

« Mais sur la côte orientale, celle qui regarde les belle rives de l'Ionie et où se trouve Mytilène, tout sourit au regard. Les coteaux, qui descendent jusqu'à la mer, sont couverts de blés, d'oliviers, d'orangers et de myrtes. Ici, doucement hospitalière, l'île ouvre au navigateur son golfe immense, coupe d'azur où ondulent les flots dorés de la lumière, et que ceint gracieusement une couronne de forêts et de montagnes. L'air est pur et doux ; et néanmoins, même dans cette ravissante contrée, les vents déchaînés soufflent parfois la mort (1). »

Nous devrions bien signaler encore les fermes et généreuses pensées que contient cet ouvrage ; l'élévation morale que l'on remarque en certains endroits écrits presque avec vigueur ; nous devrions parler enfin de ces traductions de pages attribuées à des pythagoriciennes, pages peu connues jusqu'ici, et que Mlle Bader a eu raison de nous rendre. Mais si, pour éviter d'être trop long, nous devons nous arrêter ici, nous terminerons du moins en joignant nos éloges à ceux que le *journal des Savants* décernait récemment au travail de Mlle Bader. « L'auteur, dirons-nous aussi à notre tour, a rendu là un véritable service aux amateurs de littérature ancienne. Maintenant surtout que l'étude sérieuse de l'histoire grecque et des lettres grecques tend à pénétrer dans notre enseignement pour les femmes, de tels essais ont une véritable opportunité. Dans son ensemble, le livre de Mlle Bader est un de ceux qui font le plus d'honneur à son sexe et à notre temps (2). »

A. FABRE.

LA HONGRIE

SON HISTOIRE, SA LANGUE ET SA LITTÉRATURE

Par CH. E. DE UJGFALVY DE MEZÖ-KÖVESD,

Agrégé de l'Université, professeur au lycée Corneille et au collège Stanislas, professeur adjoint à l'École de Saint-Cyr.

Paris, Pagnerre, 1872.

MM. Saint-René Taillandier, Chassin, Thalès-Bernard et H. Desbordes-Valmore ont, à différentes reprises, entretenu le public français de la Hongrie, de ses mœurs et de ses

poëtes. Aujourd'hui c'est un enfant même de ce noble pays qui en déroule le tableau historique à nos regards.

Ce qui distingue cet élégant volume, c'est une étude substantielle sur les origines et les aboutissants de la langue magyare. Cette langue est, avec la langue finnoise et la langue basque, la seule de l'Europe dont l'origine demeure inconnue. L'auteur, se fondant sur les publications de savants philologues russes, suédois, allemands et hongrois (tels que Castren, Schleicher, Boller, A.-M. Riedel, etc.), démontre que la langue magyare est une des ramifications les plus éloignées de la race touranienne altaïque, et appartient plus particulièrement à la subdivision des langues finnoises de l'ouest. Citant des exemples tirés des langues finnoises ou tchoudes proprement dites, du Lapon Norwégien, de l'Esthonien, du Livonien, il fait ressortir la parenté grammaticale qui existe entre ces différents idiomes et le parler magyare. Si, comme tout porte à le croire, la langue finnoise est une langue autochthone, les aïeux des Magyares auraient habité primitivement l'Europe, où ils seraient revenus, après leur séjour en Asie. C'est là une hypothèse de l'auteur qui soulève ainsi une question des plus intéressantes, avec l'espoir que d'autres philologues le suivront dans cette voie.

La seconde partie du volume publié par M. Ch.-E. de Ujfalvy offre un nouvel et plus piquant intérêt peut-être, au point de vue purement littéraire. Elle nous révèle une langue *mâle* et *sonore* et une riche littérature. Les poésies de Ch. de Kisfaludy, Vörösmarty et Petœfi, dont M. Ch.-E. de Ujfalvy nous donne des extraits traduits en français, poésies pleines de nerf et de couleur locale, respirent un amour passionné pour la patrie magyare. Quand le premier chante mélancoliquement le souvenir du désastre de Mohaès (bataille à la suite de laquelle les Hongrois ont perdu leur indépendance); quand le second prête ces paroles déchirantes à *l'homme sans patrie*; quand le dernier, le jeune chantre Petœfi, nouvel Hector, presse son fils sur son cœur avant de voler à la mort, nous sentons plus que jamais ces accents virils et émus vibrer dans nos âmes; il nous semble que la Hongrie a trouvé en lui son poëte national, qui, comme Béranger, a des chants

« Pour consoler son pays malheureux, »

pour célébrer sa gloire jusque dans ses revers.

Ce rapprochement, qui nous vient de lui-même après les épreuves que nous avons traversées, nous rend précieux cet essai du traducteur. Ce n'est donc pas sans un certain à-propos que nous signalons au public et le savant travail, et l'heureuse tentative de M. Ch.-E. de Ujfalvy.

Y. W.

---

(1) Vol. II, pag. 384.

(2) JOURNAL DES SAVANTS, février 1872.

EXAMENS & CONCOURS

TEXTES, PROGRAMMES & BONNES COPIES

LICENCE ÈS LETTRES
Session d'avril 1872.

La commission était composée de :

MM. Patin, doyen, Caro, Martha, Geffroy et Girard.

Ont été déclarés dignes du grade de licencié ès lettres dans l'ordre suivant :

MM.

1. Bourget.	6. Jagerschmidt.	12. Houdan.
2. Dufraisse.	7. Jouenne.	13. Châtelain.
3. Foucault.	8. Nicole.	14. Eude.
4. De Ferrari de Galiéra.	9. Letteron.	15. Angellier.
5. Dormoy.	10. Graux.	
	11. Bémont.	

COMPOSITION LATINE.

« Quanti momenti sit Horatianum illud :
Verba.... provisam rem non invita sequentur. »

(*Ad Pison.*, 311.)

COMPOSITION FRANÇAISE.
Du monologue.

Ce qu'il y a de conforme à la nature dans cette convention de l'art.

En quelles occasions et dans quelle mesure il est à propos d'en user.

Son heureux emploi dans la poésie épique et particulièrement dans le drame, soit tragique, soit comique.

VERS LATINS.

Philoctetem, ab insula Lemno reducem, magno plausu excipiunt Danaï, dum, Herculeis telis instructus et Neoptolemo innixus, ad castra ægre progreditur.

THÈME GREC.

Il n'y a pour l'homme que trois événements : naître, vivre et mourir. Il ne se sent pas naître, il souffre à mourir et il oublie de vivre.

Il y a un temps où la raison n'est pas encore, où l'on ne vit que par instinct, à la manière des animaux, et dont il ne reste dans la mémoire aucun vestige. Il y a un second temps où la raison se développe, où elle est formée et où elle pourrait agir, si elle n'était pas obscurcie et comme éteinte par les vices de la complexion et par un enchaînement de passions qui se succèdent les unes aux autres, et conduisent jusqu'au troisième et dernier âge. La raison alors dans sa force devrait produire; mais elle est refroidie et ralentie par les années, par la maladie et la douleur, déconcertée ensuite par le désordre de la machine qui est dans son déclin; et ces temps néanmoins sont la vie de l'homme.

Pensons que, comme nous soupirons présentement pour la florissante jeunesse qui n'est plus et ne reviendra point, la caducité suivra qui nous fera regretter l'âge viril où nous sommes encore, et que nous n'estimons pas assez.

Le regret qu'ont les hommes du mauvais emploi du temps qu'ils ont déjà vécu, ne les conduit pas toujours à faire de celui qu'il leur reste à vivre un meilleur usage.

CLASSE DE RHÉTORIQUE.

Lycée Condorcet.

VERSION GRECQUE.

Les Grecs ont cultivé beaucoup un genre de littérature appelé *épigramme*. Ce n'était d'abord qu'une simple inscription ἐπίγραμμα, quelques mots placés au frontispice d'un temple, sous les *ex-voto* que l'on offrait aux dieux, sous les statues qui leur étaient consacrées, sous les images des héros et sur les tombeaux. Ensuite en donna plus d'étendue à l'épigramme, on la renferma dans un vers, dans un distique, dans deux, etc... Bientôt après elle accompagna les présents de l'amitié, célébra la vertu, flétrit le vice. Elle fut tantôt tendre, galante, joyeuse, tantôt grave et sentencieuse, tantôt piquante et satirique. Nicole l'a définie d'après Mercier (1653) : *Poema breve, cum simplici cujusdam rei vel personæ, vel facti indicatione.*

Méléagre eut le premier l'idée de faire une collection d'Épigrammes. Il était de Gadore en Syrie et vivait soixante ans à peu près avant J.-C. C'était un poëte de mérite ; il a laissé 130 épigrammes ; il avait composé des Satires Ménippées. Il donna à sa compilation le nom poétique de Couronne, Στέφανος, il la dédia à Dioclès et à tous ceux qui sont initiés aux *Mystères du Pinde*.

Philippe de Thessalonique fit aussi une Couronne poétique à l'imitation de Méléagre ; il vivait sous Tibère. Sous Adrien, Diogénianus d'Héraclée, au rapport de Suidas, composa une *Anthologie* (ou bouquet) d'épigrammes grecques qui ne nous est pas parvenue. Straton de Sardes, dont les uns font un contemporain de Diogénianus, que d'autres mettent au IIIe siècle, donna une nouvelle collection d'épigrammes toutes d'un seul genre.

Sous Septime Sévère et Caracalla, Diogène Laërce, épigrammatiste, recueillit des épigrammes grecques composées en l'honneur d'hommes illustres.

Agathias le Scholastique, fils de Memnonius et de Péricléa, natif de Myrine, ville éolienne de l'Asie, continuateur de Procope et historien de Belisaire, épigrammatiste, donna, à Constantinople, sous Justinien, une collection d'épigrammes grecques tirée des poëtes de son temps : il lui donna le nom de Cercle, Κύκλος ; elle était divisée en sept livres.

Constantin Céphalas, à la fin du IXe siècle, publia une nouvelle *Anthologie*, plus complète, divisée en quinze sections et comprenant des épigrammes de tous les genres et de toutes les époques.

Au XIVe siècle, Maxime Planude, moine grec, fit en sept livres un abrégé de l'*Anthologie* de Céphalas. Dans les deux premiers siècles qui suivirent la Renaissance, les savants ne connurent en Europe que l'*Anthologie* de Planude. Au commencement du XVIIe siècle, Claude Saumaise découvrit une grande partie de l'*Anthologie* de Céphalas dans un manuscrit de la Bibliothèque Palatine, à Heidelberg. Ce manuscrit fut donné au Pape en 1623, par le roi d'Espagne, quand ses troupes eurent pris Heidelberg ; il vint de Rome à Paris en 1797 ; en 1815, il fit retour à la bibliothèque d'Heidelberg. C'est sur ce manuscrit qu'en 1813, pour la première fois, fut publiée par F. Jacobs l'*Anthologie* de Céphalas, connue sous le nom d'*Anthologie Palatine*, Ἀνθολογία Παλατίνη. M. Dehèque a publié, il y a quelques annés, une traduction française de l'*Anthologie*.

I

Εἰς Ἄμπελον.

Φιλίππου.

Τίς σε πάγος δυσέρημος, ἀνήλιος, ἐξέτρεψεν;
  Ἢ Βορραίου Σκυθίης, Ἄμπελον ἀγρίαδα,
Ἢ Κελτῶν νιφοβλῆτες ἀεὶ κρυμώδεες Ἄλπεις,
  Τῆς τε σιδηροτόκου βῶλος Ἰβηριάδος ;
Ἢ τοὺς Ὀμφακοράγας ἐγείναο τοὺς ἀπεπάντους
  Βότρυας, οἱ στυφελὴν ἐξέχεον σταγόνα.
Δίζημαι, Λυκοεργὲ, τεὰς γέρας, ὡς ἀπὸ ῥίζης
  Κλήματος ὠμοτόκου βλαστὸν ὅλον θερίσῃς.

II

Ἀδήλου.

Τίς ποτ' ἀκηδέστως οἰνοτρόφον ὄμφακα Βάχου
  Ἀνὴρ ἀμπελίνου κλήματος ἐξέταμεν;
Χείλεα δὲ στυφθεὶς, χαμάδις βάλεν, ὡς ἂν ὁδίταις
  Εἴη νισσομένοις ἡμιδαὲς σκύβαλον.
Εἴη οἱ Διόνυσος ἀνάρσιος οἷα Λυκούργῳ,
  Ὅττι μιν αὐξομέναν ἔσβεσεν εὐφροσύναν·
Τοῦδε γὰρ ἂν τάχα τις διὰ πώματος ἢ πρὸς ἀοιδὰς
  Ἤλυθεν, ἢ γοεροῦ κήδεος ἔσχε λύσιν.

III

Εἰς Ἀναθήματα.

Λεωνίδου.

Οὐκ ἐμὰ ταῦτα λάφυρα · τίς ὁ θριγκοῖσιν ἀνάψας
  Ἄρηος, ταύταν τὰν ἄχαριν χάριτα ;
Ἄκλαστοι μὲν κῶνοι, ἀναίμακτοι δὲ γανῶσαι
  Ἀσπίδες, ἄκλαστοι δ' αἱ χλαδαραὶ κάμακες.
Αἰδοῖ πάντα πρόσωπ' ἐρυθαίνομαι, ἐκ δὲ μετώπου
  Ἰδρὼς πιδύων στῆθος ἐπισταλάει.
Παστάδα τις τοιοῖςδὲ, καὶ ἀνδρειῶνα, καὶ αὐλὰν
  Κοσμείτω, καὶ τὸν νυμφίδιον θάλαμον·
Ἄρεος δ' αἱματόεντα Διωξίπποιο λάφυρα
  Νηὸν κοσμοίη · τοῖς γὰρ ἀρεσκόμεθα.

IV

Τοῖς Ἀγρόταις Θεοῖς.

Λεωνίδου.

Αὔλια, καὶ νυμφέων ἱερὸς πάγος, αἵθ' ὑπὸ πέτρῃ
  Πίδακες, ἤθ' ὕδασιν γειτονέφουσα πίτυς,
Καὶ σὺ τετράγλωχιν μηλοσσόε, Μαιάδος Ἑρμᾶ,
  Ὃς τὸν αἰγιβότην Πάν κατέχεις σκόπελον,
Ἵλαοι τὰ ψαιστὰ, τότε σκύφος ἔμπλεον οἴνης
  Δέξασθ', Αἰακίδεω δῶρα Νεοπτολέμον.

VERSION GRECQUE
EN VERS FRANÇAIS.

—

(*Anthologie.*)

A UNE VIGNE.

Quel rocher sans soleil a vu naître ta fleur ?
Est-ce aux lieux où Borée exerce sa fureur ?
Sous les frimas du Celte ? Est-ce, ô Vigne sauvage,
Sur les plateaux glacés, les pics chargés d'orage
Des Alpes que blanchit un éternel hiver ?
Est-ce dans l'Ibérie où se cache le fer ?
De quel climat enfin est venu, Vigne verte,
Le jus amer qui sort de ta grappe entrouverte ?
Viens, Lycurgue, arracher de ton bras vigoureux
Cet arbre dont le fruit n'est jamais savoureux.

(PHILIPPE.)

—

A UNE VIGNE (auteur inconnu).

Quel est l'audacieux humain
Qui, sur le sarment de ta vigne,
O Bacchus, a porté la main?
Quel est donc le mortel indigne
Dont les lèvres ayant goûté
De ton raisin la grappe verte,
Avec dégoût l'ont rejeté,
Pour que, sur la route déserte,
Le voyageur plein de dédain
Trouvât ces misérables restes
Dont il n'ose apaiser sa faim ?
Que ses mépris lui soient funestes,
Ainsi qu'à Lycurgue jadis!
Punis sa main de l'insolence
Qui, des raisins que tu verdis,
Lui fit arrêter la croissance.
Car cette divine liqueur
Peut-être aux accents des poëtes
Eût prêté sa noble chaleur
Ou calmé du cœur les tempêtes.

—

SUR DES OFFRANDES.

Non, non, ces armes ne sont pas
Les armes du Dieu des combats.
Ces casques non brisés, ces lances non sanglantes,
Ces boucliers intacts, armures reluisantes,
Mars les bannit loin de ses murs,
Car pour son temple ils sont trop purs.
Mon front rougit de honte, et sa sueur glacée
Inonde, je le sens, ma poitrine oppressée.
D'un portique ornez-en le seuil :
Ces armes feront son orgueil ;
Parez-en l'atrium, la chambre nuptiale,
C'est là qu'il faut marquer leur place triomphale :
Mars veut du sang sur ses autels,
Et ce seul don lui plaît, mortels.
De Dyoxippe il lui faut les sanglantes armures,
Pour le Dieu des combats il n'est que ces parures.

(LÉONIDAS.)

—|

INVOCATION.

O colline sacrée,
Des Nymphes adorée,
O pins qui, dans les eaux,
Mirez vos noirs rameaux,
Source dont l'onde pure
Sous ces rochers murmure,
Et toi, de nos troupeaux
Divin berger, Mercure ;
O Pan, généreux maître
Du sauvage coteau
Où nos chèvres vont paître,
Acceptez ce gâteau
Et cette coupe pleine
Des présents de Bacchus,
Qu'à vos autels amène
L'Éacide Pyrrhus.

F. PORTALIS, division A.

—

Le Gérant : ERNEST LE BARBIER.

Paris.— Imprimerie de GAUTHIER-VILLARS, quai des Grands-Augustins, 55.
(Ancienne imp. Bonaventure.)

JOURNAL

DE

L'INSTRUCTION PUBLIQUE

REVUE LITTÉRAIRE ET SCIENTIFIQUE

Paraissant en deux parties séparées :

JOURNAL DES LETTRES - JOURNAL DES SCIENCES

Le 10 et le 25 de chaque mois.

PREMIÈRE ANNÉE. — N° 2. — 25 MARS 1872.

PRIX DE L'ABONNEMENT :

Au JOURNAL DES LETTRES *seul*				*Au* JOURNAL DES SCIENCES *seul*			
PARIS.	Six mois,	7 fr. »	Un an. . . 12 fr.	PARIS.	Six mois,	8 fr. »	Un an. . . 15 fr.
DÉPARTEMENTS.	—	8 50	— 15	DÉPARTEMENTS..	—	9 50	— 18
ÉTRANGER. . .	—	12 »	— 22	ÉTRANGER. . . .	—	13 »	— 25

AUX DEUX JOURNAUX RÉUNIS

On ne reçoit que des abonnements d'un an.

PARIS. :	22 fr.
DÉPARTEMENTS	25 —
ÉTRANGER.	30 —

AVIS. Les abonnements sont reçus : aux **Bureaux du Journal**, rue Servandoni, 12 ; à la **Librairie centrale des Sciences**, r. de Seine, et chez les principaux Libraires français et étrangers.

On s'abonne également en un mandat à l'ordre du DIRECTEUR, rue Servandoni, 12.

Administration et Rédaction du JOURNAL, rue Servandoni, 12,

PARIS

BULLETIN DE PUBLICITÉ

Paraissant avec le JOURNAL le 10 et le 25 de chaque mois.

La ligne . . . . 60 centimes.

Pour tout autre mode d'annonces, s'adresser au Directeur.

Les annonces doivent être déposées aux bureaux du Journal les 1er et 20 de chaque mois.

Le prix en est perçu au moment du dépôt.

LIBRAIRIE CENTRALE DES SCIENCES

13, Rue de Seine, Paris.

—

Bailly. — Histoire de l'astronomie ancienne et moderne et de l'astronomie indienne, 5 vol. in-4, avec planches. 25 fr.

Béron. — Physique céleste, 3 vol. in-8, brochés, 1866. 20 fr.

Bezout. — Théorie générale des équations algébriques, 1779. 10 fr.

Bierent de Han. — Réduction des intégrales définies générales

$$\int_0^\infty F(x) \frac{\cos pxdx}{q^2+x^2}, \quad \int_0^\infty F(x) \frac{\sin pxdx}{q^2+x^2}$$

et application de ces formules au cas que $F(x)$ a un facteur de la forme de $\sin^a x$ ou $\cos^a x$. Amsterdam, 1857, in-4. 8 fr.

Biot. — Traité élémentaire d'astronomie physique, 3e édition, 1857, 5 vol. in-8, avec atlas in-4. 35 fr.

Bresse. — Recherches analytiques sur la flexion et la résistance des pièces courbes, 1845, 1 vol. in-4, avec planches, relié. 12 fr.

Carnot. — De la défense des places fortes, in-4. 15 fr.

Carnot. — Géométrie de position. Paris, 1803. — Essai sur la théorie des transversales, 1806, en 1 vol. in-4, relié. 35 fr.

Chasles. — Traité de géométrie supérieure, 1 vol. in-8. 100 fr.

Christian. — Traité de mécanique industrielle, 1825, 3 vol. in-4, réliés, avec un atlas de 60 planches doubles. 40 fr.

Dionis du Séjour et Goudin. — Traité analytique des mouvements apparents des corps célestes. Paris, 1786-89, 2 vol. in-4, reliés. 20 fr.

Euclide. — Les 15 livres des Éléments d'Euclide, trad. en français par D. Henrion, plus des données du même Euclide par D. Henrion. Paris, 1632, in-4, rel. 10 fr.

Franklin.—Expériences et observations sur l'électricité, faites à Philadelphie, trad. de l'anglais par d'Alibart. Paris, 1756, 2 vol. in-12. 12 fr.

Laplace. — Mécanique céleste, 5 vol. in-4, rel. 135 fr.

Laplace. — Théorie analytique des probabilités, 1820, avec supplément, 1 vol. in-4, rel. 60 fr.

Laplace.— Exposition du système du monde, 1824, 1 vol. in-4, relié. 10 fr.

L'Hospital. — Traité analytique des sections coniques, 1776. 10 fr.

Maupertuis. — Œuvres. Lyon, 1761, 4 vol. in-8, rel. 10 fr.

Newton. — Optique, traduction nouvelle par Marat, publiée par Beauzé. Paris, 1787, 2 vol. in-8, rel. en 1. 10 fr.

Hirn. — Exposition analytique et expérimentale de la théorie mécanique de la chaleur, 1862, 1 vol. in-8, rel. 10 fr.

Lacroix. — Traité du calcul différentiel et du calcul intégral. 2e édit. revue et augmentée. Paris, 1814, 3 vol. in-4, rel. 80 fr.

JOURNAL DE PHOTOGRAPHIE

Revue mensuelle

DE L'ART FRANÇAIS ET ÉTRANGER.

Paris et les départements. . . . . 6 fr.

Colonies et Étranger. . . . . . . le port en sus.

JOURNAL DES SCIENCES MATHÉMATIQUES

Revue mensuelle

RÉDIGÉE PAR A. LABOSNE.

Paris et les départements. . . . . . . 6 fr.

Colonies et Étranger. . . . . . . le port en sus.

JOURNAL DE BOTANIQUE

PURE ET APPLIQUÉE

Paraissant le 10 et le 25 de chaque mois

Publié sous la direction de

G. HUBERSON

Membre de la Société botanique de France.

FRANCE.	Un an.	12 fr.
	Six mois	7
COLONIES.	Un an.	14
	Six mois. . . .	8
ÉTRANGER		15

On ne reçoit pour l'étranger que des abonnements d'un an.

IMPRIMERiE ET LIBRAIRIE CLASSIQUES JULES DELALAIN ET FILS

56, Rue des Écoles, vis-à-vis de la Sorbonne, à Paris.

—

Annuaire de l'Instruction publique, 1871-1872.

Publié par J. Delalain, imprimeur de l'Université. Un fort vol. grand in-18 de 450 pages, avec une carte universitaire. Broché, 3 fr. 50 c. Relié en toile, 4 fr.

LIBRAIRIE JACQUES LECOFFRE, 90, rue Bonaparte.

—

Atlas général de géographie physique, politique, historique, commerciale et agricole, par L. Dussieux, professeur honoraire à l'école militaire de Saint-Cyr, chevalier de la Légion d'honneur, officier de l'instruction publique.

Nouvelle Édition comprenant 181 cartes et 24 cartons coloriés à teintes plates, et dressés ou corrigés d'après les découvertes les plus récentes et les derniers traités. 1 fort vol. in-4, demi-rel. : 35 fr. — En demi-rel., maroquin ou chagrin : 40 fr. Chaque carte se vend séparément.

Géographie générale contenant la géographie physique, politique, administrative, historique, agricole, industrielle et commerciale de chaque pays, avec des notions sur le climat, les productions naturelles, l'ethnographie, les langues, les religions, les voies de communication, les frontières et l'état politique, financier et militaire, par L. Dussieux, professeur honoraire à l'école militaire de Saint-Cyr, chevalier de la Légion d'honneur, officier de l'instruction publique. 1 vol. in-8.　　15 fr. »
— Le même, cart. toile.　　17 fr. 50
— Le même, demi-chagrin.　　19 fr. »

DOCUMENTS SUR L'HISTOIRE CONTEMPORAINE.

LE SIÉGE DE PARIS, opérations du 13ᵉ corps et de la troisième armée, par le général Vinoy, paraît chez l'éditeur Henri Plon. Les hautes fonctions militaires occupées par le général, la part considérable qu'il a prise à la défense de la capitale après avoir sauvé du désastre de Sedan le corps d'armée qui est devenu le noyau des forces avec lesquelles l'ennemi a été tenu en échec, donnent à son livre une importance capitale. Ce livre forme un beau volume in-8° complété par un Atlas de quinze cartes stratégiques indiquant les positions des armées belligérantes pendant les opérations diverses et les combats autour de Paris, Montmesly, Chevilly, Bagneux, l'Hay, Choisy-le-Roi, Avron, Montretout et Buzenval.

Lettres militaires du siége, par T. Colonna Ceccaldi, lieutenant-colonel, sous-chef d'état-major des gardes nationales de la Seine pendant le siége.

Avec un appendice contenant le tableau des régiments et bataillons de guerre de la garde nationale parisienne et le dispositif de la bataille de Buzenval.

CH. DOUNIOL, LIBRAIRE-ÉDITEUR.

29, rue de Tournon.

De l'Éducation, par Mgr Dupanloup. Neuvième édition. 3 vol. in-12. Tome Iᵉʳ : De l'éducation en général. — Tome II : De l'autorité et du respect dans l'éducation. — Tome III : Les hommes d'éducation.

De la haute éducation intellectuelle, par le même. 3 vol. in-12, prix, 10 fr. 50.
Tome Iᵉʳ : Les Humanités. — Tome II : L'Histoire, la Philosophie et les sciences. — Tome III : Lettres aux hommes du monde sur les études qui leur conviennent.

Réforme de l'Éducation. Introduction de l'économie politique dans l'enseignement des femmes. Deux discours par Frédéric Passy. Prix : 75 cent. Paris, Guillaumin et Cie, rue Richelieu, 14. Pichon et Cie, rue Cujas, 14.

LIBRAIRIE HACHETTE ET Cⁱᵉ

79, Boulevard Saint-Germain.

Livres a l'usage de la classe de philosophie.

Notions de philosophie, par M. Ch. Jourdain, membre de l'Institut. Onzième édition conforme aux derniers programmes officiels. 1 vol. in-12, broché.　　3 fr. 50 c.

Manuel de philosophie, contenant toutes les matières du programme des lycées pour l'enseignement de la philosophie et précédé de ce programme, par MM. Jacques, Simon et Saisset. 6ᵉ édition. 1 fort volume in-8, broché.　　8 fr.

Modèles de composition française, comprenant des lieux communs ou dissertations, etc., avec des préceptes sur chaque genre de composition, par M. Chassang. In-12, cart.　　2 fr.

Modèles de composition latine, comprenant des descriptions, des lieux communs ou dissertations, avec des arguments, des notes et des préceptes sur chaque genre de composition, à l'usage des aspirants au baccalauréat ès lettres, par M. Chassang. In-12, cartonné.　　2 fr.

Sujets et développements de compositions latines données dans les Facultés pour les examens du baccalauréat ès lettres, recueillis par M. Albert Le Roy. 1 vol. in-8, broché.　　3 fr.

Sujets et développements de compositions françaises données à la Sorbonne ou proposées comme exercices préparatoires pour les examens du baccalauréat ès lettres, recueillis par M. Albert Le Roy. 1 vol. in-8, broché.　　4 fr.

Xénophon : Entretiens mémorables de Socrate (les quatre livres). Texte grec, édition classique publiée avec des notes en français, par M. Sommer. 1 vol. in-12, cart.　　1 fr. 75 c.

Palton : Gorgias. Texte grec, édition classique publiée avec des notes en français par M. Sommer. In-12, cart.　　1 fr. 50 c.

Cicero : De re publica. Nouvelle édition classique publiée avec une notice, un argument analytique et des notes en français, par M. Charles, professeur de philosophie au lycée Louis-le-Grand. 1 volume petit in-16 également cartonné.　　1 fr. 50 c.

— *Tusculanarum quæstionum libri quinque.* Édition classique, publiée avec des notes en français, par M. Jourdain. 1 vol. in-12, cart.　　1 fr. 25 c.

— *De officiis libri tres.* Édition classique, publiée avec des sommaires et des notes en français, par M. H. Marchand. In-12, cart.　　90 c.

Sénèque : Choix de lettres morales à Lucilius, Texte latin, édition classique, publiée avec des analyses et des notes en français, par M. Sommer. In-12, cartonné.　　12 fr. 25 c.

Logique de Port-Royal, par Arnauld. Édition publiée avec une introduction et des notes, par M. Jourdain. 1 vol. in-12, broché.　　2 fr. 50

Descartes : Discours de la méthode pour bien conduire sa raison et chercher la vérité dans les sciences. Nouvelle édition classique publiée avec une introduction et des notes, par M. Vapereau, agrégé de philosophie. 1 volume petit in-16, cartonné.　　90 c.

Pascal : De l'esprit géométrique, de l'art de persuader, de l'autorité en matière de philosophie ; fragments publiés avec un avertissement et des notes, par M. Jourdain. 1 vol. in-12, broché.　　75 c.

Bossuet : De la connaissance de Dieu et de soi-même. Édition publiée avec une introduction et des notes, par M. de Lens. 1 vol. petit in-16, cart.　　1 fr. 50 c.

Fénélon : Traité de l'Existence de Dieu. Édition précédée d'un essai sur Fénélon, par M. Villemain, et publiée avec un avertissement et des notes, par M. Danton, 1 vol. in-12, broché.　　2 fr.

LIBRAIRIE ACADÉMIQUE DIDIER ET Cie.

Les nationalités musicales, étudiées dans le drame lyrique par M. G. BERTRAND. 1 vol. in-12. 3 fr. 50

L'auteur professe cette idée qu'aucune nation n'est fatalement déshéritée d'aucune de ces grandes facultés essentielles qui constituent l'humanité même : la logique, le courage, l'activité industrielle, l'éloquence, l'esprit philosophique, le sentiment artistique en ses diverses formes, etc.; seulement chaque nation gardera dans ses diverses applications son caractère et son goût particuliers; aussi son but est-il de prouver la nécessité des rapports artistiques entre les différentes nations, de ces initiations de peuple à peuple. M. G. Bertrand, en nous en faisant l'historique avec une érudition peu commune, nous démontre l'utilité permanente et féconde des échanges réciproques, des entrecroisements de génie des diverses nationalités. Il combat en même temps cette opinion si fort accréditée que les Italiens sont mieux organisés que les Allemands et les Français, absolument dépourvus d'instinct musical. Dans ce résumé de l'histoire musicale chez les différents peuples de l'Europe, M. G. Bertrand redresse bien des erreurs, entre autres celle qui fait des Italiens les inventeurs de la musique moderne; enfin il étudie à travers ces considérations générales les personnalités les plus caractéristiques de chaque nation, avec une grande sûreté de jugement et un véritable esprit de critique.

Moralistes et philosophes, par M. AD. Franck, de l'Institut. 1 vol. in-8. 7 fr. 50

« Consacrées à la philosophie et à la morale, dit l'auteur dans « l'avant-propos de ce livre, les études que j'ai réunies ici font « suite à celles que j'ai publiées sous le titre de *Philosophie et* « *Religion.* Elles ont la même origine, le même caractère, et « procèdent, ai-je besoin de le dire? du même esprit....

« De ces pages, écrites séparément et sans grand respect pour « l'ordre chronologique, je n'ai pas la prétention de faire après « coup une histoire régulière de la philosophie. Mais je suppose « qu'on n'y verra pas sans quelque profit un certain nombre des « plus grands esprits et des plus grands systèmes du moyen âge, « de la renaissance et du XVIIe siècle, soumis à un nouvel examen et éclairés les uns par les autres... C'est aux philosophes « contemporains cependant que j'ai réservé la plus grande « place, et en voici la raison : s'il est reconnu 'que, pour bien « juger d'une manière générale les personnes et les choses, il « faut les voir d'une certaine distance à travers les âges, il n'est « pas moins incontestable qu'il n'y a que les hommes avec qui « l'on a vécu, qu'il n'y a que les idées dont on a vu les premiers « développements, sur lesquels on puisse transmettre aux géné- « rations suivantes les détails dont se compose en quelque sorte « leur physionomie. »

JOURNAL DES SAVANTS.

Sommaire du cahier de février 1872.

MM. A. MAURY. — Histoire d'Hérodote.
BRULÉ. — Les monuments de la Sicile.
DE QUATREFAGES. — Archipel malais.
J. BERTRAND. — Passage de Vénus sur le soleil en 1874.
NOUVELLES LITTÉRAIRES. — LIVRES NOUVEAUX.

REVUE LITTÉRAIRE

ou

Moniteur universel des livres anciens et nouveaux. Journal bi-mensuel, paraissant les 1er et 15 de chaque mois. Administration et rédaction, 1, rue Bonaparte, et quai Malaquais, 7.

SOMMAIRE DU N° 4 (1er mars).

La quinzaine littéraire. — Publications nouvelles. — La Bruyère édition de M. Ch. Asselineau. — Séjour de Molière dans l'ouest de la France. — L'amitié après la mort. — Zeokinizul, roi des Kofirans. — L'abbé de Voisenon. — Satiriques du XVIIIe siècle. — Théâtre tragique d'Alexandre Soumarocow. — Questions d'art et de morale. — Les lois de l'histoire. — — Le salon de Barras. — Traductions française du Talmud.— Annonces. — Courrier des théâtres.

Brevets d'inventoin. — L'Office, dirigé par MM. Blétry frères, ingénieurs civils, 6, rue des Filles-du-Calvaire, à Paris, fournit tous les renseignements sur les brevets français et étrangers, se charge de leur obtention et des transactions qui s'y rapportent.

Brevets d'invention. — Beaucoup de personnes, par manque de temps, ou embarrassées pour l'exécution des dessins, la rédaction du mémoire et des documents nécessaires à une demande de brevet, préfèrent, avec raison, s'adresser à des ingénieurs compétents.

Elles peuvent, à cet effet, avoir recours à l'Office spécial de MM. Blétry frères, 6, rue des Filles-du-Calvaire, à Paris, où tous les renseignements sur les brevets d'invention leur seront fournis, et où s'opèrent toutes les transactions qui s'y rapportent.

AVIS

La Commission établie dans le département de la Seine pour examiner les aspirantes au brevet de capacité pour l'instruction primaire (1er ordre), ouvrira sa première session de 1872, à Paris, le lundi 22 avril, à huit heures et demie très-précises du matin.

Les aspirantes devront se faire inscrire du 20 mars au 10 avril inclusivement, de 11 heures à 3 heures, à la Préfecture de la Seine (Direction de l'Instruction primaire, bureau de l'Instruction publique, au Grand-Luxembourg).

Elles auront à produire :

1° Leur acte de naissance légalisé;

2° Leur acte de mariage, si elles sont mariées, et l'acte de décès de leur mari, si elles sont veuves;

3° Leur brevet de 2e ordre ;

4° La déclaration, écrite de leur main, qu'elles ne se sont présentées devant aucune commission d'examen dans l'intervalle des quatre mois qui précèdent la session ; cette déclaration devra être légalisée par le Maire.

Cette pièce est dispensée du timbre.

Aucune inscription ne sera reçue passé ce délai et sans la production des pièces exigées.

Le Directeur : **G. HUBERSON.**

Paris. — Imprimerie de GAUTHIER-VILLARS, quai des Grands-Augustins, 55.

(Ancienne imp. Bonaventure.)

JOURNAL
DE
L'INSTRUCTION PUBLIQUE

ABONNEMENTS :

FRANCE......... 15 fr.
DÉPARTEMENTS. .
ÉTRANGER.......

On ne reçoit que des abonnements d'un an, en un mandat-poste ou à vue sur un banquier de Paris.

2ᵉ PARTIE : JOURNAL DES SCIENCES
REVUE ANALYTIQUE & BIBLIOGRAPHIQUE
De la Science pure & appliquée

Paraissant le 10 et le 25 de chaque mois.

ANNONCES :

La ligne
1 insertion » 60
3 — » 50
6 — » 40
12 — » 30
24 — » 25

Pour tout autre mode d'annonces s'adresser au DIRECTEUR, rue Servandoni, 12, à Paris.

Toute communication relative à l'administration du *Journal* doit être adressée *franco* au *Directeur*, r. Servandoni, 12. — Les communications relatives à la rédaction doivent être envoyées *franco* au *Rédacteur en chef*, à la même adresse.
Les manuscrits *non insérés* seront *rendus.*
Il sera rendu compte, *sous quinzaine*, de tout ouvrage dont 2 EXEMPLAIRES auront été adressés au *Journal.*

PREMIÈRE ANNÉE. — Nº 1. — 10 MARS 1872.

APPLICATIONS TECHNIQUES

DE L'HISTOIRE NATURELLE

A l'Agriculture, à l'Industrie et au Commerce.

Il n'est pas rare d'entendre autour de soi exprimer cette opinion : que l'étude des sciences dites *naturelles*, c'est-à-dire la *zoologie* ou science des animaux, la *botanique* ou science des plantes, la *géologie* ou science du sol, est un délassement agréable, un bon emploi des heures de loisir, et non une étude sérieuse conduisant à des résultats pratiques. A force d'insistance, et en arguant des faits journaliers, on parvient à obtenir grâce pour la géologie, parce que tout le monde connaît les mines, les produits que l'on en retire, pierres ou métaux, et parce que l'ingénieur qui dirige une exploitation sert à faire comprendre le géologue qui la visite. Ils emploient le même marteau, ont recours aux mêmes analyses : aussi le vulgaire en fait-il d'autant moins la différence qu'au fond ils sont plus près l'un de l'autre. Mais s'il s'agit de zootechnie, ou bien de botanique, hormis le berger, le bouvier, le maquignon et le vétérinaire, hormis l'herboriste, le pharmacien et le médecin, la poursuite des animaux, la récolte des plantes, leur observation, leur mise en collection, leur étude et leur classification ne sont permises qu'aux curieux riches et désœuvrés.

Cet instinct si juste qui fait que l'homme, « de courte vie », suivant le mot d'un vieux poète, se hâte et se presse d'agir en vue d'un gain, — matériel ou moral, mais le moins tardif qu'il est possible, et plus souvent matériel que moral, — le jette souvent en cette aberration de croire que penser vaut moins que faire ; que méditer sur un livre équivaut à perdre son temps, à moins qu'il ne s'agisse de passer un examen au bout duquel soit une carrière ; à moins encore que le livre ainsi lu ne traite de quelque point de science tellement vulgarisé que tout homme d'une instruction moyenne sache à peu près de quelle application pratique la théorie étudiée est susceptible. Nombre de gens se trouvent, même aujourd'hui, qui hausseraient les épaules s'ils voyaient Newton réfléchir paresseusement sous un pommier, et ne lui permettraient pas de découvrir la loi de l'attraction en observant les pommes mûres tomber ; d'autres interdiraient à James Watt de manier une théière pleine d'eau bouillante, et n'admettraient jamais que ce jeu de l'illustre écolier puisse être le prélude d'une immortelle et féconde découverte. Je ne parlerai pas de Swammerdam ou de Leewenhoeck disséquant des insectes et consumant à l'étude « des petites bêtes » une existence que plusieurs jugent encore *in petto* avoir été médiocrement utilisée. Mais je ne puis m'empêcher de croire que, vu le petit nombre des hommes naturellement portés à l'étude patiente et à l'observation sagace, il est impossible que la plupart de mes confrères en humanité consentent, sans avoir été préalablement avertis, et même contraints par l'évidence, à admettre qu'en dehors de la technologie proprement dite, les sciences doivent être cultivées par d'autres que les gens riches et maîtres de leur temps.

Sous ce prétexte de *pratique*, on établit entre ce que l'on appelle dédaigneusement la *théorie* et les applications de la théorie une distinction souvent injurieuse pour celle-ci. Il se passe à ce point de vue dans le monde industriel quelque chose d'analogue à la conduite ingrate et malséante de l'enfant devenu, grâce à sa mère et à son père, un homme vigoureux et instruit, mais si vain de sa récente virilité qu'il s'insurge follement contre les avis souvent judicieux, presque toujours désintéressés, qu'il en reçoit, et ne veut plus se souvenir de la faiblesse ni de l'ignorance qui ont caractérisé ses premières années. La *science* est en effet l' « alma mater » de l'homme social : les spéculations d'esprit et les études sans objet pratique des maîtres du savoir ont servi de charrue pour retourner le champ pierreux de l'ignorance humaine.

G. H.

(A suivre.)

LES SOCIÉTÉS PROTECTRICES DES ANIMAUX

A L'ÉTRANGER.

Nous tenons de l'obligeance bien connue de M. Augustin Delondre une intéressante notice, publiée par lui dans le *Bulletin de la Société protectrice des Animaux*, de Paris, pour octobre 1871. En France, où nous sommes fiers d'une suprématie, réelle assurément, mais parfois surfaite, de l'intelligence nationale sur celle des autres peuples, nous ignorons volontiers ce qui se fait ailleurs, et notre horizon se borne aux frontières de notre pays. Actuellement, de dures leçons nous ont appris qu'il est, non-seulement intéressant, mais absolument utile, de savoir ce qui se fait en Allemagne, en Angleterre, en Belgique, en Hollande, voire même au Kamstchatka.

Quoique doux et de mœurs agréables, nous autres Français n'avons pas le culte des animaux, et nous aurions fait de mauvais Égyptiens. Raillerie à part, nous voudrions inspirer à nos compatriotes un peu plus d'indulgence qu'ils n'en ont envers nos serviteurs, et leur montrer que si, en France, on s'amuse de la loi Grammont, à l'étranger on la pratique avec une pleine conscience de sa portée morale et même de son utilité pratique.

Du reste, et mieux que nous ne saurions le faire nous-même, M. Delondre va établir notre thèse, sans y prétendre pourtant, puisque son but, en écrivant les lignes qui suivent, était simplement de vulgariser, en quelque sorte, des documents peu connus, laissant à chaque lecteur son raisonnement propre à éclairer par lui-même.

Les documents relatifs aux Sociétés protectrices des Pays-Bas m'ont fourni quelques renseignements relatifs aux points examinés dans une de nos séances précédentes.

J'ai lu notamment, dans le rapport annuel de la Société protectrice de la Haye pour 1870, que la charge des petites voitures attelées d'un ou de plusieurs chiens, qui circulent dans les rues et chemins de la commune de la Haye, y compris Scheveningen, avait été réglée par le conseil de cette ville et ne devait pas dépasser 100 kilog. par tête d'animal attelé. Dans un séjour d'un mois que j'ai fait il y a peu d'années à la Haye, j'ai pu voir de petites voitures chargées de poisson et traînées par des chiens, transporter ce poisson de Scheveningen à la Haye ; le pêcheur même, sa femme ou ses enfants suivaient souvent à pied la petite voiture, *hondenkar*, comme l'appellent les habitants du pays ; mais quelquefois l'un d'eux, quelquefois aussi toute la famille était installée avec le poisson dans la petite voiture.

- Dans le rapport annuel de la Société protectrice de la Haye pour 1869, mon attention a été attirée sur le discours prononcé au congrès national des Sociétés protectrices des animaux, à Zurich, en août 1869, par M. J.-E.-C. van Manen, secrétaire de la Société protectrice des animaux de la Haye (Pays-Bas) et membre honoraire de notre Société. Ce discours contient notamment le passage suivant :

« C'est l'*enseignement*, ce sont les livres écrits dans l'esprit de la protection qui doivent inspirer à la jeunesse les bons sentiments envers les animaux, mais c'est la loi qui doit enseigner aux adultes, surtout à ceux qui font partie des classes inférieures de la société, que la cruauté envers les animaux est une chose coupable ; et pour faire comprendre cet enseignement, il est encore nécessaire que la loi précise en quoi consistent les mauvais traitements qu'elle interdit. »

Nous devons reconnaître que si l'idée de M. van Manen est excellente, nos confrères de la Société de la Haye ont su très-bien la mettre en pratique, en écrivant de *bons livres* dans l'esprit de la protection. Ainsi, parmi les communications que la Société protectrice de Paris a reçues des Sociétés protectrices des Pays-Bas, nous avons trouvé même *d'excellents livres* de lectures pour les enfants, nous citerons notamment les livres de lectures suivants :

1º *De mensch in omgang met de Dieren*, « *L'homme en contact avec les animaux ;* »

2º *Hoe moeten wij de dieren behandelen ?* « *Comment devons-nous traiter les animaux ?*» édités par la librairie D. Mijs, à Thiel, qui publie depuis trois à quatre ans un journal en hollandais, *l'Androclès*, rédigé dans le but d'inspirer aux enfants les bons traitements envers les animaux ;

3º La traduction en hollandais du livre français intitulé : *Nos Animaux domestiques* (1), faite par M. le docteur M. P. Lindo, inspecteur de l'enseignement primaire dans la province de Hollande méridionale, et publiée à la librairie D.-A. Thieme, à Arnhem ;

4º Le *Bede der arme redelooze dieren an hunne redelijk medeschepselem de menschen*, « *Supplique des pauvres animaux muets à leurs cocréatures les hommes* », publié par la Société protectrice d'Utrecht, à la librairie Kemink et fils, à Utrecht.

Mais laissons de côté les Sociétés protectrices des Pays-Bas auxquelles nous ne nous sommes arrêtés qu'en passant, et jetons un coup d'œil sur les Sociétés protectrices de l'empire austro-hongrois.

Tous ceux qui s'intéressent à l'œuvre des Sociétés protectrices des animaux savent qu'il existe depuis longtemps dans l'empire austro-hongrois six Sociétés protectrices des animaux :

Celle de Graz, en Styrie, fondée en 1862 par le chevalier de Villefort ; celle de Linz, fondée en 1845 par le comte Barth de Bartenheim ; celle de Prague, en Bohême, fondée en 1842 par M. le docteur Henri de Kœnigsberg ; celle de Teplitz, en Bohême, fondée en 1860 par MM. Olbrich et Straka ; celle de Trieste, fondée en 1852 par MM. de Phillepich et Thiergen, celle de Vienne, fondée en 1846 par M. le docteur J.-F. Castelli.

A ces sociétés principales viennent se rattacher comme affiliées un grand nombre de Sociétés protectrices secondaires. Nous devons ajouter deux Sociétés protectrices fondées récemment, celle de Brünn pour la Moravie et la Silésie, et celle de Pesth pour la Hongrie.

Un simple examen, même superficiel, de la liste des membres de ces sociétés nous a fait voir qu'un grand nombre

d'instituteurs, de maîtres d'école (*volksschullehrer*) faisaient partie de ces sociétés. Nous avons remarqué notamment un très-grand nombre d'instituteurs dans les listes des membres des Sociétés protectrices de Vienne et de Graz.

Ces instituteurs sont loin d'être des membres inactifs ; ils font insérer, dans les recueils des sociétés dont ils font partie, des articles relatifs aux moyens de propager la protection par l'enseignement dans les écoles.

Nous mentionnerons entre autres l'article *Wie kann ein Lehrer zur Verhuetung der Thierqualerei beitragen ?* « *Comment un maître d'école peut-il contribuer à empêcher les mauvais traitements envers les animaux ?* » de A. C., instituteur, inséré en 1857 dans le *Thierfreund*, « *l'Ami des animaux* », organe de la Société protectrice de Vienne ;

L'article *Der Thierschutz in der Schule*, «*la Protection des animaux à l'école* », également d'un instituteur, inséré dans le bulletin de la Société protectrice de Trieste pour 1870 (1), et inséré la même année dans le recueil mensuel de la Société protectrice de Graz, en Styrie ;

L'article *Zum Schutze der Thiere*, « *Pour la protection des animaux* », par Joseph Heinisch, instituteur (*volksschullehrer*), à Oberbaag, article inséré dans les numéros 3 et 4, mars et avril 1871, de la feuille mensuelle de la Société protectrice de Graz, en Styrie, dans lequel l'auteur examine la protection au point de vue des agglomérations d'individus, villes, communes, etc., etc., de la famille, de l'école et des Sociétés affiliées.

La rédaction de la feuille mensuelle (*Monatsblatt*) de la Société protectrice de Styrie, siégeant à Graz, en insérant ce dernier article, fait observer que c'est la première fois qu'elle insère un article d'un instituteur de la Styrie, et elle considère avec raison, je crois, ce fait comme de bon augure pour l'avenir de l'œuvre. La Société protectrice de Styrie, désirant encourager les efforts sérieux de M. Joseph Heinisch, lui a accordé le prix proposé par son protecteur, M. le comte Kurzu Lippe Weissenfeld, pour un instituteur qui ait rendu des services comme protecteur des animaux.

Après avoir lu attentivement les deux articles que je viens de signaler, la conviction m'est venue qu'il y aurait une utilité réelle à insérer dans notre Bulletin la traduction de ces deux articles *in extenso* dont j'offre de me charger.

Je ne voudrais pas quitter ce sujet sans mentionner les journaux et livres de lectures pour les enfants, publiés par la Société protectrice de Vienne, et rédigés en grande partie par son secrétaire, M. Andreas Kuehn, et ceux publiés par la Société protectrice de Trieste ; je me permettrai seulement, en

---

(I) Ce livre intitulé Nos Amis dans l'air, dans l'eau et sur terre, est une élégante traduction en langue hollandaise du livre de notre président honoraire M. Bourguin, intitulé Monsieur Lesage ou Entretiens sur les animaux utiles, et non pas sur nos animaux domestiques, comme il a plu au traducteur hollandais de le dire.

(1) Mentionnons encore, parmi les articles relatifs à l'enseignement de la protection aux enfants, publiés antérieurement dans les publications de la Société protectrice de Trieste, l'article *De l'Educazione de fanciulli in riguardo alla protezione degli animali* « *De l'Éducation considérée au point de vue de la protection des animaux,* » l'article *Quanto importi inculcare ai fanciulli il dovere di proteggere gli animali*, « *Combien il importe d'inculquer aux enfants le devoir de protéger les animaux.*»

constatant l'intérêt que présentent ces publications, d'émettre le regret de ne pas voir la Société en posséder la collection complète jusqu'à ce jour.

En ce qui concerne la Société protectrice de Vienne, je rappellerai ces *sociétés affiliées d'enfants*, sur lesquelles la Société protectrice de Paris a indubitablement reçu antérieurement d'intéressantes communications peu détaillées du reste.

Si, quittant le sujet de l'enseignement dans les écoles et des lectures pour les enfants, nous jetons un coup d'œil rapide sur l'ensemble des travaux des Sociétés protectrices de l'empire austro-hongrois, tel qu'il en est rendu compte dans leurs publications, nous y trouvons en outre :

Des dispositions législatives ou règlements de municipalité ou de police obtenus par les Sociétés protectrices pour défendre les animaux contre les mauvais traitements, les sévices, les actes de cruauté, etc., etc.; des règlements relatifs aux bêtes attelées, chevaux, ânes, bœufs, chiens, etc., etc., aux bêtes chargées, et quelquefois, trop souvent assurément, surchargées, etc., etc.;

Des études sur le transport des animaux par chemin de fer, sur les abattoirs, sur l'abattage des bêtes bovines, ovines et porcines, sur la manière de tuer les lapins, les oiseaux de basse-cour, etc., etc.; sur la chasse considérée au point de vue de la protection, etc., etc.;

Des renseignements sur la manière de soigner les animaux domestiques ; sur les animaux utiles et sur la protection de ces animaux, et notamment des oiseaux insectivores ; sur les préjugés de l'homme à l'égard de certains animaux que l'on croit à tort nuisibles, et qui sont au contraire très-utiles, et en général sur les préjugés de l'homme à l'égard de beaucoup d'animaux ; sur les avantages que l'homme peut retirer des bons traitements envers les animaux, de la protection des animaux, surtout au point de vue agricole; sur la faculté de penser, de réfléchir, de se souvenir, que possèdent certains animaux ; sur la mémoire que les animaux gardent des bons et des mauvais traitements ; sur la fidélité des animaux. Je ne cite ici que les articles d'une portée réelle, où les questions examinées sont envisagées avec quelques détails. Vous voyez qu'une étude approfondie des documents étrangers contenus dans les archives de la Société pourra nous fournir des données précieuses pour le but que la Société protectrice des animaux de Paris se propose d'atteindre. Puissent ces efforts être couronnés de succès! Quant à moi, je serai toujours heureux d'y apporter mon humble part de coopération.

A. DELONDRE.

Nous ne pouvons que nous associer pleinement au vœu par lequel M. Augustin DELONDRE termine son travail, et tous ceux qui connaissent son infatigable obligeance, son zèle persistant et *joyeux* pour la science, ainsi que la multiplicité des ressources qu'il emploie à son service, ne sauraient douter du succès d'une cause servie par lui.

G. H.

ACADÉMIE DES SCIENCES

GÉOLOGIE

Notes sur la découverte de la Posidonia minuta dans le trias du Gard et sur un nouveau gisement de schistes, à Walkia, dans le terrain pernien de l'Aveyron.

Note de M. BLEISHER.

Le trias du revers sud et sud-est du plateau central dans les départements de l'Hérault, du Gard et de l'Aveyron, où nous l'avons plus spécialement étudié, est, d'après les géologues qui s'en sont occupés, peu riche en fossiles. C'est aux environs de Lodève seulement qu'on a découvert des traces de *Labyrinthodon* ou *Cheirotherium* (Geinitz), des articles peu reconnaissables d'encrines et des traces de bivalves non déterminables.

Dans le Gard, Emilien Dumas déclare que les fossiles du trias sont très-rares, car il n'y a trouvé jusqu'ici, malgré des recherches très-minutieuses, que quelques débris de tiges végétales et quelques impressions de petites bivalves.

Depuis cette époque, M. le professeur Hébert met en question l'existence du trias dans le Gard et rapporte à l'arkose infraliasique le reuper d'Emilien Dumas.

Dans l'Aveyron, les recherches de MM. de Rouville, Reynès, Parran, Boisse et Magnan n'ont amené que la découverte de fossiles peu ou point déterminables.

Dans le courant de cet automne, en étudiant la zone de terrains secondaires située entre Alais et Anduze d'une part, et les terrains anciens du plateau central de l'autre, nous avons pu constater que partout où affleure le trias composé comme l'indique E. Dumas, il est caractérisé par la présence de coquilles fossiles dans les marnes jaspoïdes intercalées entre les bancs de grès. Ces fossiles sont : *Posidonia minuta*, Broun et Anatina, de petite taille.

La Posidonia minuta, surtout, est aussi reconnaissable que celles que nous avons maintes fois trouvées dans les grès bigarrés et les marnes irisées d'Alsace ; elle se rencontre sur toute l'épaisseur de cet étage (60 à 80 mètres), mais paraît être plus commune vers la base, immédiatement au-dessous des arkoses qui confinent au granite. Les localités où elle se trouve en abondance sont entre Mialet et Saint-Jean-du-Gard, le long de l'ancienne route d'Alais, à un kilomètre et demi de Saint-Jean-du-Gard, sur la route d'Anduze, et à trois kilomètres en aval du village de Calviac, sur la route d'Anduze.

La position des schistes à Posidonies nous semble d'ailleurs très-nettement établie par la nature des terrains qui leur sont superposés ; ce sont des calcaires dolomitiques scintillants, en bancs assez minces, dans lesquels nous avons trouvé un anatina qui semble infraliasique (10-15 mètres) ; puis des calcaires marneux et dolomitiques en bancs de 5 à 10 mètres d'épaisseur, avec *Ostrea lamellosa? Diadema seriale*(?) Ag., *Lima, Pecten, Turbonilla, Modiala scalprum* (?). Bivalves nombreux, sans traces d'Ammonites ni de Bélemnites (15-20 mètres). Cette série de couches fossilifères limite évidemment le jurassique ; nous sommes donc en droit de rattacher au trias tous les terrains sous-jacents, et l'on peut dire, qu'ici comme en Angleterre, la *Posidonia minuta* peut servir à caractériser tout le trias.

L'identité de cet étage avec le trias d'Allemagne et d'Angleterre, déjà reconnue par beaucoup de géologues, paraît donc évidente, et nous sommes convaincus que des recherches ultérieures ramèneront la découverte de nouveaux fossiles aussi caractéristiques que celui qui fait le sujet de cette note.

Les géologues dont nous avons donné les noms plus haut se sont également occupés du terrain permien des bords sud et sud-est du plateau central, et leurs recherches ont amené la découverte de la flore remarquable de Lodève et des environs de Rodez (*Walchia, Equisetum,* Fougères). Dans l'Aveyron, où nous avons étudié ce terrain, M. le professeur Coquand, cité par le savant auteur de la Carte géologique du département, M. l'ingénieur Boisse, a distingué trois étages dans le permien : conglomérats et grès siliceux, schistes bitumineux, bancs de calcaires dolomitiques ou siliceux sous une épaisseur de 60 mètres environ. Suivant M. Reynès, l'épaisseur de ce terrain irait souvent jusqu'à 600 mètres, et il n'y existerait ni conglomérats ni calcaires.

Les seuls fossiles cités par M. Boisse sont des écailles de *Paleoniscus* (?), des Calamites, Fougères et Voltzia.

De plus, ces divers observateurs ont admis qu'il y avait le plus souvent discordance entre le trias et le permien.

C'est avec ces renseignements que nous avons abordé l'étude du permien dans le massif montagneux qui sépare Saint-Rome-du-Tharn du Viala (Aveyron). Ce terrain s'y développe avec une puissance d'au moins 250 mètres ; à la base, nous avons trouvé les conglomérats et grès indiqués par M. le professeur Coquand ; ils sont traversés par des filons cuivreux déjà indiqués par M. l'ingénieur des mines Parran, et de plus par des filons d'une roche serpentineuse, qui paraît avoir simplement rempli des fractures et qui ne dépasse pas la zone des conglomérats et des grès. Plus haut et sur le talus même du chemin qui mène à Saint-Rome-du-Tarn, près du pont qui traverse le torrent en face du hameau du Viala, les schistes noirs présentent des empreintes végétales très-nettes que nous rapportons à un *Equisetum* et au *Walchia puniformis*. Il existe également des traces de *Fougères*. Les calcaires siliceux supérieurs, qui correspondent probablement à la zone fossilifère dans laquelle notre ami Magna a découvert une faune marine, analogue à celle du Zechstein d'Allemagne, ne sont point représentés par la coupe que nous décrivons.

Au-dessus des schistes rouges monochromes, qui dominent les schistes à Walchia, se développent des marnes schisteuses jaspoïdes qui ont quelque analogie avec celles où nous avons trouvé la *Posidonia minuta* dans le Gard.

De plus, ici, comme dans quelques localités citées dans le Mémoire de M. Reynès, comme à Lodève, comme sur les limites de l'Aveyron et du Lot, il n'y a pas de discordance sensible entre le permien et le trias. La difficulté de les séparer, à cause de leur extrême analogie au point de passage, est aussi grande qu'en Alsace.

Il semble dès lors permis d'établir la série concordante suivante : permien, trias, infra-lias, lias, oolite, inférieure, grande oolite (bathonien et callovien), oolite moyenne (oxfordien et corallien), que l'on peut suivre de l'ouest à l'est, du Viala à Nantes, sur le revers oriental de Larzac, comme du sud au nord, de Lodève au pied septentrional du même plateau.

Cette série concordante, qui se rencontre également dans le Gard, est traversée dans les deux départements (Gard et Aveyron) par des fractures importantes, dont l'orientation diffère très-peu de celles des failles pyrénéennes (nord-ouest), et de celle du système du mont Seny (Vézian), nord 35 degrés est.

Ces fractures paraissent, d'après nos recherches, se trouver sur le prolongement des failles qui accidentent le département de l'Hérault, ce qui démontrerait que les dislocations qui ont imprimé à ces régions leur caractère remarquablement tourmenté, ont été peu nombreuses, et que les essentielles à connaître sont assez récentes, comme l'avait déjà annoncé M. Magnan dans ses études sur les Pyrénées et les Corbières. »

ZOOLOGIE.

MATÉRIAUX POUR SERVIR A L'HISTOIRE DU GYMNÈTRE-ÉPÉE (*Gymnetrius Gladius*).

Note de M. S. JOURDAIN.

Au mois d'avril 1871, M. Durand, lieutenant des douanes à Palavas (Hérault), envoya au laboratoire de la Faculté des sciences de Montpellier un poisson de très-grande taille qui avait été recueilli mort sur la plage, à peu de distance du petit port où ce fonctionnaire réside. Ce poisson est un acanthopterygien, de la famille des Ténoïdes, appartenant à une tribu établie par Cuvier et Valenciennes pour les espèces à bouche pourfendue et à museau protractile. De plus, l'absence d'une véritable nageoire anale ainsi que la présence d'un rayon unique à la ventrale le font rentrer sans incertitude dans le genre gymnètre, proposé jadis par Bloch et adopté par les savants auteurs de *l'Histoire des Poissons.*

Les gymnètres, animaux d'une longueur considérable, au corps relativement étroit et très-comprimé, appartiennent à la catégorie de ceux que les pêcheurs confondent sous la dénomination générale de *poissons rubans* ou *poissons épée.*

Ils arrivent rarement entre les mains du zoologiste, et encore, se rompant sous le moindre effort, n'y parviennent-ils presque toujours que plus ou moins incomplets et inutiles. Des représentants du genre gymnètre existent dans nos eaux méditerranéennes, d'autres ont été signalés de loin en loin dans les mers du Nord ; mais dans l'état actuel de la science ichthyologique, il est impossible de savoir où il y a identité spécifique entre les divers spécimens étudiés par les naturalistes.

L'individu soumis à notre examen, et qui nous a paru être le *Gymnetrus gladius,* avait éprouvé de regrettables mutilations ; nous avons cru néanmoins, en présence d'une telle pénurie de documents, fournir un appoint de quelque utilité à l'histoire de ce genre en publiant nos observations sur cette espèce rare et curieuse.

La longueur de notre individu, dont l'extrémité caudale n'était plus intacte, était de 3 m. 40. La tête, depuis l'extrémité du museau jusqu'à l'union de l'occipital avec la première vertèbre dorsale, mesurait 0 m. 14. Nous avons pu compter très-exactement les rayons de la dorsale qui se trouvaient au nombre de 338. Risso, dans la même espèce, en avait rencontré 246 ; Cuvier et Valenciennes en ont reconnu 340.

Les téguments possèdent un pigment argenté des plus brillants qui doit rendre ce poisson d'une admirable beauté quand il est vivant. La peau est semée de mouchetures grisâtres chatoyantes, mentionnées déjà par Cuvier et Valenciennes.

La bouche est presque inerme ; la région palatine est dépourvue de dents ; les maxillaires supérieur et inférieur seuls portent une rangée de dents si courtes et si fines qu'elles sont à peine sensibles au toucher.

L'œsophage commençant en arrière de cette cloison fibreuse qui sépare la cavité viscérale du vestibule branchio-pharyngien et aussi de la loge péricardique, se continue sans ligne de démarcation visible à l'extérieur avec l'estomac, lequel, dans sa plus grande largeur, mesure 4 à 5 centimètres. Le réservoir stomacal a la forme d'un cône excessivement allongé et atténué ; son étendue en longueur est considérable : elle égalait 1 m. 73 dans notre exemplaire.

Sur le côté gauche du sac stomacal, à 0 m. 30 de la cloison diaphragmatique, naît la portion pylorique de l'intestin grêle, qui, après s'être dirigée transversalement, ne tarde pas à remonter en avant, parallèlement à l'estomac, puis, parvenue à environ 0 m. 12 du diaphragme, se réfléchit de nouveau pour constituer la portion descendante terminale du tube digestif. L'anse pylorique de l'intestin grêle est nue, mais toute la portion ascendante est recouverte d'une très-grande quantité de cœcums de 0 m. 003 ou 0 m. 004 de diamètre, sur 0 m. 02 ou 0 m. 03 de longueur. Cette portion du tube digestif, examiné à l'intérieur, montre sur toute sa surface des orifices, des cœcums pyloriques aussi rapprochés que les alvéoles d'un gâteau d'abeilles. Un repli valvulaire très-court se rencontre à la jonction de l'estomac et de l'intestin pylorique. La portion terminale du canal alimentaire s'étend en ligne droite depuis l'anse terminale de l'intestin pylorique jusqu'à l'anus, en conservant à peu près le diamètre.

La rate, en forme de massue, dont la grosse extrémité regarde en avant, est située à environ 0 m. 03 du pylore ; elle occupe la gouttière formée par l'accolement de l'estomac avec la portion descendante terminale de l'intestin.

Le foie, d'un beau rouge orange, est constitué par un seul lobe ovalaire d'environ 0 m. 15 de longueur sur 0 m. 05 de largeur. Une des faces est creusée en gouttière suivant sa longueur, pour recevoir l'œsophage. Dans une scissure qui règne à 0 m. 02 du bord gauche de la glande, on aperçoit le canal excréteur de la glande, naissant par plusieurs branches au niveau du tiers inférieur du foie, et fournissant par un court trajet un canal cystique qui débouche presque immédiatement dans la grosse extrémité d'une vésicule biliaire puriforme à parois très-minces et lisses intérieurement. Le canal hépatique, qui doit alors prendre le nom de *canal cholédoque*, après avoir reçu trois ou quatre conduits hépatiques, quitte le foie, longe l'intestin à cœcums pyloriques, et va s'ouvrir dans ce dernier, entre les embouchures des cœcums.

Le cœur se compose, comme à l'ordinaire, d'une oreillette, d'un sinus précardiaque, d'un ventricule et d'une bulbe. Le ventricule a la forme d'un tétraèdre assez régulier, dont la face supérieure, considérée comme la base, est percée de deux orifices très-rapprochés : l'un, orifice auriculo-ventriculaire, garni de deux valvules comparables aux valvules sigmoïdes ; l'autre, orifice ventriculo-bulbaire, protégé par deux valvules telles qu'on en rencontre chez tous les théléostéens. L'orifice qui fait communiquer le sinus avec l'oreillette est aussi muni de repris valvulaires, dont la disposition rappelle celle de la valvule mitrale du cœur de l'homme. Les parois de l'oreillette possèdent à l'intérieur des colonnes charnues de différents ordres ; leur épaisseur est faible. Il n'en est pas de même du ventricule, dont les parois musculaires ont au contraire un développement considérable qui en réduit singulièrement la cavité intérieure. Sur la face interne on observe plusieurs orifices qui correspondent à deux espaces rameux, ménagés entre les faisceaux musculaires qui entrent dans la décomposition du ventricule et qui paraissent s'arrêter à une petite distance de la face externe de cette chambre cardiaque. Il en résulte que le ventricule, d'un tissu ferme et dense extérieurement, devient dans ces couches profondes spongieux et s'imbibe du sang veineux au moment de la diastole ventriculaire.

Comme dans la plupart des théléostéens, les reins remontent fort avant dans la cavité abdominale. Les glandes, séparées d'abord à leur partie antérieure par des muscles branchio-vertébraux, s'étendent en arrière dans le sillon qui règne à la voûte de la cavité viscérale des deux côtés de la colonne vertébrale. Elles ne tardent pas à diminuer de volume, et se rapprochent sur la ligne médiane où elles s'accolent, de manière à se confondre enfin en une masse unique vers leur extrémité terminale qui est très-amincie. L'uretère, qui est unique, sort de la masse du rein à 0 m. 02 de son extrémité postérieure, puis, après un assez long trajet, se dilate en un réservoir vésical ellipsoïde de 0 m. 12 à 0 m. 14 de longueur.

Si l'on compare les résultats à ceux que Cuvier et Valenciennes ont consigné dans l'*Histoire des Poissons*, t. X, p. 265, on remarquera qu'il existe des différences notables en ce qui concerne les proportions des diverses parties de l'appareil urinaire. Cuvier et Valenciennes annoncent que les reins se prolongent en arrière aussi loin que l'estomac, landis que, dans notre spécimen, il dépassait seulement de 0 m. 19 l'anse pylorique. Ce caractère conviendrait mieux au gymnètre trait, autre espèce méditerranéenne, dont les reins, d'après les auteurs ci-dessus, se terminent avant la pointe de l'estomac. Cuvier et Valenciennes attribuent au réservoir urinaire une longueur de 1 mètre, dimension que nous ne retrouvons pas dans notre exemplaire, et qui, du reste, est en rapport avec la grande longueur trouvée pour la glande urinaire.

Le *gymnètre épée* et le *gymnètre trait* demanderaient à être l'objet d'un examen comparatif rigoureux, portant sur des exemplaires en bon état de conservation. L'individu que nous avons examiné était une femelle. Les ovaires constituent deux sacs allongés, suspendus à la voûte de la cavité viscérale par un repli du péritoine. L'organe femelle se compose d'un double sac, sur les parois internes duquel se produisent les ovules, et qui se continue en diminuant de diamètre et en perdant sa couche ovigène, sous forme d'un oviducte qui va s'ouvrir dans le vestibule uro-génital. Toutefois, dans le gymnètre épée, ainsi qu'on l'observe à titre exceptionnel chez les téléostéens, les deux sacs ovariens, séparés et distincts sur une longueur de 0 m. 33, se soudent et constituent une cavité ovarienne commune d'où naît un oviducte unique, de telle sorte que l'organe femelle se présente sous l'apparence d'un sac profondément bilobé en avant, comme on le voit dans la carpe, et mieux encore dans le chabot (*Cattus gobio*, L.). La disposition que nous signalons est tout à fait l'inverse de celle que Hyrtl (*Das uropoët system* : *Mémoires de l'Académie de Vienne*, 1870, t. I., pl. LIII, fig. 9) a rencontrée dans un autre ténioïde, le *Trachypterus iris*, espèce méditerranéenne, où les sacs ovariens, confondus en avant, reprennent en arrière leur individualité.

ÉTUDE SUR LES ENCRES

S'il est parmi les produits de l'industrie une substance dont l'usage est universel, et dont l'emploi est pour ainsi dire de tous les instants, c'est sans contredit l'encre à écrire, et la propagation de plus en plus répandue de l'instruction rend cet usage de plus en plus général, ce dont il faut se féliciter, en dépit des abus que peut faire naître l'usage de l'écriture ; ces abus sont largement compensés par les services que rend à tout moment et en tous lieux la pratique de l'écriture.

L'art de l'écriture a sans doute dès longtemps précédé l'invention des encres, comme le dessin a précédé lui-même l'écriture proprement dite.

Les premiers signes qui ont servi à l'homme pour transmettre sa pensée à ses semblables, ont été des dessins plus ou moins fidèles représentant les objets dont il voulait donner ou rappeler l'idée à ceux, présents ou absents, avec lesquels il voulait communiquer. Mais ces dessins, devenus plus tard des signes idéographiques de pure convention, étaient tracés dans des corps durs, métalliques ou pierreux, gardant pour des siècles l'empreinte des dessins ou des signes graphiques. D'autres procédés, moins durables, servaient à fixer pour un temps plus ou moins limité les signes ou figures que l'on n'avait pas besoin de conserver, on se servait alors de tablettes enduites d'une couche de cire sur laquelle on traçait avec une pointe de métal ou de bois, et une courte exposition à la chaleur suffisait pour rendre la couche de cire à sa netteté première, en faisant disparaître les signes et en préparant la surface à en recevoir de nouveaux.

Toutefois, il paraît certain que les peuples les plus anciens ont connu l'usage des substances propres à tracer des caractères sur des surfaces flexibles, telles que peaux d'animaux, feuilles de plantes, etc. ; dès lors, l'encre était inventée, non pas absolument l'encre telle que nous la connaissons aujourd'hui, mais toutes matières colorantes susceptibles de tracer avec un outil *ad hoc* : pinceau, roseau, plume d'oiseau, etc. Par suite de la variété des substances employées pour recevoir le dessin ou l'écriture, on a dû chercher à modifier la composition des matières colorantes qui devaient servir à peindre, dessiner et enfin à écrire.

Les anciens, nous parlons du moins des plus anciens peuples qui ont pratiqué l'écriture proprement dite, employaient un liquide gommé, coloré en noir par une quantité suffisante de noir de fumée, tenue, non en dissolution, mais en suspension dans le liquide, et ils traçaient avec cette encre au moyen de roseaux taillés à peu près comme nos plumes actuelles. L'encre au charbon, ou noir de fumée, était excellente et presque inaltérable ; on lui doit la conservation à travers les siècles des monuments les plus précieux de la paléographie ; mais depuis le XVIᵉ siècle environ, l'usage de l'encre acide, introduit, dit-on, par les Arabes (1), n'a pas tardé à rendre illisibles les écrits au moyen desquels ils avaient été tracés. Cela tient sans doute à des causes complexes, telles que les réactions chimiques des éléments qui entrent dans la composition des encres sur ceux qui servent à la fabrication des divers papiers.

Aujourd'hui on donne le nom d'*encres* à toutes matières liquides, pâteuses, maigres ou grasses, ou solides, mais aisément délayables, noires ou colorées, qui servent à tracer les caractères d'écriture et les dessins, soit à la main, soit par les divers procédés d'impression. On peut donc classer les encres en deux catégories distinctes, savoir : les encres à écrire et les encres d'impression.

Les encres à écrire sont celles qui, à l'état liquide, sont directement employées à la main au moyen de la plume ; ces encres sont noires ou colorées, la plus usitée est l'encre noire à écrire. La composition de cette encre est un peu variable, sinon dans ses éléments essentiels, du moins dans leur proportion.

---

(1) Ce dit-on est fort contestable, car la plus grande partie des manuscrits de l'Orient nous est parvenue et est restée dans un parfait état de conservation.

Nous allons donner quelques formules de composition :

Formule de M. Haldat (1), encre inaltérable :

Noix de galle, bois de Fernambouc, sulfate de fer, gomme arabique, indigo pulvérisé, noir de fumée, eau-de-vie, sucre et eau ; les proportions ne sont pas données,

Voici une autre formule extraite de l'*Officine* de Dorvault, édit. de 1855, page 833.

> Noix de galle. 500 gr. Gomme arabique. 250 gr.
> Sulfate de fer. 250 gr. Eau bouillante. , 8,000 gr.

Jetez l'eau bouillante sur les galles concassées, passez après vingt-quatre heures et ajoutez le sulfate et la gomme. On peut y ajouter une essence pour mettre l'encre à l'abri de moisissures. On peut considérer cette encre comme un gallo-tannate de fer.

Autre formule, encre noire à écrire (Perry) (2) :

Galles concassées : 9,000 gr., sulfate de fer : 4,000 gr., campêche : 1,000 gr.

Faites bouillir, enlevez les fèces et ajoutez :

> Sucre, gomme arabique, aa (eau) 4,000 gr.

Evaporez en consistance d'extrait et ajoutez :

Indigo. . . . . . . 250 gr. Eau de lavande. . . 90 gr.
Sel ammoniac. . . 180 gr. Acide acétique. . . . 250 gr.
Essence de citron. 30 gr. Cyanure de potasse. . 125 gr.
pour 225 litres d'encre.

Autre formule (3) :

> Encre noire à écrire (Runge).
>
> Chromate de potasse. . . 50 gr.
> Bois de Fernambouc. . . 500 gr.
> Eau. . '. . . . . 5,000 gr.

Faites bouillir le bois dans l'eau, passez et ajoutez le chromate. Cette encre, fort économique et fort bonne, n'attaque pas les plumes de fer.

L'encre la plus usitée est un composé dont voici la formule :

> Noix de galle. . . . . . . 3 kilog.
> Sulfate de fer. . . . . 2 kilog.
> Gomme du Sénégal. . . . 4 kilog.
> Eau. . . . . , 40 litres.

On fait bouillir pendant trois heures les noix de galle concassées dans 30 litres d'eau, en remplaçant à mesure le liquide évaporé, puis on tire à clair la dissolution ; d'un autre côté, on a préparé la solution de gomme en faisant dissoudre celle-ci dans un peu d'eau tiède ; on mêle ensuite les deux liquides ;

---

(1) Extrait du Dictionnaire des productions de la nature et de l'art, par Magnin. Paris, 3 volumes, 1869, t. I, p. 301.
(2) Dorvault, l'Officine, page 833.
(3) Id., page 834.

enfin, on a également préparé à part la solution de sulfate de fer que l'on verse immédiatement dans le premier mélange, en brassant fortement le tout. Le liquide devient brun, puis plus foncé par l'exposition à l'air ; on l'agite fréquemment pour faciliter la réaction de l'oxygène, qui augmente par degrés l'intensité du noir, mais aux dépens de la fluidité de l'encre, en la rendant plus épaisse.

Pour obtenir sans délais, et sans exposition à l'air, une encre aussi noire que possible, on calcine préalablement le sulfate de fer, ou bien on le traite à chaud avec un peu d'acide azotique ; par ce moyen, on transforme ce sel en un trito-sulfate qui contient toute la quantité d'oxygène qui est nécessaire au développement du noir le plus foncé, mais il en résulte une encre moins coulante.

Le prix élevé de la noix de galle fait qu'on en remplace souvent une partie par du sumac, du campêche ou même du tan pulvérisé, quoique ces ingrédients fournissent une encre plus épaisse et moins belle ; aussi cette encre est-elle désignée sous le nom d'*encre simple*, tandis qu'on nomme la précédente *encre double*. On obtient une belle nuance de noir tirant sur le violet en ajoutant une petite quantité de carbonate de manganèse aux autres ingrédients.

L'encre simple de M. de Ribeaucourt, qui paraît la meilleure, est composée comme il suit :

> Eau. . . . . 20 litres.
> Noix de galle d'Alep concassées. 3 hectog.
> Copeaux de bois de campêche. 4 »
> Sulfate de fer. . . . . . . 4 »
> Gomme arabique. . . . . . 3 »
> Sulfate de cuivre. . . . . . 1 »
> Sucre candi. . . . . 1 »

Les encres qui se fabriquent à Paris sous les noms d'encres de la *grande vertu* et de la *petite vertu* sont encore les plus estimées, mais toutes ont le défaut d'épaissir, de devenir boueuses après qu'elles ont été exposées à l'air pendant un certain temps, et elles sont de plus sujettes à la moisissure, le premier inconvénient ne peut être prévenu, mais on le corrige en étendant l'encre avec un peu d'eau et en l'agitant lorsqu'elle a pris trop de consistance ; pour remédier au second, on a essayé d'ajouter à la liqueur de l'alcool, du vinaigre ou du sel marin, ce qui ne fait que retarder la fermentation ; on a aussi proposé le sublimé corrosif (protochlorure de mercure), mais ce sel très-vénéneux peut occasionner des accidents ; la substance qui, jusqu'à présent, a paru la plus propre à empêcher l'encre de moisir, sans lui communiquer des propriétés malfaisantes, est la créosote ; le camphre réussit bien aussi, mais il s'évapore rapidement ; la soude, le salpêtre, le sel ammoniac agissent dans le même sens mais faiblement ; quant à l'alun, loin d'arrêter la moisissure, il l'accélère plutôt.

Une quantité bien essentielle et bien précieuse manque à toutes les encres, c'est celle de l'inaltérabilité qui dans beaucoup de cas est si importante ; aucun moyen n'a été trouvé jusqu'à présent pour qu'une encre préparée par des procédés chimiques ne pût être détruite par d'autres procédés chimiques (1).

L'encre anglaise, *blue black* de Stephen, a pour base le bleu de Prusse combiné avec l'acide gallique ; les caractères tracés avec cette encre sont d'abord d'un bleu verdâtre, plus ou moins foncé, puis, en peu de temps, ils deviennent très-noirs ; elle ne moisit pas, mais elle manque d'homogénéité ; elle est tantôt si épaisse qu'elle ne peut couler, tantôt si claire qu'on voit à peine ce que l'on écrit ; son seul avantage est de ne point jaunir avec le temps, et de ne point attaquer les plumes métalliques.

Citons aussi l'encre indélébile de Westrumb, qui est ainsi composée :

> Encre ordinaire de bonne qualité. . . . 2 litres
> Indigo [pulvérisé très-fin. . . . . . . 8 décagr.
> Noir de fumée délayé dans l'alcool . . 5 décagr.

Citons encore l'encre Cellier, qui est composée de :

> Eau . . . . 12 litres
> Noix de galle . . . . 16 hectogr.
> Nitrate acide de fer provenant de la décomposition de 6 hect. de sulfate de fer :
> Par l'acide nitrique en excès. . . . . . 7 hectogr.
> Gomme arabiqne. . . . . 7 hectogr.
> Charbon animal (surtout de graisse) . . . 1 hectogr.

M. Payen a proposé une encre obtenue instantanément par la solution de un décalitre d'encre de la Chine avec une même quantité d'encre ordinaire ; ce mélange résiste au chlore, à l'acide oxalique, et au frottement du pinceau.

Les recettes pour faire des encres noires liquides sont assez variées ; nous empruntons encore à l'ouvrage de Dorvault les recettes suivantes (page 833) :

On peut obtenir une encre presque indélébile en mêlant simplement à l'encre ordinaire un peu de noir de fumée et agitant chaque fois que l'on s'en sert ; autrement voici les recettes données par les auteurs : 1° encre de Chine délayée dans du vinaigre ou dans de l'acide chlorhydrique ; 2° encre de Chine délayée dans de l'acétate de manganèse liquide, marquant 10° B. auquel on ajoute ⅕ de son volume d'acide acétique ; lorsque l'écriture est tracée avec cette encre, l'exposer aux vapeurs ammoniacales ; 3° gluten 3 p., acide pyroligneux 20 p., noir de fumée ½, en ajoutant une quantité de sucre candi dans la proportion de ¼ dans l'encre à écrire, on lui donne la propriété de décalquer l'écriture d'une feuille de papier sur une autre (2).

Nous ne quitterons pas les encres liquides sans parler des encres de couleur.

L'encre rouge est la principale à raison de la facilité de l'obtenir et de l'usage général que l'on en fait dans l'administration et dans le commerce.

La matière colorante des encres rouges est le plus ordinairement le carmin en poudre que l'on fait dissoudre dans l'ammoniaque ; on fait évaporer pour enlever l'excès d'alcali, puis on mêle avec une quantité proportionnelle de solution aqueuse de gomme arabique ; on peut remplacer le carmin par diverses matières tinctoriales, comme par exemple le bois de Brésil ou de Fernambouc ; on remplace en ce cas l'alcali par le vinaigre.

L'encre bleue est faite soit avec l'indigo, soit avec le bleu de Prusse ; elle offre autant de solidité que les encres noires, mais il est difficile de la maintenir dans l'état de fluidité qui convient à l'emploi de la plume.

L'encre violette peut résulter du mélange en proportions variables des encres bleues et des encres rouges.

L'encre verte est formée, soit par un mélange d'encre bleue et d'encre jaune, cette dernière étant une décoction de bois jaune, de safran ou de carthame, ou enfin de jaune d'Avignon ; l'encre jaune est peu usitée, sa coloration étant en général trop faible pour rendre des caractères lisibles à peine à la lumière du jour et qui seraient invisibles à la lumière artificielle des lampes ; une recette pour l'encre verte est donnée par Dorvault :

> Acétate de cuivre . . . . 10 gr.   ⎫ On fait réduire à
> Bitartrate de potasse . . . . . . 50 gr.   ⎬ moitié par ébulli-
> Eau . . . . 400 gr.   ⎭ tion et on passe.

Nous empruntons également à Dorvault plusieurs recettes pour obtenir les encres à marquer le linge :

1° Soluté n° 1. Carbonate de soude 15, gomme 15, eau distillée 250.

Soluté n° 2. Nitrate d'argent 8, gomme 8, eau dist. 30. Trempez le linge dans le soluté n° 1, faites sécher et marquez avec le n° 2.

2° On obtient une encre qui ne nécessite pas d'apprêt, comme suit : nitrate d'argent 30, crème de tartre 30, ammoniaque 125, orseille 15, sucre 24, gomme 40. On broie le nitrate avec le tartrate ; on ajoute l'ammoniaque et l'orseille, et enfin le sucre et la gomme. On écrit avec cette encre sur le linge bien empesé et on passe par-dessus un fer chaud.

3° On obtient encore une autre encre à marquer le linge sans nitrate d'argent, comme suit : limaille de fer 100, acide pyroligneux 400. Faites dissoudre à une douce chaleur, on mêle cet acétate de fer liquide avec un soluté contenant : eau 500, sulfate de fer 100, gomme 50 ; mêlez et ajoutez un peu d'encre ordinaire pour colorer ; elle n'est pas aussi solide que l'encre au nitrate d'argent.

4° Encre rouge à marquer le linge :

Chlorure de platine 4, eau distillée 60.

On écrit sur le linge apprêté avec le soluté n° 1 ci-dessus indiqué ; lorsque l'écriture est sèche, on écrit sur chaque lettre avec le soluté suivant : protochlorure d'étain 4, eau dist. 60. ; aussitôt les caractères prennent une belle couleur pourpre .

Au surplus, toutes les matières tinctoriales bien concentrées et mélangées avec une eau gommée peuvent donner des encres de couleur, si l'on veut bien prendre le mot *encre* dans son acception la plus usitée, savoir : un liquide coloré qui peut être déposé sur les surfaces au moyen d'une plume .

Avant de parler des encres d'impression, nous devons donner

---

(1) Voir la note de la fin de cet article.

(2) L'addition du sucre produit le même effet dans toute espèce d'encre, par la raison qu'elle en retarde la siccité.

place à une encre à dessiner dont l'usage est presque universel: c'est l'encre solide, délayable, connue sous le nom d'encre de Chine. Tout le monde connaît ces tablettes de formes prismatiques, enjolivées de dessins en relief, d'empreintes de couleurs bleues, rouges, d'or jaune, d'or vert, représentant soit des personnages, soit des animaux fantastiques, soit enfin, et cela le plus ordinairement, des caractères qui sont des marques de abrique. Cette encre, comme son nom l'indique, nous vient de la Chine ; mais dans ce pays, comme un peu partout, il y a des variétés dans les qualités essentielles d'un même produit. On reconnaît la bonne encre de Chine en la cassant ; elle présente un grain de la plus grande finesse ; si on la broie sur l'ongle en mouillant légèrement le bâton d'encre avec la langue, elle coule parfaitement, et quand elle est sèche elle est brillante et d'un éclat légèrement métallique, de la nuance qu'on nomme mordorée ; délayée dans l'eau, elle reste en suspension sans se précipiter ; cette propriété d'être soluble à ce point dans l'eau donne à croire que les Chinois fabriquent leur bonne encre avec la liqueur noire de la seiche (mollusque de la classe des céphalopodes), d'où l'on extrait une couleur brune connue en peinture sous le nom de sépia.

L'ambre que les Chinois ajoutent à la composition de leur encre peut avoir pour objet de masquer l'odeur de poisson que conserve la liqueur de la seiche.

Pendant longtemps on a conservé de fausses notions sur la nature et la préparation de l'encre de Chine. Le chimiste Thompson disait que la préparation de cette encre consistait en un mélange de noir de fumée avec une solution de gomme-laque par le borax. Toutefois, l'histoire fait connaître qu'en l'année 620 de l'ère chrétienne, le roi de Corée, dans les présents annuels qu'il faisait à l'empereur de la Chine, avait mis plusieurs morceaux d'une encre composée de noir de fumée et de gélatine de corne de cerf ; cette encre était si éclatante qu'elle avait toute l'apparence d'un vernis.

D'après la recette publiée par le P. Duhalde, comme extraite d'un livre chinois, on met ensemble dans de l'eau les plantes hohiang et kang-sung, des gousses d'un arbrisseau nommé chu-hia tsao-ko et du suc de gingembre ; on fait bouillir, on clarifie et l'on fait évaporer jusqu'à consistance d'extrait. On ajoute, sur 10 onces de cet extrait, 4 onces de colle de peau d'âne, puis on incorpore dans ce mélange 10 onces de noir de fumée ; on en fait une pâte homogène que l'on comprime dans des moules de diverses formes ; au sortir de ces moules, on tient pendant quelque temps les bâtons ou tablettes d'encre plongés dans la cendre.

Le chimiste Proust a analysé les meilleures espèces d'encre de Chine. Il les a trouvées composées de gélatine, de noir de fumée et d'un peu de camphre. Cette dernière substance pourrait avoir été contenue dans l'un des sucs végétaux que les Chinois font entrer dans la préparation de leur encre.

Un savant hollandais, Kasleteyn, assure (1) avoir composé une très-bonne *encre de Chine*, en faisant incorporer à chaud

du noir de fumée préalablement calciné avec une solution de colle de poisson ; évaporer en consistance convenable, puis couler dans des formes.

M. Proust dit que le noir de fumée préparé à la potasse, mêlé avec la colle forte, lui a donné une encre que les gens de l'art ont préférée à l'encre de la Chine.

On peut consulter pour plus de détails l'excellent article sur ce sujet, contenu dans le *Dictionnaire technologique*, t. VIII, pages 110 à 113, auquel nous empruntons une partie de ces renseignements.

Nous croyons devoir insérer ici un renseignement utile relativement à l'emploi pratique de l'encre de Chine ; les artistes, et principalement les architectes, sont très-soigneux de choisir les meilleures qualités de l'encre de Chine, ils la renouvellent fréquemment, et cela, parce qu'il ne suffit pas d'humecter de nouveau une encre qui aurait séché dans le godet. Il est essentiel de la renouveler lorsque l'on doit repasser au pinceau des teintes lavées sur des traits qui ont été préalablement tracés à la plume ou au tire-ligne ; sans cette précaution, les traits se délayent sous le pinceau. On ne doit pas non plus laisser le bâton d'encre de Chine tremper dans le godet qui a servi à le délayer ; il deviendrait spongieux et granuleux et très-difficile à délayer de nouveau ; il faut, aussitôt qu'on a délayé la quantité d'encre dont on a besoin, essorer doucement la partie humide avec un chiffon doux et laisser sécher ; il faut aussi, quand on veut renouveler l'encre, avoir eu soin de laver la soucoupe ou le godet, afin de ne pas l'humecter de la vieille encre.

Nous avons déjà dit plus haut que la présence du sucre dans l'encre lui donne la propriété de pouvoir se décalquer, même après plusieurs heures. Ce fait est également vrai pour l'encre de Chine comme pour toutes les autres encres.

Nous avons fini avec les encres à écrire et à dessiner, nous allons parler maintenant des encres dites d'impression, qui diffèrent des précédentes par plusieurs points essentiels. 1° Les encres à écrire ou à dessiner sont des encres fluides, ou ramenées à l'état fluide lorsqu'elles ont été fabriquées à l'état solide comme l'encre de Chine ; 2° elles sont maigres, c'est-à-dire qu'elles n'ont pour base que des corps aqueux, gommeux et charbonneux ; les encres d'impression sont pâteuses, molles à divers degrés sans atteindre la fluidité parfaite ; elles sont visqueuses et surtout grasses. Elles ne sont appliquées sur le papier que par l'intermédiaire des divers procédés qui constituent l'art de l'imprimerie, lequel se subdivise en trois grandes catégories, savoir : la typographie, la gravure en taille douce et la lithographie.

(*A suivre*).   A. ELOFFE.

LE BALLON ANERMASTATIQUE DIRIGEABLE

EN TÔLE D'ALUMINIUM,

De M. MICCIOLLO-PICASSE.

La dernière guerre a eu au moins pour résultat de réveiller l'activité des chercheurs, en ce qui concerne la navigation

---

(1) JOURNAL DE PHYSIQUE, de Hollande, 1791.

aérienne. Et nous pensons que, si le but n'est pas atteint, la bonne voie est trouvée.

On connaît le succès qu'a eu l'opinion formulée par Nadar, il y a huit ou dix ans, à peu près en ces termes : «Pour lutter avec avantage contre l'air, il faut être plus lourd que l'air. » Nous pensons, pour notre part, que le *plus lourd que l'air* serait, sans doute, la perfection, mais qu'il y a en deçà de la perfection un vaste champ pour les succès de la navigation aérienne ; nous pensons aussi que nos moyens mécaniques ne nous permettent pas, quant à présent, de viser ce but audacieux.

En somme, quels que soient les moyens employés, s'il s'agit de se diriger dans l'air, c'est déjà quelque chose de s'y soutenir.

Pour le moment, et pour longtemps peut-être, quoi qu'en puissent faire penser les hélicoptères, *plus lourd que l'air* est un nageur qui va droit au fond.

On peut bien dire aussi que *moins lourd que l'air*, qui se soutient si bien, se laisse emporter par le moindre courant.

La vérité ne se trouve dans aucun de ces systèmes extrêmes ; et l'inventeur qui combinera le mieux ce que chacun d'eux a de meilleur, aura fait l'œuvre la plus parfaite possible, en attendant l'invention d'engins mécaniques ou la découverte de nouveaux agents.

Nous ne prétendrons pas que le petit livre que nous avons entre les mains et dont nous avons inscrit le titre en tête de ces lignes, soit une expression de cette perfection même relative ; mais nous y trouvons du moins la plus belle conception que nous connaissions en ce genre, sans en excepter l'aérostat de M. Dupuy de Lôme, dont la récente expérience a eu un si grand et si légitime retentissement.

Nous devons reconnaître toutefois que nous ne parlons que d'après l'impression que nous a laissée le livre : nous n'avons assisté à aucune expérience ; ne connaissant nullement M. Micciollo-Picasse, nous n'avons pu lui soumettre nos doutes ; mais, d'un autre côté, après avoir ouvert son livre avec défiance, nous nous sommes laissé convaincre.

Ajoutons encore que, comme l'auteur le reconnaît lui-même, l'idée à laquelle il s'est attaché n'est pas nouvelle ; elle appartient à M. Henri Giffard, qui l'a expérimentée dès 1852 ; mais il y a apporté des modifications et des perfectionnements qui lui sont propres.

L'aérostat se compose : 1° d'un ballon destiné, avec ses accessoires, à maintenir l'équilibre dans les couches d'air navigables ; 2° de deux hélices servant de propulseurs et mises en mouvement par une machine à vapeur ; 3° d'un gouvernail ; 4° d'une nacelle.

Ballon. — Comme nous l'avons dit, l'auteur a eu pour but de maintenir son aérostat en équilibre dans l'air. Il se sert à cet effet du gaz hydrogène.

Le réservoir à gaz a la forme d'un solide engendré par la révolution d'un segment de cercle autour de sa corde. La corde a 44 mètres et la flèche 6.

Cette forme est connue : nous l'avons vue notamment dans l'aréostat de M. Dupuy de Lôme. Celui de M. Micciollo-Picasse est un peu plus allongé que celui de M. Dupuy de Lôme ; la capacité des deux appareils est à peu près la même.

La principale modification de M. Micciollo consiste en ce que son ballon est en tôle d'aluminium et conserve sa forme de lui-même, sans qu'on ait besoin de recourir à aucun expédient.

Cependant nous retrouvons ici encore le ballon intérieur. Ce ballon est en taffetas, à plusieurs compartiments ; il est destiné à se gonfler plus ou moins, de manière à remplacer par un poids égal d'air le poids perdu par la combustion du charbon et par l'évaporation de l'eau ; il est mis en communication avec une petite machine à comprimer l'air, placée dans la nacelle.

Cette machine est placée dans la nacelle.

Pour éviter la perte de lest, M. Micciollo fait passer la vapeur dans un long et large tube enroulé extérieurement autour du ballon et venant aboutir dans un réservoir placé dans la nacelle.

Hélices. — Le propulseur est l'hélice. Il y en a deux, placées aux extrémités du grand axe du ballon.

Elles sont mues par un arbre traversant le ballon dans toute sa longueur, et maintenu, de distance en distance, par des coussinets. A cet effet, 14 tiges d'aluminium traversent le ballon, dans le plan méridien vertical.

L'arbre longitudinal est mis en mouvement par des engrenages et par une courroie sans fin placés dans la partie centrale du ballon et communiquant avec la machine à vapeur au moyen d'une tige métallique. Cette tige est brisée un peu au-dessous du ballon, afin de permettre la manœuvre de la nacelle.

Enfin, le moteur est une machine à vapeur en aluminium, construite d'après le principe des machines à grande vitesse de MM. Mollard et Field.

Gouvernail. — Le gouvernail est une voile formant un triangle rectangle. Il est attaché au ballon par des barres fixes, au-dessous de celui-ci, vers l'une de ses extrémités.

Ce triangle tourne sur son petit côté ; le grand côté de l'angle droit est à la partie inférieure. Le mouvement est donné de la nacelle au moyen de deux cordons.

Ici il nous semble que la figure ne doit pas être exacte. Elle indique les cordons comme étant attachés à la pointe de la voile, à la partie la plus éloignée de la nacelle.

Cette disposition met l'axe du mouvement entre les deux extrémités des cordons et ne permet au gouvernail de s'incliner que suivant un très-petit angle, sous peine de cesser d'obéir à son guide. Cette disposition serait d'autant plus défectueuse que le ballon est destiné à marcher aussi bien en arrière qu'en avant, ou plutôt qu'il n'a ni avant ni arrière.

Nacelle. — La nacelle est suspendue sous le ballon par une tige en aluminium, articulée un peu au-dessous du ballon, et par une corde qui, traversant la nacelle, est attachée par les deux bouts au ballon et permet à la nacelle d'osciller dans le plan méridien vertical.

Une autre corde, solidement attachée à l'extrémité du ballon opposée au gouvernail, communique avec la nacelle; là elle s'enroule sur un treuil.

Manœuvre. — On sait que le ballon se maintient en équilibre dans l'air, soit par la différence entre le poids de l'hydrogène et celui de l'air déplacé, différence égale au poids de tout le système, soit par une addition d'air atmosphérique, remplaçant par son poids les pertes causées par la combustion.

L'aérostat se trouvant à une hauteur convenable, le grand axe du ballon dans une position horizontale, si l'on veut avancer dans le sens horizontal, sans monter ni descendre, on fait tourner les hélices. Pour monter, on fait agir le treuil sur lequel est enroulée la corde fixée à une extrémité du ballon ; le poids de la nacelle la maintient toujours dans sa position, mais le ballon, tiré par l'une de ses extrémités, prend une position oblique par rapport à l'horizon : les hélices tournant dans le sens voulu, il monte. Pour descendre, on laisse le ballon dans sa même position oblique ; mais on change l'excentrique; les hélices tournent en sens inverse, et le ballon descend. La voile le fait, d'ailleurs, dévier à droite ou à gauche, au gré de l'aéronaute.

Cette simplicité de manœuvre nous paraît admirable.

Le perfectionnement le plus important que M. Micciollo-Picasse paraisse avoir apporté à la navigation aérienne, est l'application de la force d'impulsion au grand axe même du ballon.

C'est assurément la place qu'elle doit occuper. Nous félicitons M. Micciollo, mais non sans réserve.

Nous voyons de graves inconvénients à la solidarité absolue des hélices et surtout à ce que les accidents qui peuvent arriver au mécanisme introduit dans le ballon soient irréparables pendant le voyage. Il est fâcheux que, pour une dent d'engrenage qui se casse, pour une courroie qui se rompt, les aéronautes soient exposés à ne plus être maîtres de leur aérostat. Ajoutons cependant que M. Micciollo a mis ses soins à prévenir de tels accidents.

Une partie du livre dont nous ne croyons pas devoir parler ici, mais qui nous a paru fort intéressante, c'est la partie théorique.

Un mot sur une question qui nous semble très-secondaire, vu l'importance des résultats cherchés. Pour un aérostat pouvant porter deux hommes, M. Micciollo estime la dépense totale à 240,000 francs, et l'aluminium ayant toujours une valeur vénale, la perte, en cas de non-réussite, serait de 70,000 francs. Il estime qu'un aérostat pouvant enlever 70 hommes coûterait environ 1,800,000 francs, dont 1,650,000 d'aluminium.

En résumé, voici l'impression que nous a laissée la lecture du petit livre de M. Micciollo :

On peut, sans doute, faire à l'auteur des critiques de détail ; on peut douter, jusqu'à plus ample instruction, des avantages de certaines dispositions; mais il nous paraît certain que la vérité est dans la voie suivie par M. Micciollo, et qu'il a fait un grand pas vers elle.

J. M.

BULLETIN BIBLIOGRAPHIQUE.

LIBRAIRIE HUBERSON, 13, RUE DE SEINE.

BINET. **Recherches sur la Théorie des nombres entiers**, et sur la résolution de l'équation indéterminée du premier degré qui n'admet que des solutions entières. 1841. Br. in-4.   2 fr. 50

Mémoire sur la Détermination des orbites des planètes et des comètes. 1827. Br. in-4, avec pl.   2 fr. 50

Mémoire sur l'Intégration des équations linéaires aux différences finies à une seule variable, d'un ordre quelconque, et à coefficients variables. 1844. In-4.   4 fr.

Mémoire sur les Inégalités séculaires des éléments des planètes 1840. Br. in-4.   1 fr. 50

Note sur l'**Intégration d'un système d'équations** différentielles du second ordre, entre un nombre quelconque de variables analogues à celles du mouvement d'un point libre autour d'un centre fixe, sollicité par une force fonction de la distance au centre. In-4. 75 c.

Note sur l'**Expression du logarithme de l'intégrale eulérienne** (p). 1839. In-4.   75 c.

CATALAN, docteur ès sciences, agrégé de l'Université. **Traité élémentaire des Séries**. 1860. 1 vol. in-8.   5 fr.
Nous ne croyons pouvoir mieux appeler l'attention sur l'importance de cet ouvrage qu'en donnant l'extrait suivant de l'*Avant-Propos :*

LANDRY. **Mémoires sur la théorie des nombres**. 1853-56. Six br. in-4.   6 fr.

LE COUTURIER ET CHAPUIS. **Carte de la lune.** Belle planche gravée sur acier de 61 centimètres sur 50 ; avec une notice descriptive.   4 fr.
La notice sous le titre : La Lune, description et topographie, se vend séparément.   1 fr.

OYON. **Tables de multiplication** (de 1 à 1000). 4e édit. 2 vol. gr. in-8.   30 fr.

Le Directeur-Gérant : **G. HUBERSON.**

Paris.— Imprimerie de GAUTHIER-VILLARS, quai des Grands-Augustins, 55.
(Ancienne imp. Bonaventure.)

JOURNAL

DE

L'INSTRUCTION PUBLIQUE

2ᵉ PARTIE : JOURNAL DES SCIENCES

REVUE ANALYTIQUE & BIBLIOGRAPHIQUE

De la Science pure & appliquée

Paraissant le 10 et le 25 de chaque mois.

ABONNEMENTS :

Paris..... 1 an... 15 »
/6 mois. 8 »
Dépts..... 1 an.... 18 »
/6 mois.. 9 50
Étranger 1 an... 25 »
/6 mois. 13 »

Les abonnements sont reçus en un mandat-poste ou à vue sur un banquier de Paris à l'ordre du *Directeur*.

ANNONCES :

La ligne...... » 60 c.

Pour tout autre mode d'annonces s'adresser au *Directeur*, rue Servandoni, 12, à Paris.

Toute communication relative à l'administration du *Journal* doit être adressée *franco* au *Directeur*, r. Servandoni, 12. — Les communications relatives à la rédaction doivent être envoyées *franco* au *Rédacteur en chef*, à la même adresse.
Les manuscrits *non insérés* seront *rendus*.
Il sera rendu compte, *sous quinzaine*, de tout ouvrage dont 2 EXEMPLAIRES auront été adressés au *Journal*.

PREMIÈRE ANNÉE. — Nᵒ 2. — 25 MARS 1872.

LEÇONS ÉLÉMENTAIRES D'ALGÈBRE

Par A. HERMANN.

—

CHAPITRE PREMIER.

*Comparaison des rôles de l'algèbre et de l'arithmétique. —
Principal objet de l'algèbre.*

Lorsqu'on résout un problème par l'arithmétique, la trace des opérations successives que l'on est obligé d'effectuer pour trouver l'inconnue du problème disparaît dans les réductions successives que subissent les données du problème. — Quand on résout un problème par l'algèbre, on se propose de former le tableau des opérations qu'il faudrait effectuer pour trouver l'inconnue du problème. En sorte que, tandis que l'arithmétique donne pour résultat des opérations un nombre, l'algèbre donne une formule, qui peut servir à la solution de tous les problèmes du même genre, lorsque les données prennent des valeurs numériques particulières.

Toutefois, si nous nous bornions à ces quelques mots, on ne saisirait peut-être pas bien le rôle principal que joue l'algèbre en mathématiques. L'algèbre est surtout un instrument de transformation, et par là voici ce qu'il faut entendre :

Lorsque certaines grandeurs sont évaluées en nombre, et que ces nombres sont représentés par des lettres, l'algèbre permet de déduire des relations qui peuvent exister entre ces lettres d'autres relations. L'algèbre opère ces transformations sans avoir égard à l'origine de ces relations, qu'elles aient été fournies par l'arithmétique, la géométrie, la physique, ou la mécanique. C'est à ces sciences particulières à donner ensuite le sens des transformations qu'elle produit.

EXEMPLES :

1ᵒ Supposons que nous ayons entre les nombres V, H, R et r la relation suivante :

$$V = \frac{\pi H}{3} (R^2 + r^2 + Rr) \qquad (1).$$

Cette relation se prête immédiatement au calcul de V, si R, r, H sont connus, mais elle ne se prête pas d'une manière aussi commode au calcul de r au moyen de V, H, R ; l'algèbre permet de déduire de la relation (1) une autre relation pouvant servir au calcul de r.

2ᵒ Supposons que nous ayons entre les nombres R, r, H et h les relations suivantes :

$$\frac{H}{h} = \frac{R}{r} \qquad (1),$$

$$V = \frac{\pi R^2 H - \pi r^2 h}{3} \qquad (2).$$

L'algèbre permet de déduire des relations (1) et (2) la relation suivante :

$$V = \frac{\pi\,(H - h)}{3}\,(R^2 + r^2 + Rr) \qquad (3).$$

Si nous nous plaçons maintenant dans le domaine de la géométrie, et si nous supposons que R et H soient le rayon de base et la hauteur d'un cône, r et h le rayon de base et la hauteur du cône déterminé par une section parallèle à la base, la relation (3) peut s'interpréter géométriquement et donne le théorème de la géométrie sur le volume du tronc du cône. L'interprétation d'une relation obtenue par les transformations de l'algèbre fournit un théorème de géométrie.

3° Supposons que nous ayons entre les nombres v, v_0, e, g les relations suivantes :

$$v = v_0 - gt \qquad (1),$$

$$e = v_0 t - g\frac{t^2}{2} \qquad (2).$$

L'algèbre permet de déduire des relations (1) et (2) la relation suivante :

$$v^2 - v_0^2 = 2eg \qquad (3).$$

Si nous nous plaçons maintenant dans le domaine de la mécanique, et si nous supposons que v_0 désigne la vitesse initiale d'un corps lancé de bas en haut, v sa vitesse au bout du temps t, e l'espace parcouru, l'interprétation de la relation (3) fournit le théorème de mécanique suivant :

« Lorsqu'un corps lancé de bas en haut a atteint une hauteur e, la différence entre les carrés de sa vitesse actuelle et de sa vitesse initiale est égale au double produit de l'espace parcouru par l'accélération de la pesanteur. »

L'interprétation d'une relation obtenue par l'algèbre nous donne un théorème de mécanique. L'algèbre effectue ces transformations à l'aide de procédés qui constituent le calcul algébrique et la théorie des équations.

(à suivre.)   A. Hermann.

EXPLORATION DE L'INTÉRIEUR DE MADAGASCAR

Par M. Alfred Grandidier.

(Extrait du *Bull. de l'Ass. scient. de France*, n° 228.)

Madagascar, à raison de sa position géographique, est généralement considéré comme une dépendance de l'Afrique; mais, par le caractère de sa faune, cette grande île diffère de toutes les autres régions du globe. Elle a été vantée aussi pour la richesse de sa végétation, et par conséquent elle offre au naturaliste un intérêt considérable. Cependant Madagascar n'est encore qu'imparfaitement connu, quelques parties du littoral ont été explorées superficiellement, mais on ne possède sur l'intérieur de l'île que des notions très-vagues et souvent très-erronées. Un de nos jeunes savants les plus zélés, M. Alfred Grandidier, parfaitement préparé à

des investigations de cet ordre par ses études spéciales et par ses voyages précédents en Amérique et dans l'Inde, vient de consacrer plusieurs années à une étude sérieuse et méthodique de ce pays curieux; il en a rapporté des collections importantes, et ses observations géographiques et géologiques ont non moins de valeur. Malgré les difficultés insurmontables que les Ovas avaient opposées jusqu'alors aux investigations des Européens, M. Alfred Grandidier est parvenu à traverser trois fois Madagascar dans toute sa largeur, à parcourir dans diverses directions plusieurs des parties les plus intéressantes de l'île, et à y faire une longue série d'observations météorologiques et magnétiques. Il a étudié aussi les caractères physiques et les mœurs des diverses races ou tribus qui habitent cette terre, presque inconnue des voyageurs instruits et, de retour en France depuis quelques mois, il prépare en ce moment la publication d'un grand ouvrage qui donnera un nouveau démenti aux détracteurs de la science française. Nous avons la ferme conviction que nos naturalistes continueront, comme par le passé, à contribuer largement aux progrès des connaissances humaines, et, d'après ce que nous savons du travail de M. Grandidier, nous sommes persuadé que son livre sera pour la France un nouveau titre à la reconnaissance des savants impartiaux de tous pays.

Madagascar se divise en deux régions bien distinctes : la région nord et est, où la configuration du sol est très-tourmentée et où les éruptions gratiniques jouent un rôle important; et la région sud et ouest qui, relativement plate, est formée principalement par des terrains secondaires et présente une bande étroite de terrains nummulitiques. Il n'y a point de chaine de montagnes qui partagerait l'île en deux parties égales, comme le supposent les cartes géographiques publiées jusqu'ici et fondées sur des récits infidèles. Les eaux sont inégalement réparties. Les rivières qui arrosent la région orientale sont petites, mais nombreuses, et leur cours ne dépasse guère 50 à 60 milles; les fleuves qui déversent à la côte ouest ont, au contraire, une centaine de lieues de longueur, mais il y en a peu. Il en résulte que la côte est, malgré un sol ingrat, a de belles rivières et une population assez dense, tandis que la région de l'ouest est peu fertile et n'est guère habitée que le long des rivières. L'île est peu boisée; à une faible distance de la côte on rencontre une ligne étroite, mais non interrompue de forêts qui forment une ceinture au centre de laquelle il n'y a que désolation et aridité. La masse centrale de montagnes granitiques est de la plus grande stérilité, à l'exception des vallées formées par les anciens lacs ou marais, qu'ont comblés les détritus des montagnes voisines. Le voyageur marche souvent quatre ou cinq journées de suite sans trouver un seul hameau, et ce n'est que de loin en loin qu'il y aperçoit quelques arbres suspendus au bord d'un précipice; ailleurs, pas un arbuste, pas une plante, si ce n'est le chétif gazon qui est assez rustique pour croître dans une terre argileuse, dure comme le granit. Ainsi qu'on le sait depuis longtemps, les animaux qui peuplent Madagascar diffèrent beaucoup de ceux du continent adjacent et semblent appartenir à un centre de création spéciale. Beaucoup de ces espèces sont bien connues des naturalistes, mais M. Grandidier est parvenu à en découvrir plus de cinquante espèces qui sont complétement nouvelles pour la science, et les fouilles qu'il avait fait exécuter dans quelques localités lui ont permis de constater qu'à une époque plus ou moins reculée cette île renfermait certains quadrupèdes très-analogues à ceux qui habitent aujourd'hui divers points de la côte occidentale de l'Afrique. Ainsi il a trouvé des ossements d'un petit hippopotame qui ressemble beaucoup à l'espèce qui est propre à *Liberia*. Des tortues terrestres, de taille gigantesque, étaient contemporaines de ces mammifères et ont laissé également leurs ossements dans les dépôts d'alluvion explorés par M. Grandidier. Nous ajouterons que les recherches de ce voyageur ont permis de compléter divers points de l'histoire anatomique de l'Æpiornys, oiseau dont les œufs ont une capacité de plus de 6 litres et correspondent en valeur à plus de 140 œufs de poule. Cette espèce a déjà fourni les matériaux de plusieurs mémoires intéressants, présentés à l'Académie par MM. Grandidier et Alphonse Milne-Edwards.

L'exploration de l'intérieur de Madagascar par M. Grandidier a duré plusieurs années et a exposé ce jeune voyageur à plus d'un danger grave. Près du littoral, le climat est en général très-insalubre ; et dans l'intérieur des terres, où la fièvre n'est pas à craindre, les habitants sont en général mal disposés pour les étrangers. Dans le sud et dans l'ouest de l'île, où les tribus sont indépendantes des Ovas et où la guerre civile est incessante, notre explorateur avait tout à craindre de la rapacité des indigènes, qui depuis des siècles croupissent dans la misère et dans l'ignorance la plus profonde. M. Grandidier n'a pas échappé au pillage chez les Mahafalas, où les observations astronomiques dont il s'occupait, pour déterminer la position géographique des points où il s'arrêtait, le faisaient accuser de sorcellerie. Dans les parties de l'île qui ne sont pas soumises aux Ovas, la sorcellerie est punie de mort, et l'on considère comme sorcier quiconque se distingue d'autrui par ses paroles ou par ses actions. Plusieurs fois M. Grandidier a dû se défendre en *Kabar* (ou assemblée publique) contre les imputations de cet ordre, et il lui a fallu non moins de prudence que de présence d'esprit pour ne pas être victime de son amour de la science.

Les collections de M. Grandidier ont été déposées provisoirement dans un des laboratoires de recherches dépendant des l'École des hautes Études ; mais dès que les travaux nécessaires pour la mise en œuvre de ces matériaux précieux seront terminés, il se propose de les donner au Muséum d'Histoire naturelle, où elles occuperont dignement une place à côté des collections de M. l'abbé David, dont nous avons fait mention dans un des derniers cahiers du *Bulletin*.

APPLICATIONS TECHNIQUES

DE L'HISTOIRE NATURELLE

A l'Agriculture, à l'Industrie et au Commerce.

(Suite.)

Ainsi donc, chacune des sciences dites *naturelles* subit, en dehors de toute logique, et pour des raisons qu'une certaine utilité pratique peut à peine justifier, une division foncièrement arbitraire, qu'aucune méthode n'autorise, et qu'un usage erroné seul consacre.

La géologie, la botanique, la zoologie se bifurquent dès leur origine, si bien qu'au sortir de l'école, l'homme qui a reçu les premiers principes de ces trois sciences se trouve dans la nécessité d'entreprendre de nouvelles études pour tirer parti de ses connaissances acquises. C'est ainsi que géologues, botanistes et zoologistes se trouvent réduits à la fâcheuse situation de *rhéteurs* (au vieux sens du mot) lorsque les hasards de l'existence les placent, à l'entrée de la vie, en face d'un mineur, d'un agriculteur ou d'un éleveur. Qu'est-ce pourtant qui s'oppose à ce que l'on joigne aux principes lumineux de chaque science les conséquences principales qui en découlent, de telle sorte que les jeunes esprits se forment du même coup à la conception, ou pour mieux dire à l'*intelligence* de la vérité, ainsi qu'aux applications dont elle est ou doit être la loi ? Rien, ce nous semble, si ce n'est un usage suranné, un dogmatisme pompeux malhabile à masquer la routine, et cet éternel respect des *précédents* qui caractérise en France les corps administratifs, sans que cependant le *vrai* respect des *vraies* traditions y gagne le moins du monde. Il y a là, selon nous, paresse d'esprit bien plus que prudence, indifférence plus que zèle, et ce soin jaloux de la tradition scolaire n'est autre chose qu'une sérieuse puérilité. Nous comparerions volontiers certains cours prétendus scientifiques à celui que pourrait faire un homme apprenant à ses auditeurs l'art de voyager en diligence au moment de monter en wagon.

L'harmonie des sciences, unies l'une à l'autre par la gradation insensible des parties au tout, est un sujet de thèse philosophique, à laquelle manqueront toujours, même après les progrès de l'avenir, les notions synthétiques dont la foi chrétienne a fait le partage de Dieu omniscient. Mais en face de cette défaillance naturelle et nécessaire qu'il sait prévoir lui-même, l'esprit humain conçoit pourtant, avec une netteté suffisante, les rapports essentiels qui concourent à former, de toutes les sciences, ce faisceau radieux à la lueur duquel le monde marche et s'avance. Là chimie, la physique, la mécanique, l'astronomie, le calcul (qui n'est à vrai dire, et dans son intime substance, que l'intelligence se disciplinant et se servant à elle-même de règle et de méthode), les sciences naturelles, etc., se prêtent l'une à l'autre une assistance non pas utile seulement, mais nécessaire, à tel point que le chimiste n'est qu'un sot s'il ignore la physique, l'astronome un rêveur s'il ignore les deux premières sciences, et ainsi du reste. Aussi chaque savant de ce siècle a-t-il la difficile tâche de savoir ce qu'il ne professe pas presque aussi bien que ce qu'il enseigne ; et le progrès des temps a ramené notre âge à la vieille formule des encyclopédies du moyen âge : *Elementa matheseos universalis*, c'est-à-dire à l'union fondamentale des diverses branches du savoir humain et à l'aveu de leur étroite dépendance l'une de l'autre.

Pourquoi, dès lors, déroger en une science quelconque, à la loi qui les régit toutes, et séparer en elle, pour ainsi parler, son âme de son corps? Penserait-on ainsi, par cette dissociation monstrueuse et sophistique, lui faciliter l'accès des intelligences, et, la faisant incomplète, la faire plus puissante? De la plume à l'outil, du laboratoire fermé au « vaste, vaste monde, » du livre muet à la nature éloquente, voilà, selon nous, la méthode maîtresse, la route où se doivent engager professeurs et disciples, et sur leurs traces, sinon à leur tête, cette glorieuse mère du savoir, l'Université de France.

G. H.

(*A suivre.*)

ACADÉMIE DES SCIENCES

ASTRONOMIE PHYSIQUE.

SUR LA TEMPÉRATURE ET LA SURFACE SOLAIRES.

Note de M. E. Vicaire.

Commissaires : MM. Regnault, Bertrand, Fizeau, H. Sainte-Claire Deville, Edm. Becquerel, Jamin.

L'Académie s'est occupée, dans ses dernières séances, de la température de la surface solaire, et des nombres bien différents ont été produits. Le R. P. Secchi évalue cette température à 10,000,000 de degrés au moins, M. Sperer à 27,000. Si l'on joint à cela les résultats obtenus par Pouillet qui trouvait des valeurs comprises entre 1461 et 1761 degrés. suivant les diverses hypothèses que l'on pourrait faire relativement au pouvoir émissif de la surface du soleil, on est obligé de reconnaître que l'état de la science sur cette question est aussi peu satisfaisant que possible.

Ce qu'il y a de plus surprenant, c'est que les résultats les plus opposés, ceux de Pouillet et du P. Secchi, ont été tirés d'un même phénomène, la radiation calorifique du soleil, dont ces savants ont mesuré l'intensité par des procédés à peine différents en principe. Une différence aussi énorme dans les résultats ne provient évidemment pas des observations, mais de la manière dont elles ont été interprétées. C'est ce que j'ai reconnu, en effet, par un examen plus approfondi, et, de cet examen, je crois pouvoir conclure que l'évaluation de Pouillet est infiniment plus voisine de la réalité que celle du P. Secchi.

Le P. Secchi mesure la radiation solaire en exposant à l'ac-

tion de cette radiation un thermomètre à boule noircie placée dans une enceinte de température connue. Il observe l'excès de la température du thermomètre sur celle de l'enceinte, excès qu'il corrige de l'absorption atmosphérique. Admettant alors la loi de Newton sur le rayonnement des divers corps en présence, et attribuant à ces corps un pouvoir émissif égal à l'unité, il exprime l'équilibre des températures par l'équation

$$t\theta = \alpha T, \text{ d'où } T = \frac{t - \theta}{\alpha}$$

dans laquelle T, A et θ représentent les températures du soleil, du thermomètre et de l'enceinte, et α le rapport de la surface apparente du soleil à la surface totale d'une sphère concentrique au thermomètre.

Cette équation, dont je change seulement les lettres, suppose toutefois que α est une très-petite fraction de l'unité.

Au moyen de cette équation le P. Secchi explique d'abord un fait observé par lui et par M. Waterston. C'est que l'excès thermométrique $t - \theta$ est toujours le même, quelle que soit la température de l'enceinte. S'il est, par exemple, de 12 degrés avec l'enceinte à zéro, il aura encore la même valeur quand on la portera à 60 degrés, et même, d'après M. Waterston, jusqu'à 220 degrés. Ce fait résulterait simplement de ce que l'on est effectivement dans les conditions où l'équation est applicable, c'est-à-dire que α est très-petit.

Mais cette explication me semble insuffisante, car lorsqu'on passe de zéro à 60 et surtout à 220 degrés la loi de Newton cesse d'être applicable. Il faut recourir à la loi de Dulong et Petit, et celle-ci, au contraire, s'applique en toute rigueur, autant du moins que l'on considère seulement l'échange de chaleur, entre le thermomètre et l'enceinte.

Or, il résulte de cette loi que, pour un même excès $t - \theta$, la vitesse de refroidissement, et par conséquent la quantité de chaleur cédée par le thermomètre à l'enceinte dans l'unité de temps est multipliée par $1.00776^0 = 1.585$, lorsque θ passe de 0 à 60° et par $1.00^{7}220 = 5.412$ pour 220 degrés. Si, néanmoins, ce thermomètre reste en équilibre avec le même excès de température, c'est qu'il reçoit d'autre part, et ce ne peut être que des rayons solaires, une quantité de chaleur également croissante.

Nous arrivons donc à ce résultat paradoxal, que le thermomètre reçoit du soleil d'autant plus de chaleur qu'il est lui-même plus chaud. Cependant le fait en question ne semble pas pouvoir être contesté, et la conséquence est rigoureuse.

D'autre part, il est bien évident que ce n'est pas la radiation solaire qui se modifie à mesure que le thermomètre s'échauffe. C'est donc la faculté d'absorption du thermomètre pour cette radiation qui se trouve augmentée.

N'y a-t-il pas là un effet de thermochrose ? Le thermomètre reçoit des rayons lumineux, il émet des rayons obscurs. Sa faculté d'absorption pour les premiers augmenterait plus vite que sa faculté d'absorption et, par conséquent aussi, d'émission pour les derniers, à mesure qu'il se rapproche de la température à laquelle il deviendrait lumineux lui-même. Comment se fait-il que ces deux pouvoirs varient justement de telle façon que l'excès de température reste constant? C'est un point qui mériterait sans doute une étude plus approfondie.

Nous n'avons pas tenu compte de l'action de l'air sur le thermomètre; comme elle dépend seulement de l'excès de température, elle ajoute un terme constant aux pertes par rayonnement et ne modifie pas les conclusions précédentes. Encore est-il fort probable que cette perte elle-même augmente avec la température de l'enceinte, car celle-ci étant ouverte par devant, l'air qu'elle contient ne doit pas en prendre complétement la température.

Revenons maintenant à la température solaire.

Pour suivre d'aussi près que possible la marche adoptée par le P. Secchi, j'établirai l'équation d'équilibre du thermomètre en conservant les mêmes hypothèses. Je négligerai de même le refroidissement dû à l'air, bien que, dans les basses températures, il égale presque celui qui est dû au rayonnement. Seulement, au lieu de la formule de Newton, j'adopterai la formule exponentielle de Dulong et Petit.

L'équation devient alors

$$a^t - a^\theta = \alpha\, a^T,$$

équation dans laquelle $a = 1.0077$.

On en tire

$$T\frac{\log (a^t - a^\theta) + \log \frac{1}{\alpha}}{\log a},$$

résultat presque identique à celui de Pouillet.

Ainsi lorsqu'on applique à l'expérience du P. Secchi la loi de Dulong et Petit, comme Pouillet l'avait fait pour les siennes, on retrouve presque identiquement le même résultat que ce dernier savant. Il y a donc concordance qui eût paru plus complète si, dans le calcul précédent, j'avais introduit l'action de l'air ambiant sur le thermomètre.

On a d'ailleurs très-exactement

$$\log a = \frac{1}{300}$$

et par conséquent

$$a^{300} = 10$$

c'est-à-dire que chaque augmentation de 300 degérs décuple le facteur $a\,T$ de la radiation solaire. On est donc bien à l'aise pour tenir compte de toutes les corrections possibles sans atteindre les températures très-élevées.

Il reste maintenant à décider lequel des deux modes de calcul offre le plus de garanties. Le choix ne peut guère être douteux. La loi de Newton est certainement inexacte, même dans les limites très-restreintes de température. Celle de Dulong et Petit a été établie par ces physiciens jusqu'à 300 degrés; Pouillet annonce l'avoir vérifiée jusqu'à plus de 1000 degrés. En supposant qu'elle cesse d'être vraie au delà, elle ne peut pas être absolument éloignée de la vérité pour les températures de 1400 ou 1500 degrés auxquelles on arrive

en l'admettant. Donc aussi ces températures ne peuvent pas être absolument éloignées de la vérité.

Quelle que soit donc la correction que l'on veuille faire subir à la température d'environ 1400 degrés à laquelle nous sommes parvenus, qu'on la double, qu'on la triple ou plus encore, on ne pourra néanmoins se refuser, ce me semble, à admettre la conclusion suivante:

La température de la surface solaire est entièrement comparable à celle de nos flammes.

On peut mettre cette conclusion en évidence d'une manière peut-être plus saisissante en partant des observations de Pouillet.

D'après ce savant, chaque centimètre carré de la surface solaire émet, en une minute, un peu moins de 85 calories. Un mètre carré émet donc 850,000 caloriés. C'est à peu près la chaleur que dégagent en brûlant 100 kilogrammes de houile, soit pour une heure 6000 kilogrammes.

Or 6000 kilogrammes sont la consommation de vingt locomotives, lesquelles brûlent chacune plus de 300 kilogrammes de houille par heure sur une grille de environ 1 mètre carré.

On peut admettre, d'après les expériences de Péclet, que la moitié au moins de la chaleur de cette houille se dégage par rayonnement. Donc une surface double de celle qu'offrent ces grilles réunies, c'est-à-dire une surface de grilles de 40 mètres carrés, ou si l'on veut de 80, pour tenir compte des deux faces de la couche de combustible, *rayonnerait* autant de chaleur que 1 mètre carré de la surface solaire.

Si maintenant on veut bien réfléchir que la température sur ces grilles est loin d'être uniforme et n'atteint nulle part 2000 degrés; que celle d'un chalumeau d'oxygène et d'hydrogène est de 2500 degrés; que, d'après la loi de Dulong et Petit, une augmentation de température de 600 degrés suffit pour centupler le rayonnement; que, si l'on ne veut pas admettre cette loi dans les hautes températures, on ne peut pas moins contester que la radiation ne croisse beaucoup plus vite que la température comme celaest bien évident pour les radiations lumineuses, on sera encore ramené invinciblement à la conclusion déjà énoncée.

Il serait prématuré de chercher à représenter la température de la surface solaire par un nombre précis. Mais je pense qu'on ne s'avancerait pas beaucoup en affirmant qu'elle est inférieure à 3000 degrés.

M. le Président, à la suite de la communication, fait remarquer que sir W. Thomson a déjà montré que la température du soleil ne saurait être incomparablement plus élevée que les températures atteintes dans certaines opérations de l'industrie.

Il signale à ce sujet l'importante note de cet illustre physicien, sur l'âge de la chaleur solaire (*Macmillan's Magazine,* mars 1862), dans laquelle sir W. Thomson rappelle que la chaleur émise par le soleil (d'après Pouillet), par chaque pied carré de la surface, répond à une force de 7000 chevaux seulement.

De la houille, brûlant à raison d'une livre par deux secondes, produirait à peu près le même résultat.

Or M. Rankine a estimé que, dans les foyers de nos locomotives, le charbon brûle, à raison d'une livre par pied carré de grille, avec une vitesse de 30 à 90 secondes.

Ce grand problème de la température à la surface du soleil est devenu plus accessible dans ces dernières années qu'il ne l'était naguère. Nous le devons principalement aux expéditions astronomiques qui ont eu pour but d'étudier, dans les éclipses totales, la constitution physique du soleil, et l'Académie n'a pas oublié une de ces grandes entreprises qui ont le plus attiré l'attention du monde savant, celle de septembre 1858, à Paranagua, dont la science est redevable à l'initiative éclairée de S. M. l'empereur du Brésil.

M. H. Sainte-Claire-Deville émet une opinion tout à fait conforme aux conclusions de M. Vicaire, en s'appuyant sur des expériences dont il entretiendra prochainement l'Académie.

M. Edmond Becquerel, d'après ses recherches sur les hautes températures et sur les phénomènes d'irradiation qui les accompagnent, pense que les températures les plus élevées que l'on puisse produire par la combustion, ainsi que par l'action de l'électricité, ne s'élèvent pas beaucoup au delà de 2000 à 2500 degrés, et par conséquent la température solaire, qui ne paraît pas aussi éloignée des températures de ces sources qu'on pourrait le penser, ne dépasserait guère 3000.

Bien qu'il soit difficile d'assigner des nombres exacts, car pour le faire on admet des relations entre les températures et les résultats des expériences qui peuvent se trouver en défaut quand il s'agit de températures aussi élevées et de conditions physiques encore peu connues, cependant M. E. Becquerel ne pense pas que les limites approximatives qu'il indique puissent s'éloigner beaucoup de la vérité.

M. Fizeau fait remarquer que les conclusions énoncées dans l'intéressante communication qui précède s'accordent bien avec les résultats des expériences photométriques qui ont été faites dans le but de comparer entre elles les intensités de la lumière du soleil, de la lumière émise par les charbons de la pile; et celle de la lumière émise par un fragment de chaux placé dans la flamme du chalumeau à gaz oxygène et hydrogène.

En comparant, en effet, ces trois sources de lumière, sous le rapport de leur éclat intrinsèque, on a trouvé que la chaux donne une intensité 56 fois plus faible que les charbons de la pile, et ceux-ci une intensité seulement 2,5 fois plus faible que le soleil lui-même.

On voit que si la radiation solaire est décidément supérieure à celle des sources de lumière les plus intenses que l'on ait pu produire jusqu'ici, elle n'a cependant été trouvée que deux ou trois fois plus forte que la lumière de la pile. Ces deux sources de lumière restent donc tout à fait comparables entre elles, ce qui conduit à admettre que leurs températures ne doivent pas différer d'une manière excessive, comme cela résulterait de plusieurs évaluations récemment proposées pour la température de la surface du soleil.

CHIMIE PHYSIOLOGIQUE.

RECHERCHES SUR LES PROPRIÉTÉS PHYSIOLOGIQUES ET LES MÉTAMORPHOSES DES CYANATES DANS L'ORGANISME.

Note de MM. Rabuteau et Mussol, présentée par M. Robin.

On sait, d'après les recherches de l'un de nous, que les chlorates ne subissent aucune réduction dans l'organisme, que les bromates s'y réduisent difficilement, que les iodates s'y réduisent tous avec la plus grande facilité, de sorte qu'on retrouve des iodures dans les urines des personnes qui ont pris ces derniers composés, ainsi que dans celle des animaux auxquels on les a administrés ou dans le sang desquels on les a injectés.

Il était intéressant de savoir ce que devenaient les cyanates dans l'économie. On pourrait se demander, d'abord, si ces composés étaient toxiques, puis s'ils se réduisaient en se transformant en cyanures, ou s'ils subissaient dans l'organisme la décomposition qu'ils éprouvent au contact de l'eau. Nos recherches qui ont porté sur les cyanates de potasse et de soude prouvent : 1° que ces sels ne sont pas toxiques, comme on aurait pu le présumer ; 2° qu'ils donnent naissance dans l'économie à des carbonates alcalins.

Quand on porte en une fois, dans l'estomac des chiens, des doses assez fortes de cyanate de potasse, 3 grammes par exemple, on constate que la santé de ces animaux continue d'être parfaite comme auparavant; de plus, leurs urines présentent bientôt une réaction fortement alcaline, elles font même effervescence avec les acides. L'injection de 25 centigrammes de sel, dans les veines d'un chien de petite taille, a rendu les urines de cet animal légèrement alcalines ; quinze heures après l'injection, elles étaient encore presque neutres. Le cyanate de potasse, injecté dans le sang, chez les chiens, à la dose d'un gramme, produit la mort; mais ce sel ne tue pas alors, parce que c'est un composé cyanique ; il agit comme sel de potassium, de la même manière que le sulfate, le chlorure, le bicarbonate de potassium, qui, injectés dans le torrent circulatoire à la dose d'un gramme, produisent une mort foudroyante en arrêtant le corps.

Le cyanate de soude peut être injecté impunément chez un chien à la dose de un gramme, parce que les sels de sodium sont, pour ainsi dire, inoffensifs, comparativement aux sels de potassium. Les urines deviennent alors franchement alcalines.

Les cyanates de potasse et de soude donnent, par conséquent, naissance dans l'organisme à des carbonates de potasse et de soude. Nous n'avons pu retrouver, dans les urines, du carbonate d'ammoniaque, qui doit se produire également dans la décomposition des cyanates.

Ce résultat négatif est conforme aux recherches de l'un de

nous, qui a reconnu que du sesquicarbonate d'ammoniaque, pris même à la dose de cinq grammes en un jour, ne rend pas les urines alcalines, car elles se transforment partiellement en chlorure d'ammoniaque dans l'estomac, et la portion de ce sel qui a été absorbée se transforme en d'autres produits (azotate d'après Bence Jones, ou plutôt phosphate d'après M. Rabuteau).

Il résulte de ces recherches qu'administrer des cyanates alcalins, c'est administrer des carbonates alcalins, comme lorsqu'on prescrit des acétates, des lactates, des tartrates, etc., de potasse ou de soude.

L'urine ingérée dans l'estomac ou injectée dans le sang, se retrouve en nature dans les urines. D'après ces données, il est probable que le cyanate d'ammoniaque, qui est isomère avec l'urée, ne se transformerait pas en ce principe, mais en carbonate d'ammoniaque dans l'organisme.

Nos recherches ont été faites dans le laboratoire de M. Robin, à l'École pratique de la Faculté de médecine.

(Comptes Rendus.)

CHIMIE.

SUR LA DÉCOMPOSITION SPONTANÉE DE DIVERS BISULFITES.

3ᵉ Note de M. S. C. Saint-Pierre, présentée par M. Balard.

L'Académie m'a fait l'honneur d'accueillir l'exposé de mes recherches sur la décomposition spontanée du bisulfate de potasse (Comptes Rendus, 12 mars 1866 et 18 septembre 1871). Ce sel donne, en vase clos et en solution concentrée ou étendue, un dépôt de soufre, de l'acide sulfurique et un ou plusieurs acides de la série thionique. Il était naturel de rechercher comment se comporteraient, dans les conditions analogues, d'autres bisulfites.

I. *Acide sulfureux.* Je me suis demandé si la molécule de l'acide sulfureux lui-même n'éprouverait pas une décomposition spontanée. Dans ce but, j'ai scellé (8 janvier 1868) deux tubes contenant de l'acide sulfureux anhydre liquéfié, et deux autres tubes contenant une solution très-concentrée d'acide sulfureux. Ces appareils ont été chauffés plus d'un mois au bain-marie, puis abandonnés en repos. Les liqueurs se sont conservées limpides et incolores jusqu'à présent ; il n'y a eu ni dépôt de soufre ni trace de décomposition. C'est donc à l'influence de la base qu'il faut attribuer les faits que j'ai eu occasion d'observer précédemment, et les expériences ci-après montrent que l'oxyde de plomb et la baryte se comportent dans ce cas comme la potasse.

II. *Bisulfite de plomb.* Le 10 février 1867, on prépare ce sel en saturant le carbonate de plomb délayé dans l'eau par le gaz sulfureux. On filtre et on conserve en tube scellé, à la température du laboratoire. Le 28 avril 1868, on ouvre plusieurs tubes dans lesquels on avait déjà observé depuis long-temps la formation d'un précipité blanc de sulfate de plomb. Le liquide des tubes-filtres permet de recueillir ce précipité par le nitrate de baryte à l'état de sulfate insoluble dans l'acide nitrique.

Elle contient donc de l'acide sulfurique libre. La liqueur ne précipite pas par le sulfure d'ammoniaque, elle ne contient donc pas de plomb.

Par le sulfate de cuivre, à froid, la liqueur ne précipite pas, mais elle précipite à chaud. Or, l'acide et les bisulfites n'ont pas donné, dans ces conditions, de précipité avec notre sulfate de cuivre. Nous rapporterons donc la réduction du sel cuivrique à la présence d'un acide de la série thionique, peut-être l'acide hyposulfurique, mais nous n'avons eu à notre disposition que des quantités trop faibles de matière pour déterminer cet acide. Le nitrate mercureux a été réduit de même.

Quant au précipité recueilli sur le filtre, il contient, outre le sulfate de plomb, des traces de soufre libre. En effet, mis en digestion avec du sulfure de carbone, il a donné une solution qui, évaporée sur un verre de montre, abandonne un léger résidu jaunâtre, insoluble dans l'eau, soluble dans quelques gouttes d'acide azotique fumant et chaud. Cette dernière solution évaporée, reprise par l'eau et traitée par le nitrate de baryte, précipite à l'état de sulfate barytique.

III. *Bisulfite de baryte.* Je me procure ce sel en saturant par l'acide sulfureux le carbonate de baryte délayé dans l'eau. La liqueur est filtrée rapidement et scellée dans des tubes, assez vite pour qu'il n'y ait que des traces à peine sensibles de sulfate de baryte formé par l'action de l'air. Les tubes sont chauffés au bain-marie ; après dix ou douze heures de chauffe, le précipité blanc a augmenté, les tubes ouverts contiennent encore de l'acide sulfureux, mais ils renferment aussi de l'acide sulfurique libre. Ce dernier composé s'est donc formé en quantité supérieure à celle qui pouvait saturer le baryte. Débarrassée de l'acide sulfurique, la liqueur contient un autre corps acide de la série thionique, précipitant en noir les sels mercureux et le nitrate d'argent.

IV. Les expériences ci-dessus démontrent que l'acide sulfureux chauffé en vase clos résiste dans des conditions où certains bisulfites se décomposent ; les bisulfites donnent une quantité d'acide sulfurique supérieure à celle que peut saturer la base. Cette oxydation ayant lieu en vase clos ne peut se faire sans la production corrélative d'un corps moins oxydé que l'acide sulfureux. Nous avons obtenu ainsi des acides de la série thionique et même un dépôt de soufre.

(Comptes Rendus.)

LES ÉDENTÉS FOSSILES

LE GLYPTODON CLAVIPES.

Les genres *Glyptodon* et *Schistopleurum* rentrent dans les *Edentés* (*Bruta,* Linn ; *Edentata,* G. Cuv.), qui constituent, dans la classification mammalogique d'Isidore Geoffroy Saint-Hilaire, le dernier ordre de la 1ʳᵉ série des mammifères, c'est-à-dire des mammifères à quatre membres, à bassin et sans os marsupiaux.

On sait que dans les animaux de cet ordre, encore fort imparfaitement étudiés, dont une bonne classification restera à faire tant qu'on ne pourra pas combler les lacunes qui distancent leurs quelques genres tant actuels que perdus, les dents, qui peuvent même manquer à toute leur mâchoire, sont similaires ou subsimilaires, jamais à l'état d'incisives (sauf dans le *Dasypus sexunctus*, Linn.), toujours canines ou molaires. On connaît également les ongles très-gros dont sont pourvus les doigts de ces mammifères onguiculés et sur lesquels ils se traînent lourdement.

Rappelons aussi que « le corps des Edentés est, seul exemple dans les mammifères, protégé le plus souvent par une cuirasse calcaire ou cornée, composée de plusieurs pièces. Tantôt, comme chez les Tatous, les *Glyptodons* et *Schistopleurum*, les écailles sont juxtaposées à la manière des pavés d'une rue, et elles sont alors soit libres, soit soudées en forme de bouclier, et disposées par bandes articulées les unes avec les autres, mobiles dès lors. Tantôt, au contraire, soit chez les Pangolins, les écailles, cornées, de production épidermique, sont imbriquées à la manière des tuiles d'un toit, et au-dessous d'elles, comme dans l'intérieur des cornes du bœuf, on trouve des plaques osseuses correspondantes.

« Nous avons donc ici, outre le squelette intérieur, un squelette extérieur tégumentaire, qui rapproche ces singuliers mammifères, à sang chaud d'ailleurs, vivipares et lactifères, des reptiles et des invertébrés.

« Les édentés peuvent être répartis en trois tribus, les *Pangolins* de l'Inde, les *Myrmecofagidées* ou fourmiliers de l'Amérique et de l'Afrique, enfin les *Tatous*, tribu qui compte autant, sinon plus, d'espèces fossiles que vivantes. »

Les Tatous (*Loricata* cuirassés de M. Owen) ont le corps protégé par une cuirasse calcaire à écailles juxtaposées. Les Tatous, *Armadilla* des Brésiliens, *Tatusia*, Cuv., forment leur principal genre.

C'est près de ces derniers que se placent le genre Glyptodon dont nous commencerons aujourd'hui à parler, et d'ailleurs, aussi les dix genres d'édentés que nous connaissons fossiles, et dont on formerait volontiers un tribu sous le nom de Tatous phytophages, tous les Tatous vivants, sauf un seul, étant carnivores.

Ces édendés, notamment les espèces à carapace osseuse et qu'on comprend souvent sous le nom de Tatous, vivent encore de nos jours, on le sait, dans les pampas du Brésil, dans les fertiles plaines de Buenos-Ayres et de Montevidéo, or c'est précisément dans ces luxuriantes contrées que la nature avait circonscrit, à la période pliocène (tertiaire supérieur), les édentés à armure tesselée que possède aujourd'hui la paléontologie, le genre *Glyptodon* aussi bien que les *Mylodon, Schistopleurum, Holophorus, Megatherium*, etc.

Cette analogie d'habitat entre les anciens habitants de l'Amérique méridionale et ses habitants cuirassés actuels coïncide avec une analogie générale de conformation. Et cependant à un premier examen, ces intéressants et bizarres représentants perdus de l'ordre des édentés diffèrent considérablement de leurs congénères modernes, par leur taille colossale, leur immense carapace, leur queue énorme, enfin parce qu'ils étaient tous phytophages, alors que, de nos Tatous, le seul genre *Tolypeutes*, Illig., est phytophage, c'est-à-dire se classe, avec les tatous fossiles, dans une colonne parallèle à celle des *Loricata* carnassiers.

Parlons maintenant du genre *Glyptodon*, esquissons d'abord l'anatomie des animaux qui le composent, nous verrons ensuite sa physiologie, c'est-à-dire ses mœurs, sa manière de vivre, son allure.

Nous examinerons plus spécialement le *Glyptodon clavipes*, type du genre, parce qu'il en a été la première espèce décrite, qu'il paraît le plus répandu, qu'on en peut étudier l'original, très-bien conservé d'ailleurs, au Musée de chirurgie de Londres, ou bien le modèle en plâtre bronzé qui fait partie, ainsi que celui du *Schistopleurum typus*, L. Nodot, de la collection d'animaux antédiluviens, que nous avons réunie dans notre maison, *rue de l'École-de-Médecine*, 20.

La carapace des Edentés fossiles, notamment du *Glyptodon clavipes*, était une armure plus ou moins convexe, déprimée cependant supérieurement dans le *G. clavipes*, et comme cylindrique, composée d'un grand nombre d'articles osseux, solidement unis les uns aux autres, de façon à n'offrir rien de la mobilité du derme ossifié des Tatous vivants.

Les osselets du *Glyptodon clavipes* portaient au centre une éminence large, circulaire, subpentagonale, entourée de cinq ou six disques plus petits, et offrant antérieurement une légère dépression ; ils étaient séparés par des sillons parallèles entre eux.

La longueur de cette carapace, en suivant la courbe du dos, est de 1^m, 70, et la largeur, dans ces conditions, 2^m, 34. Le bord marginal de la carapace est, comme on le voit dans le moule dont nous publions aujourd'hui la figure, terminé par une série de tubercules subconiques, de forme et de grosseur remarquablement égales, rugueux en général, surtout à la périphérie de l'ouverture caudale, où leur volume devient également plus grand et où leur pourtour est surmonté de pyramides subtétragonales.

La queue, énorme massue, est faite de plusieurs osselets intimement unis entre eux de façon à former un manchon inflexible aux vertèbres qui la composaient.

Les plus grands osselets de cette queue vont en augmentant vers l'extrémité où ils se rapprochent assez pour former, selon l'expression de M. Owen, comme une valve de Lamellibranche, et défendre cette partie lorsqu'elle traîne sur le sol : cette queue a 0^m,457 de longueur dans l'original de Londres, elle est conico-cylindrique, et offre une légère concavité supérieure. Quant à la tête des *Glyptodon*, des *Schistopleurum* et des *Holophorus*, comme celle des *Amadillos* vivants, elle a été protégée dans la plus grande partie de sa longueur par une sorte de casque peu convexe, composé d'osselets articulés à peu près semblables à ceux qui composent la cuirasse de l'animal.

Maintenant que nous avons examiné rapidement, il est vrai, l'extérieur du *G. clavipes*, voyons l'intérieur.

Comparé à la carapace, la tête est petite ; sa longueur, dans son plus grand diamètre, du trou occipal à l'extrémité antérieure de l'os, est de 0ᵐ,31. Le crâne, exigu dans tous les sens, suppose un encéphale et une intelligence très-restreints.

La surface de l'articulation temporo-maxillatre rappelle celle des pachydermes: Chaque mâchoire avait 16 dents courbées antérieurement, d'où le nom de *Glyptodon*, similaires, toutes molaires à surface grosse, serrées les unes contre les autres, comprimées latéralement, à surface triturante, simple, plate.

Enfin, le trait le plus remarquable du crâne du *Glyptodon*, trait par lequel il diffère du Tatou vivant et se rapproche du *Megatherium*, autre édenté fossile de la période pliocène, c'est, comme le fait remarquer M. L. Nodot, la longue (0ᵐ,145) et forte apophyse qui descend de la base de l'arcade zygmomatique, et dont l'extrémité se recourbe en arrière ; cette apophyse est particulière aux Bradypoïdes et aux Megatheroïdes, c'est-à-dire aux édentés des genres *Bradypus* et *Megatherium*.

Quant aux membres antérieurs du *G. clavipes*, rappelons seulement avec M. L. Nodot que, dans cet animal, la surface inférieure de la phalange onguéale offre une forte saillie rugueuse plus ou moins ondulée, formant gaîne pour l'ongle, que la partie voisine de l'extrémité libre de la phalange ne portait pas sur le sol, et que son ongle se développait librement en s'allongeant en avant, comme dans l'*Oryctérope* et autres édentés vivants, dont le pied antérieur est destiné à fouiller le sol.

Pour ce qui est du membre postérieur, nous renvoyons également aux ouvrages précités de MM. Owen et L. Nodot, ne pouvant entrer ici dans des détails suffisants d'ostéographie. Notons seulement la particularité suivante au sujet des phalanges onguéales des cinq orteils du *Glyptodon clavipes* :

« La phalange onguéale du deuxième orteil s'étend brusquement en largeur et en épaisseur d'avant en derrière... Celle du quatrième orteil est également dissymétrique ; mais au lieu que ce soit le bord interne qui s'arrondisse en allant vers le bord externe, le contraire a lieu.

« Dans les *Glyptodons*, le pied de derrière semble avoir été modifié pour former la base d'une colonne destinée à supporter un poids énorme, tel que celui qui doit être le résultat de l'épais tégument ossifié de ce quadrupède lourdement cuirassé.

« Lorsque les os de l'extrémité postérieure décrits ci-dessus sont placés dans leur position naturelle et relative, ils présentent à notre esprit la charpente d'un pied dont la forme et le pied n'ont pas d'équivalent dans le règne animal. Ce qui se rapproche le plus de ces proportions courtes, larges et épaisses nous est fourni par le squelette du pied de devant, destiné à fouir, de la taupe.

Occupons-nous de la physiologie du genre *Glyptodon*, dont nous avons esquissé rapidement l'anatomie pour son espèce typique.

Cherchons, d'après les travaux de MM. Lund, Owen et L. Nodot, à utiliser les notions ostéographiques que nous avons émises jusqu'ici, pour saisir les habitudes, les allures, les mœurs enfin du *Glyptodon*.

Le *Glyptodon clavipes* fouissait certainement la terre pour en arracher les racines ou les tubercules dont il faisait en partie sa nourriture. M. Owen a avancé qu'il fouillait ainsi le sol avec l'extrémité de sa queue : mais M. L. Nodot a facilement démontré qu'il n'en devait rien être, vu qu'aucun animal connu ne fouille sans voir son travail.

Le *Glyptodon* remuait le sol avec ses membres antérieurs, comme les Tatous et autres animaux fouisseurs, mais nullement avec sa queue. En effet, pourquoi la nature, économe en toute chose, eût-elle semé sur la queue des *Glyptodons* de gracieux ornements que le frottement eût fait disparaître? Et puis, comment une queue cylindrique eût-elle pu rejeter les déblais hors de la cavité qu'elle s'était creusée ?

Certainement, comme le pense M. L. Nodot, le rôle de cette queue était de soutenir l'animal sur ses pieds de derrière, pendant que les membres antérieurs fouissaient le sol, ou remplissaient tout autre acte nécessaire à l'individu.

« A cet effet, dit M. L. Nodot, chez le massif *Glyptodon*, la queue a dû être d'une extrême solidité pour supporter un poids considérable (2000 kilo. au moins); aussi a-t-elle été soudée dans toute sa longueur, afin de lui donner plus de force, sans en augmenter le volume déjà si considérable. Dans les *Glyptodons*, l'extrémité seule de la queue portait à terre. Enfin, les tubercules plus ou moins pointus des anneaux verticillés de cette queue semblent avoir pu se piquer sur le sol, pour fixer plus solidement l'animal, ce qui lui permettait de se servir, pour divers usages, de ses membres antérieurs devenus libres alors.

« D'ailleurs, la queue des *Glyptodons* pouvait aussi servir à protéger l'animal contre les attaques des bêtes féroces.

« La manière de se tenir, par instant, des Glyptodons seulement sur les pieds de derrière et appuyés sur la queue, est encore confirmée par la soudure qui existe du tibia et du péroné, et aussi par les pieds de derrière, doués d'une grande force pour soutenir le poids de l'énorme cuirasse qui recouvre l'animal, tandis que ceux de devant étant libres pourraient exécuter avec facilité les mouvements de pronation et supination, ce qui est démontré par les surfaces articulaires des os de son avant-bras, concaves et circulaires. »

Cuvier, en parlant des Tatous, dit qu'ils sont plantigrades aux pieds de derrière, et onguigrades aux pieds de devant; cette disposition est évidemment aussi celle des *Glyptodons*.

En effet, les pieds de devant, quoique beaucoup moins volumineux que ceux de derrière, ont une forme proportionnellement moins trapue; la phalange onguéale du pied antérieur est plus allongée, plus arrondie à son extrémité libre, et plus convexe en dessus que celle du pied de derrière, avec laquelle elle n'a aucune ressemblance ; on voit qu'elle n'était point faite seulement pour soutenir l'animal dans sa marche, d'ailleurs assez lente, mais bien pour fouiller le sol.

Le train de derrière, bien différent pour la forme de celui de devant, a été organisé, dit encore M. Nodot, pour soutenir la masse d'un poids énorme.

Tous les os qui le composent sont courts, très-plats ; le tibia et le péroné, très-forts, sont soudés ensemble aux deux extrémités ; les crêtes très-saillantes, ainsi que les impressions musculaires qui existent sur tous les os de la jambe, enfin la présence des trois immenses trochanters, témoignent de la puissance des muscles qui mettaient en mouvement ces parties, et des efforts considérables que faisait habituellement l'animal pour porter une lourde charge et se soutenir dans ses diverses positions. Enfin, si les pieds antérieurs n'étaient destinés qu'à la marche et à supporter une masse énorme, on se demanderait alors pourquoi ils n'offriraient pas un ensemble aussi considérable que ceux de derrière.

Le poids, portant entièrement sur le train de derrière, laissait libre les membres antérieurs de ces massifs animaux, qui avaient alors toute facilité pour gratter le sol, ou bien pour s'appuyer contre le tronc de gros végétaux dont ils broutaient probablement aussi quelquefois les feuilles et les bourgeons ; pour soutenir la masse énorme de leur corps qui, dans cette position oblique, tendait toujours à tomber en avant ; ou bien, enfin, en fléchissant un peu les doigts, ainsi que cela a lieu chez la plupart des animaux de cet ordre, pour se servir de leurs mains comme d'une sorte de crochet, afin de saisir les tiges des végétaux flexibles, et en manger les parties supérieures, fleurs ou fruits.

Les *Glyptodons*, comme tous les animaux de grande taille, à démarche lente, à quelques exceptions près, éléphants, rhinocéros, hippopotames, se nourrissent de végétaux, ce qu'indiquent, du reste, leurs molaires aplaties, qui n'auraient pu broyer des chairs ou des os.

Le *Glyptodon* n'ayant ni incisives, ni trompe, ni groin, ni boutoir, quels pourraient donc être ses organes de préhension des aliments ? Les lèvres et la langue évidemment, comme le pense M. Nodot, leur servaient seules à saisir les végétaux nombreux qui couvraient le voisinage des fleurs, des rivières, des lagunes d'eau douce, où l'on trouve encore les restes de ces animaux dans les environs de Buenos-Ayres et de Montevideo.

LE SCHISTOPLEURUM.

Ce genre, dont les débris proviennent des environs de Montevideo, comme ceux des divers *Glyptodons* connus, a été décrit par M. L. Nodot dans l'ouvrage précité.

La carapace est globuleuse, plus renflée à la partie médiane et postérieure, plus convexe en général que le *Glyptodon clavipes*. La longueur de son grand axe, en suivant la courbure du dos, est de 2 mètres 05, la largeur d'un bord à l'autre de 0 mètre 60.

Les osselets ne sont pas pentagonaux dans cette carapace comme dans celle du *Glyptodon*, mais en général hexagonaux ; plus ou moins grands selon la région, ils offrent une éminence centrale large, polyédrique, entourée d'un nombre variable de plus petites éminences, aussi élevées qu'elle d'ailleurs. La dissimilarité de ces osselets tranche, au reste, avec la régularité des osselets du *Glyptodon*, décrit précédemment.

Ainsi l'éminence centrale est plus ou moins grande, elle est bombée sur les osselets du dos, concave sur ceux de l'ouverture antérieure, elliptique et rugueuse vers l'ouverture postérieure ou caudale.

Les osselets des parties latérales ne sont pas exactement hexagonaux comme ceux du dos, mais quadrilatères et coupés en biseau. Enfin, les bords de la carapace sont dessinés par une série de tubercules plus coniques dissimilaires, et dont les plus grands correspondent à l'ouverture caudale.

On peut compter quarante-deux rangées d'osselets, qui descendent en arrière, et dont les plus longues comprennent soixante-dix osselets.

M. L. Nodot a eu le mérite de reconstituer jusqu'au système vasculaire de ces téguments osseux. Il les a trouvés traversés d'une suite de tubes anastomosés dont le plus grand diamètre était de 0 m. 002, qu'il a vus naître de plus grands vaisseaux et se terminer en capillaires d'une extrême finesse.

La queue, très-massive, se compose dans le *Schistopleurum* d'une dizaine d'anneaux verticillés, ce qui distingue de prime abord ce genre de *Glyptodon*, dont la queue est d'une seule venue, les pièces qui la composent s'étant intimement soudées. C'est assez dire, du reste, que la queue du *Schistopleurum* est flexible, au contraire de celle du *Glyptodon*.

Chaque anneau de cette queue est fait d'un rang de six ou huit gros tubercules, hauts de 0 m. 10, rugueux, supérieurement coniques.

Enfin, remarquons que cette queue, comme le bord inférieur de la carapace de ce genre, offre un commencement de segmentation, qui en justifie le nom générique, et rapproche le *Schistopleurum* des Tatous vivants, dont la carapace est, on le sait, faite de deux compartiments ou *boucliers* placés, l'un en avant, l'autre en arrière, et jouant l'un sur l'autre, de manière que l'animal puisse s'envelopper entièrement sur lui-même, comme un hérisson.

Le *Glyptodon*, dont la queue était immobile comme la carapace, s'éloigne au contraire du genre *Tatusia*.

Le crâne du *Schistopleurum* paraît, autant qu'en a pu juger M. L. Nodot avec les fragments qu'il en avait à sa disposition, plus large antérieurement que dans le *Glyptodon*, les apophyses descendantes sont moins comprimées d'avant en arrière et se terminent en pointe mousse.

Les dents étaient similaires comme dans le *Glyptodon* ; leur surface triturante soudée en trois portions, réunies par deux isthmes étroits, était bordée d'un bourrelet très-dur.

Le maxillaire inférieur du *Schistopleurum*, dont la longueur est de 0 m. 35 sur une hauteur de 0 m. 10, offre une branche montante formant un angle très-aigu avec le plan de l'arcade dentaire, alors que cet angle est obtus dans le *Glyptodon* déjà décrit.

Le condyle de cet os, haut de 0 m. 25, large de 0 m. 12, se trouve, par la disposition oblique de cette partie postérieure de la branche montante, porté en avant sur la mâchoire, de telle sorte que si l'on suspend l'os par ses condyles, il restera en équilibre parfait dans la position horizontale, ce qui ne se produirait pas chez le *Glyptodon* et la grande majorité des mammifères. L'apophyse coronoïde, petite, également portée fort en avant de la base, est couverte de rugosités pour l'insertion du puissant muscle masticateur à la fois et déducteur (triturateur), le masseter, qui mettait en mouvement cette lourde mâchoire.

Celle-ci rappelle assez, du reste, celle de l'édenté nommé *Apar (Dasypus tricinctus*, Linn. ; *Tolypentus conurus*, Is. Geoffroy Saint-Hilaire). Dans l'un et l'autre, la branche montante du maxillaire inférieur prend naissance sur le côté extérieur, se relève à angle presque droit, et offre une apophyse coronoïde qui marque les dernières dents, ce qui empêche, en regardant de côté, de pouvoir compter le nombre exact des dents.

Celles-ci, plus longues que larges, se touchent dans les deux édentés et ne peuvent alterner avec les dents de la mâchoire supérieure, légèrement courbes. Leur surface triturante est, du reste, partout sur le même plan dans chaque mâchoire.

Les détails de la cuirasse, et les plaques de la queue, disposées en quinconce, ressemblent également beaucoup, chez l'*Apar*, à la conformation du *Schistopleurum*.

M. L. Nodot a décrit les deux premières vertèbres de son animal, et la première plaque du sternum, offrant la forme d'un croissant, parfaitement ankylosée, du reste, avec deux côtes courtes, épaisses, massives, creusées de gouttières pour le passage des importants vaisseaux de cette région. Cette plaque étant libre, tranchante, concave, ne pouvait pas permettre aux clavicules de s'y articuler comme chez les *Tatous*. Mais à la dernière manière des *Gerboises*, les *Schistopleurum* avaient une clavicule mince et courte qui s'appliquait sur les pointes mêmes du croissant formé par la fourchette sternale.

Le radius du *Schistopleurum* a la forme générale de celui de l'*Oryctérope*, autre édenté fouisseur.

Le fémur droit, long de 0 m. 50, est aplati d'avant en arrière; ses deux extrémités sont très-étalées. A la partie inférieure de l'os, il existe une sorte de troisième trochante. Le condyle interne est très-développé, comme dans le *Glyptodon*; le tibia et le péroné sont soudés. La crête du tibia, longue de 0 m. 20, est bien accentuée; la face est concave et forme, avec la face interne du péroné, évidée en sens inverse, une case assez considérable pour l'emplacement de puissants muscles.

Le genre *Schistopleurum* paraît n'avoir que trois espèces, décrites par M. L. Nodot, qui sont : le *S. Typus*, plus particulièrement étudié dans notre article, et celui que nous avons cru devoir adjoindre à notre collection de modèles en plâtre, unique en son genre pour la classe des mammifères trop délaissés par les paléontologistes actuels; le *S. gemmatum*, et *S. tuberculatum* (*Glyptodon*, Owen), dont on ne possède que des fragments.

La partie anatomique ainsi terminée, passons à la physiologie. Nous avons là peu de chose à ajouter sur la station, les allures, les mœurs, des Schistopleurum. Ces êtres singuliers vivaient certainement de la vie des *Glyptodons*. Leur énorme queue leur servait également de support, quand, ne se tenant que momentanément sur leurs pieds de derrière, ils se servaient de leurs membres antérieurs, soit pour la reproduction de l'espèce, soit pour pourvoir à leur nourriture en fouissant la terre, ou bien en s'appuyant contre les troncs d'arbres, dont ils broutaient les jeunes pousses, atteignant avec leur bouche une hauteur de trois mètres.

Les *Schistopleurum*, comme les *Glyptodons*, étaient phytophages, ce qui indique aisément la structure de leurs dents. Leur nourriture consistait en fruits, en graminées, en racines bulbeuses, en rhizomes, en tubercules, et ils vivaient dans le voisinage des grands cours d'eau de la province de Monte-video, où l'on trouve encore leurs débris.

Leurs lèvres et une langue forte, large, sensible, protractile formaient certainement un organe de préhension trèsparfait.

A. E.

ÉTUDE SUR LES ENCRES

(Suite.)

Encre typographique.

Il n'est pas de notre objet de nous livrer à une dissertation sur l'art typographique. Nous ne saurions entrer non plus dans tous les détails de la fabrication et de l'emploi des encres d'impression. La composition essentielle de l'encre noire typographique est un mélange de noir de fumée et d'huile de lin ou d'huile de noix, cuite au point d'être très-visqueuse.

L'encre pour l'impression des planches dites en taille-douce ne diffère de la précédente que par une plus grande finesse et une fluidité plus grande, afin qu'elle puisse prendre l'empreinte de toutes les finesses de la gravure. Bien qu'appliquées toutes les deux par le moyen de la presse, ces deux emplois offrent des différences essentielles. La typographie et la gravure sur bois, qui est son principal auxiliaire, reçoivent l'encre sur le relief et la transportent sur le papier par voie de foulage. Ces reliefs reçoivent l'encre au moyen d'un rouleau qui, promené sur la surface des formes, y dépose une couche d'encre dont la plus grande partie se décharge ensuite sur le papier que l'on veut imprimer.

Dans la gravure en taille-douce, au contraire, c'est la partie creuse de la planche qui reçoit le noir et le papier reçoit ce noir par l'effet de la pression qu'il subit contre la planche en passant en même temps qu'elle entre les deux rouleaux de la presse, rouleaux disposés, comme on sait, à la façon d'un laminoir. Il faut donc, comme nous venons de le dire, une plus grande finesse dans cette sorte de pâte visqueuse, pour la rendre propre aux usages de l'imprimerie en taille-douce.

Les encres d'impression peuvent être de toutes couleurs ; les oxydes métalliques broyés très-fins, le vermillon, le chrome, le cobalt et une quantité d'autres matières colorantes peuvent être substitués au noir de fumée et former les encres propres aux impressions polychromes qui se pratiquent également dans les deux procédés d'impression que nous venons de désigner. Dans sa notice, adressée à messieurs les membres du jury de l'Exposition de 1867, un de nos plus habiles fabricants d'encres pour impression, M. Ch. Lorilleux, pose en principe que la matière colorante, dans les encres d'impression, doit être tenue en suspension et non en dissolution, mais à un état de division tel, qu'elle doit avoir l'apparence d'être dissoute dans les vernis gras qui font la base de l'encre. Sans cette condition, on n'obtient, dit-il, que des impressions pâles et grattées, laissant voir au travers du vernis le fond et le grain du papier.

L'art de la lithographie, qui est une invention moderne (1793) et qui depuis 1820 a fait d'immenses progrès, consiste dans l'application directe, sur une pierre convenablement préparée, d'un dessin tracé soit à l'aide d'un crayon, soit au moyen du pinceau, soit enfin avec une plume ; il y a donc aussi une encre lithographique d'une composition spéciale différente de celle des encres que nous avons décrites jusqu'à présent. Il n'est pas de notre objet de décrire les procédés de la lithographie ; toutefois, pour expliquer la différence que présente la composition de l'encre lithographique, il convient de donner une idée sommaire des principes sur lesquels repose l'art du lithographe. Une pierre calcaire d'un grain très-fin et très-homogène est dressée, c'est-à-dire taillée sous forme de plaques suffisamment épaisses pour résister à la pression de la presse. Cette pierre reçoit au moyen de la ponce une sorte de poli relatif (car il ne doit pas être miroitant), le crayon ou l'encre lithographique étant composés de corps gras, la pierre s'imprègne de ces corps en raison de sa porosité, et les parties imprégnées gardent pendant plus ou moins longtemps la propriété de retenir le noir d'impression que l'on passe sur la pierre avec un rouleau à chaque nouvelle épreuve que l'on veut obtenir. L'impression résulte d'une pression exercée sur le papier par un frottement indirect, effet du passage de la pierre sous une barre rigide.

La composition de l'encre lithographique est peu variable. Voici la formule de l'une des meilleures connues :

Savon de suif desséché. .   30 grammes
Mastic en larmes. . . .   30   »
Sous-carbonate de potasse.   30   »
Laque en tables.   150   »
Noir de fumée.   12   »

Le savon de suif est préférable à celui dans la composition duquel entre l'huile. On le coupe en morceaux très-minces, pour le faire bien sécher, afin de n'être pas exposé à varier dans la quantité que l'on veut employer.

Voici une autre formule de composition d'encre lithographique, un peu plus compliquée :

Cire. . . . . 16 parties
Suif. 6   »
Savon dur de suif et soude. 6   »
Gomme laque. 12   »
Mastic en larmes. 8   »
Térébenthine de Venise. . 1   »
Noir de fumée. 4   »

On fait chauffer avec précaution, et après les avoir délayés à froid et en poudre, le mastic et la gomme laque dans la térébenthine : on y ajoute, après avoir retiré du feu, la cire et le suif, et lorsque la solution est opérée, on jette dans le même vase les râclures de savon ; enfin, on délaye avec grand soin la noir de fumée ; dès que le mélange est bien intimement opéré à chaud, l'opération est terminée : on laisse refroidir, puis on coule en tables, que l'on découpe à froid en bâtons rectangulaires.

L'encre lithographique de bonne qualité doit être susceptible de se diviser en une émulsion tellement ténue, qu'elle semble dissoute lorsqu'on la frotte contre un corps dur dans de l'eau distillée ou dans toutes les eaux de source ou de rivière qui ont la faculté de dissoudre parfaitement le savon ordinaire ; elle doit être coulante dans la plume, ne pas s'épancher sur la pierre, et pouvoir former des traits déliés d'une grande finesse et d'une parfaite netteté ; il est nécessaire qu'elle soit très-noire afin de rendre plus facile le travail de l'artiste dessinateur ou écrivain. La qualité la plus essentielle de l'encre lithographique est de s'imprégner fortement dans la pierre, de manière à reproduire les traits les plus délicats du dessin et à pouvoir donner un grand nombre d'épreuves : à cet effet, il faut qu'elle soit susceptible de résister à l'acide dont elle est arrosée dans la préparation, sans qu'aucune de ses parties grasses soit enlevée ou altérée.

(A suivre.)   A. ELOFFE.

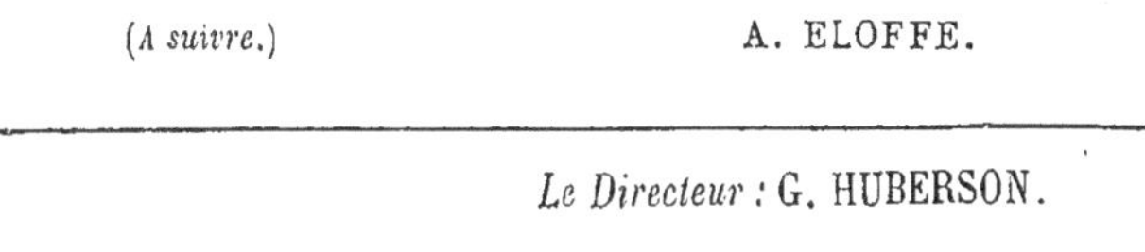

Le Directeur : G. HUBERSON.

Paris. — Imprimerie de GAUTHIER-VILLARS, quai des Grands-Augustins, 55.
(Ancienne imp. Bonaventure.)

JOURNAL DE L'INSTRUCTION PUBLIQUE

ACTES OFFICIELS : Lois, Décrets, Arrêtés, Règlements, Circulaires, Nominations, etc.
DOCUMENTS GÉNÉRAUX (français et étrangers).

PROJET DE LOI

SUR

L'INSTRUCTION PRIMAIRE

Présenté par M. Jules SIMON, ministre de l'instruction publique,

Dans la séance du 15 décembre 1871.

—

EXPOSÉ DES MOTIFS.

Messieurs,

Dès le lendemain de nos malheurs, tout le monde a compris que notre plus pressant intérêt, notre plus impérieux devoir, étaient de reconstituer l'instruction publique dans notre pays, de développer surtout l'instruction primaire, de donner cette force à la France contre les agressions du dehors, à la civilisation contre les agitations intérieures. Il n'est pas un candidat qui n'ait inscrit sur son programme l'amélioration de l'instruction primaire ; il n'est pas un conseil général qui n'en ait délibéré. Le pays tout entier est attentif, et comprend enfin la supériorité des questions intellectuelles et morales sur tous les autres intérêts. Après avoir rétabli l'ordre matériel, vous voudrez assurer l'avenir par une bonne loi sur l'éducation, et répandre, avec les lumières, la morale et la liberté.

Il serait injuste de dire que tout est à faire. L'instruction primaire, qui n'avait pas de budget sous le premier Empire, qui, dans les premiers temps de la Restauration, ne figurait sur la liste des dépenses publiques que pour une somme de cinquante mille francs, qui même en 1840 ne recevait qu'une maigre subvention de 1 600 000 fr., a été dotée, pour 1871, de 11 952 200 fr. Ce chiffre, auquel il faut ajouter les ressources fournies par les communes et par les départements, est encore bien insuffisant, si on le compare à l'importance du service et au budget de l'instruction primaire dans d'autres Etats; mais, rapproché de nos indigents budgets d'il y a trente ans, il prouve que nous commençons à comprendre la nécessité de faire des sacrifices pour l'instruction populaire. Vingt mille maisons d'école ont été bâties, depuis 1833. Le nombre des enfants qui reçoivent l'instruction dans les écoles communales a presque doublé depuis la même époque. Enfin le chiffre, sur 100, des conscrits illettrés, après avoir été, en 1833, de 47,69, était tombé, en 1863, à 28,21.

Des budgets qui passent, en quarante ans, de 1 600 000 fr. à 12 millions, des maisons d'école dont le nombre s'élève dans la même période de 10 000 à 27 000 ; une population scolaire qui, de 2 millions à peine, monte à 3 millions et demi, ce sont des progrès qu'il ne faut pas méconnaître, qui servent aux indifférents d'arguments pour ne rien faire, mais qui ne sauraient nous faire oublier qu'il reste en France, d'après la statistique de 1866, la dernière qu'on puisse invoquer, 663 360 enfants de 7 à 13 ans qui ne fréquentent aucune école.

Ce chiffre doit être inscrit en tête d'une loi sur l'instruction primaire.

Il est juste d'en retrancher tous les enfants qui reçoivent l'instruc-

tion dans leurs familles ; mais quel en est le nombre ? Il ne faudrait pas l'exagérer. Les mères les plus instruites, après avoir donné quelques leçons de lecture à leurs enfants dans le premier âge, les envoient à l'école ; c'est une habitude presque générale. Les maîtres et maîtresses à domicile sont relativement assez rares. De ce que 663 000 enfants n'étaient pas inscrits, en 1866, sur les registres scolaires, on ne saurait conclure assurément que le nombre des enfants absolument illettrés s'élevait à 663 000; mais serait-il bien téméraire de dire qu'il s'élevait à la moitié de ce chiffre?

Quand même il n'y aurait eu, en 1866, que 330 000 enfants abandonnés à une ignorance complète, la société aurait le devoir de recourir aux remèdes les plus énergiques, mais il y a lieu de se demander si tous les ignorants étaient en dehors des écoles, et si il n'y en avait pas dans les écoles elles-mêmes. Il y a lieu de se demander si les 3 310 000 enfants dont les noms figurent sur les registres de 1866, ont tous réellement appris à lire et à écrire; s'il n'est pas vrai que des milliers d'enfants, inscrits sur les registres scolaires, n'assistent à la classe que par aventure; et que d'autres en sortent, après plusieurs années, dans l'état où ils y étaient entrés. Aux 300 000 ignorants qui n'ont pas mis le pied dans une école, ajoutons un nombre égal d'élèves intermittents ou fictifs, et nous serons bien près de la réalité. Le nombre des enfants illettrés dépassait donc de beaucoup un demi-million en 1866. C'est ainsi que la France vient, au point de vue de la vulgarisation des premiers éléments de l'instruction, après la Prusse, l'Ecosse, la Suisse, la Hollande et la plupart des Etats allemands. Il ne faut pas, en pareille matière, compter ce qu'on a fait; il faut regarder en avant, et non en arrière, savoir le chiffre des illettrés, le porter avec soi comme un remords, et ne prendre aucun repos jusqu'à ce qu'on ait réparé cette injustice, écarté ce danger social. Il y a de la sécurité du pays et de son honneur. Sur tous ces points, la lumière est faite. Tout le monde est d'accord pour reconnaître qu'il faut répandre et réorganiser l'instruction primaire.

Où la difficulté commence, c'est pour le choix des méthodes de propagande et des méthodes de réorganisation.

Pour la propagande, les uns croient qu'il suffit de multiplier les écoles et les cours d'adultes, et de compter, pour les peupler, sur l'attrait de la science et la vigilance des pères de famille ; d'autres veulent l'instruction obligatoire; d'autres enfin la veulent à la fois obligatoire et gratuite. Quant à la réorganisation, les systèmes sont plus nombreux encore, et plus divergents. Il y a les partisans absolus de la liberté, qui refusent l'intervention des pouvoirs publics, et les centralisateurs, qui veulent remettre toute autorité sur l'enseignement soit à l'Etat, soit au département, soit à la commune. Même confusion d'idée pour le programme des études: ceux-ci se contentant du nécessaire ; ceux-là ne trouvant jamais l'enseignement assez étendu. Enfin la grande bataille roule sur l'enseignement religieux, parce que chacun aspire à faire de l'école un instrument de propagande pour sa foi ou pour son incrédulité. Agiter ici toutes ces questions, ce serait transporter l'administration dans la législation, et changer une assemblée politique en conseil d'enseignement. Nous devons nous borner à poser les principes essentiels et à créer un corps fortement constitué, capable de les maintenir avec énergie et d'en développer toutes les conséquences.

Nous parlerons d'abord des moyens de répandre l'instruction primaire.

Il y en a deux: multiplier les écoles; rendre l'instruction obligatoire. Nous n'avons jusqu'ici employé que le premier; et c'est pour cela qu'un huitième au moins de nos enfants reste dans l'ignorance absolue.

On dirait, à voir les répulsions que l'obligation inspirait il y a deux ans à peine, qu'elle est une nouveauté. Elle ne l'est pas en Prusse, où elle existe depuis un siècle ; dans la plupart des Etats de l'Allemagne, en Suisse, en Portugal, en Espagne, en Danemark, en Norwége. Tous les peuples en auront compris avant nous l'utilité, la nécessité. Nous-mêmes, qui l'avons si longtemps repoussée, nous refusions de l'écrire sous son nom dans la loi sur l'instruction primaire, et nous l'avions en principe dans l'article 203 du Code civil ; nous la développions dans la loi de 1841 sur le travail des enfants dans les manufactures. Dès qu'un enfant entrait dans un atelier composé de plus de vingt personnes, nous trouvions juste, raisonnable, nécessaire de le contraindre à savoir lire et écrire ; mais s'il ne travaillait pas, s'il ne gagnait pas un salaire, nous lui réservions, comme avec un soin pieux, la liberté de l'ignorance, et nous appelions cela, par un singulier abus de langage, respecter les droits du père de famille.

On ne blesse pas les droits du père de famille en rendant aux enfants l'immense bienfait d'assurer leur éducation.

Parmi les enfants dont l'intelligence n'est pas cultivée, le plus grand nombre n'a pas de famille ; beaucoup n'ont pas de père. Le père, quand il y en a un, le père qu'on veut protéger en repoussant l'instruction obligatoire, c'est celui qui s'occupe pas de son enfant, qui le laisse vagabonder et mendier, ou qui le tient à la tâche pour faire des journées de huit ou dix heures, dans un temps où cette assiduité au travail est aussi meurtrière pour son corps que pour son esprit. Voilà ce qui se cache sous ce grand nom de père de famille. C'est par respect pour de tels pères que nous hésitons depuis si longtemps à suivre l'exemple de la plupart des Etats de l'Europe en consacrant par une disposition pénale le devoir, écrit dans notre Code, d'élever et d'instruire ses enfants.

Envers qui la société a-t-elle un devoir ? Envers le père qui néglige son enfant ou l'exploite, ou envers l'enfant, condamné par l'indifférence ou l'avidité du père à l'étiolement physique et à la misère intellectuelle ? C'est envers l'enfant ; donc il faut rendre l'instruction obligatoire. Quand le père abandonne son enfant au hasard, ou le contraint pendant tout le jour à un travail manuel, sans prendre aucun soucis de son intelligence, ne fait-il pas tort qu'à son enfant ? Ne met-il pas dans la société un paria, un ennemi ? N'envoie-t-il pas au scrutin un incapable ? Donc il faut rendre l'instruction obligatoire. L'Etat doit intervenir, au nom de la justice absolue ; il le doit dans l'intérêt de l'enfant, dans celui de la civilisation, dans celui du pays. Ce n'est ni un père de famille ni un tuteur qu'il a devant lui ; c'est un coupable, un mauvais citoyen, un mauvais père. La société, qui repose sur la propriété, exige l'impôt, exige le service militaire ? elle n'exigera pas l'instruction de l'enfant ? Il y a quatre devoirs du citoyen : s'instruire c'est le premier et le plus nécessaire : payer, voter, combattre : l'école, l'impôt, le scrutin, le service militaire pour la défense du pays. Les peuples seul où ces quatre devoirs sont bien organisés, bien observés sont des peuples libres.

Nous imposons aussi le devoir d'école aux filles ; et d'abord il faut reconnaître que, comme elles ne votent pas et ne prennent pas une part directe à l'administration des affaires du pays, plusieurs des raisons que nous venons d'exposer, ne s'appliquent pas à elles. Mais personne ne voudra commettre de nouveau la faute qui a été faite par les Chambres de 1833, lorsqu'elles ont organisé l'enseignement primaire pour les garçons, en renvoyant à une époque plus éloignée, comme étant d'un intérêt secondaire, l'organisation de l'enseignement pour les filles. Il s'en faut de beaucoup que l'instruction des filles importe moins à la société que l'instruction des garçons. Nous avons entendu, dans ces derniers temps, au milieu des théories malsaines qui ont produit la guerre civile, la revendication du prétendu droit des femmes à jouer dans la société civile et politique le même rôle que les hommes. Les femmes ne peuvent pas et ne doivent pas aspirer à devenir des hommes ; mais elles ont, comme femmes, la plus noble des destinations : celle d'apprendre à leurs enfants les premiers éléments de la morale, et de leur rendre chères pour toute la vie les maximes sacrées du devoir et de l'honneur. Elles peuvent aujourd'hui porter remède à ce qui est peut-être le plus grand de nos malheurs, c'est-à-dire au relâchement des liens de la famille. Certes, il est utile et nécessaire de distribuer à nos jeunes gens l'enseignement régulier de la morale, parce qu'il faut que leur raison adhère au grand principe du devoir et du droit ; mais l'influence de la mère, celle de la famille, les habitudes d'amour et de respect dans le foyer domestique, sont les agents les plus puissants d'une résurrection intellectuelle et morale. Nous avons donc mis dans cette loi l'éducation des filles au même rang que l'éducation des garçons, et ce n'est que le commencement d'une œuvre que nous continuerons ensemble, messieurs, si nous avons le vrai sentiment des besoins de notre pays.

On dit quelquefois qu'il vaut mieux faire de bonnes écoles, et en faire beaucoup, que de recourir à des pénalités. En est-il vraiment ainsi, et suffit-il de faire partout des écoles pour avoir partout des écoles pleines ? Ceux qui le croient tirent leur principal argument de la progression rapide des inscriptions scolaires. Le nombre des enfants inscrits sur les registres était de 3133540 en 1863, de 3273631 en 1865, de 3310702 en 1866. Mais cette progression se continuera-t-elle jusqu'au bout ? N'y a-t-il pas un certain nombre d'enfants presque infaillible-

ment destinés à devenir réfractaires, tels que les enfants naturels non reconnus, les orphelins, les fils de condamnés et de vagabonds ? Ce sont ceux-là surtout que la loi de l'obligation doit atteindre, c'est pour eux qu'elle est nécessaire. L'école a pour ennemis l'ignorance qui, tantôt rougit d'elle-même, tantôt est incapable de comprendre son malheur, quelquefois même met un funeste orgueil à combattre la civilisation ; l'indifférence, moins odieuse, plus criminelle, vice particulier aux sociétés destinées à périr, dont les zélateurs de l'instruction primaire rencontrent les terribles traces, non seulement dans les familles pauvres, mais parmi les patrons et les chefs d'industrie ; l'égoïsme, qui pousse tant de pères à ne voir dans leurs enfants qu'une source de revenus ; la misère, qui met un grand nombre de familles dans la nécessité de choisir entre le pain et l'école. On ne saurait se faire illusion à cet égard tant qu'il y aura dans la commune un enfant illettré et dans l'école une place vide. Proposer à l'Etat de s'en reposer sur l'amour paternel, c'est oublier que l'amour paternel n'est pas toujours éclairé, et qu'il y a, par milliers, des enfants qui n'ont pas de père. Cette objection d'ailleurs ne conclut qu'à l'inutilité de la loi. Or, il vaut mieux faire une loi inutile que d'omettre un loi nécessaire. Si la loi est inutile, elle ne sera pas appliquée ; pourquoi la craindre ? Si elle est appliquée, l'amour paternel ne suffisait pas, et la loi est juste.

On nous oppose aussi le respect dû à la liberté de conscience.

La liberté de conscience ne serait une objection grave que si l'on prétendait rendre l'école obligatoire, imposer un livre, une doctrine, un maître. Ce n'est pas ce que nous voulons. L'enfant sera instruit ; mais on l'instruira comme on voudra et où l'on voudra ; pourvu qu'il sache, le vœu de la loi est rempli, comme celui de la société et de la nature. La patrie ouvre une école à proximité de l'enfant ; s'il y entre, elle le reçoit ; s'il n'y entre pas, elle se garde de l'y contraindre ; mais elle veut savoir ce qu'il va devenir ; elle s'assure que les droits du mineur ne sont pas méconnus ; qu'on ne laisse pas ses facultés impuissantes, qu'on le prépare pour les luttes de la vie et pour les devoirs civiques. Quand, d'une part, des raisons de conscience empêchent la fréquentation de l'école publique, et que, de l'autre, la famille n'a ni assez de ressources pour payer un instituteur, ni assez de connaissances pour s'en passer, l'Etat ne punit personne. C'est lui seul, dans ce cas, qui est fautif. Ainsi se concilient le respect de la liberté de conscience et le respect de l'intelligence humaine. Ces cas extrêmes seront bien rares, et, quand ils se présenteront, la société devra comprendre aussitôt le devoir qu'ils lui imposent.

La loi de 1841, encore en vigueur, ne permet pas l'entrée des manufactures avant l'âge de huit ans accomplis ; mais cette loi est mal observée. Le patron ferme les yeux ; l'ouvrier tisseur ou fileur est complice ; malgré les dangers que court la santé de son enfant, la mère a pleuré pour qu'on le reçût. C'est une question de pain. L'enfant, qui a besoin de jeu et de soleil, a besoin de pain aussi, et la mère a caché son âge pour lui faire gagner trente centimes par jour. Nous trouvons la même difficulté pour la fréquentation de l'école, même gratuite. Nous donnons bien la gratuité de l'école à l'enfant indigent ; mais nous ne lui donnons pas de pain. Il ne peut être à la fois à l'atelier et à l'école, ni rester à l'école pour y mourir.

Cette objection de la misère a été faite en 1841, et n'a pas arrêté le législateur. Il a pensé avec raison que la véritable humanité est de sauver la race, de laisser le corps se développer, les forces venir. En dépit de tout ce qu'on objectait sur les besoins du pauvre et sur les droits du père, il a résolument affirmé ceux de l'Etat, en fixant un âge légal pour l'entrée dans les manufactures, en limitant la durée du travail et en stipulant que le patron serait obligé d'envoyer les enfants à l'école : excellentes mesures, mieux observées chez nos voisins que chez nous, mais qui le seront chez nous désormais, grâce aux leçons du malheur. On ne voudra plus détruire la génération dans sa fleur, transformer en ouvriers des enfants de six ans, les tenir attachés au métier dix ou douze heures par jour, souffrir que la cupidité ou l'indifférence les soustraient aux devoirs d'école. La loi que nous proposons repose sur les mêmes principes que la loi de 1841. Elle impose la même obligation ; elle fait les mêmes efforts pour concilier l'intérêt présent, qui est de gagner un salaire, avec l'intérêt futur, qui est de se préparer par une bonne éducation aux combats de la vie. Non-seulement elle rend l'école gratuite, mais elle prend des mesures pour que l'enfant pauvre puisse remplir le devoir scolaire sans renoncer au bénéfice de l'atelier. A l'user, les familles comprendront que ces sages dispositions, destinées à sauver l'avenir, améliorent même le présent, et qu'elles augmentent, dans la même proportion, les gains de l'enfant, sa capacité et sa force.

L'Assemblée, en votant le principe de l'obligation, apaisera la conscience publique, pour le spectacle des déshérités, des abandonnés révolte ; elle rendra l'espoir aux patriotes, qui verront se former dans les écoles un nouveau peuple ; elle donnera à la morale, aux grands sentiments une voix capable de se faire entendre jusque dans les chaumières les plus misérables ; elle mettra à la portée de toutes les capacités et de tous les courages les premiers instruments de la fortune ; elle assurera à nos principes d'égalité, à nos institutions de suffrage universel, leur consécration nécessaire ; elle fera plus, par ce simple article de loi, pour la résurrection de la France, que par tous les impôts et par toutes les constitutions qu'elle pourra voter. La richesse d'un pays, sa force, c'est l'homme.

On entend soutenir que l'obligation est impossible sans la gratuité. C'est une erreur et la preuve n'en est pas loin. L'obligation existe en Prusse, où la gratuité absolue n'existe pas. Pour établir que la gratuité est le corollaire indispensable de l'obligation, on prétend qu'il est injuste de forcer un homme à mettre son enfant dans une école payante. Il n'y a aucune injustice à faire payer un service rendu ; il n'y en a même pas à exiger le payement d'un impôt. Si le père a de l'argent, on le contraint de payer les mois d'école, comme on le contraint de payer le port de la lettre qu'il met à la poste, comme on le contraignait hier à acheter un habit de garde national ; mais s'il est misérable, il faudra que l'école soit gratuite pour lui, et elle le sera. Cet argument, qu'on répète sans cesse, avec l'arrière-pensée de transformer les difficultés de la gratuité en objection invincible contre l'obligation, serait valable dans un pays où l'école ne serait gratuite pour personne ; mais elle est gratuite chez nous pour tous ceux, sans exception, qui n'ont pas le moyen de la payer. Donc l'argument ne vaut rien, et la gratuité, c'est-à-dire la gratuité absolue, n'est pas la conséquence indispensable de l'obligation. Cela seul nous importe. Nous ne pouvons proposer la gratuité absolue ; nous ne la combattons pas ; nous ne la défendons pas ; nous nous bornons à déclarer que, pour aujourd'hui, elle est impossible, par cette unique raison qu'elle exigerait un sacrifice au-dessus de nos forces.

On ne doit jamais invoquer l'économie contre l'instruction publique. Aussi n'est-ce pas d'économie qu'il s'agit ici, mais de nécessité. L'argent qu'il faudrait, nous ne l'avons pas. Nous ne pouvons, en ce moment, le demander ni à l'impôt, ni à l'emprunt. Il nous est impossible d'ajouter trente millions au budget de l'instruction primaire, et trente millions ne suffiraient pas, si nous les avions.

On croit généralement qu'il suffit, pour établir la gratuité absolue, d'ajouter au budget de l'instruction primaire une somme égale au produit de la rétribution scolaire. Ce produit était de vingt-deux millions au dernier recensement ; mais il faut faire face à des dépenses nouvelles, nécessitées par l'obligation, et qu'augmenterait encore la gratuité. Ces dépenses, on ne peut guère les déterminer d'avance ; on peut seulement prévoir qu'elles seraient assez lourdes. En effet, à mesure que le nombre des élèves s'accroît, il faut un plus grand nombre d'adjoints. En supposant un adjoint par cinquante élèves, on peut apprécier ce que coûterait l'entrée dans les écoles de cent, deux cents, cinq cents, mille élèves nouveaux. Il faudra même de nouvelles écoles ; on les fera avec la plus grande économie, mais on ne pourra se dispenser de les faire. Il n'est pas douteux que, même sans établir la gratuité absolue, nous aurons à faire face, pour les exercices prochains, à un accroissement de dépenses très-important. Nous y parviendrons, si nous ne surchargeons pas le budget dès à présent ; mais exonérer au prix de 22 millions les familles qui, en ce moment, paient la rétribution scolaire, ce serait évidemment nous exposer à ne pouvoir l'an prochain ni donner aux écoles subsistantes le nombre de maîtres dont elles auront indispensablement besoin, ni ouvrir un nombre suffisant d'écoles proprement dites et d'écoles de hameaux. Même si nous étions dans une situation à pouvoir voter dès aujourd'hui 22 millions d'augmentation, il serait sage de ne pas le faire, et de réserver nos ressources pour les dépenses plus urgentes.

Telles sont les raisons qui nous déterminent à proposer l'obligation sans la gratuité, étant d'ailleurs bien entendu que les communes conservent toute liberté d'établir avec leurs ressources propres la gratuité chez elles, et que dans les communes qui ne l'établiront pas l'école sera ouverte sans rétribution à tous les enfants hors d'état de payer.

Voilà ce que nous proposons de faire pour la propagande de l'enseignement. Maintenant parlons de l'organisation des écoles.

La loi de 1854 les a mises dans les mains des préfets. Il n'est pas difficile de deviner le motif de cette attribution. Les préfets n'ont aucune compétence scolaire ; ce sont des agents politiques. Les charger de nommer et de gouverner les instituteurs, c'est évidemment leur imposer une besogne à laquelle ils ne sont pas préparés. Ils n'ont pas qualité pour juger de la valeur d'une méthode ou d'un livre ; ils ne peuvent décider si un instituteur a le véritable esprit de son état. Comment peuvent-ils assigner un poste à un maître, lui donner ou lui refuser de l'avancement ? La loi leur donne pour collaborateur l'inspecteur d'académie ; mais l'inspecteur n'est qu'un conseiller, et un conseiller bien embarrassé pour défendre son opinion, quand il a un préfet pour antagoniste. Il suit de là que si le Gouvernement n'est pas scrupuleux, les mutations dans le corps des instituteurs ont pour raison d'être la politique, et non la pédagogie. Le moyen d'avancer, ce n'est pas de faire de bons élèves, c'est de servir d'auxiliaires à l'administration du préfet, à sa police, à ses volontés en matière d'élection. Ceux qui connaissent l'histoire des candidatures officielles savent quel rôle ont joué dans les élections la plupart des instituteurs. Écrire les bulletins, les porter, les recommander, faire copier les circulaires et les correspondances à leurs élèves, servir au besoin d'afficheurs, louer le candidat agréable dans les lieux publics, parfois dans la classe, parce que les parents entendent ce que l'on dit à leurs enfants, dénigrer et même calomnier l'adversaire,

voilà ce que l'on attendait d'eux et ce qu'ils ne pouvaient refuser sans compromettre leur carrière et briser leur avenir. Il n'en était pas ainsi partout, et maintenant, il n'en est ainsi nulle part ; mais de ce que le Gouvernement et l'Assemblée sont d'accord aujourd'hui pour proscrire de honteuses manœuvres, pouvons-nous conclure qu'on n'y reviendra jamais ? Pouvons-nous répondre de nos successeurs ? Sommes-nous bien sûrs que dans les moments de luttes on ne sera pas tenté de ressaisir cette armée qu'on aura là sous la main, et qui, à une autre époque, a rendu, et souvent en dépit d'elle-même, de si funestes services ? N'est-il pas sage, indispensable, de marquer par une transformation profonde que la politique doit être désormais bannie de l'enseignement ? Les préfets, transformés naguère en directeurs de l'instruction primaire pour les besoins de la candidature officielle, ne peuvent plus conserver une situation si contraire à leurs aptitudes et si peu en harmonie avec les besoins de l'enseignement. Ils auront, sur l'instruction primaire, une influence considérable par leur action dans le conseil général et dans le conseil départemental ; mais ils ne la dirigeront plus.

Qui héritera de leur pouvoir ? Est-ce l'État ? Est-ce la commune ?

L'idée que la commune doit nommer l'instituteur et diriger librement l'école qu'elle a fondée, fait de très-grands progrès dans les partis les plus opposés. D'abord, elle se rattache aux principes généraux de décentralisation et d'indépendance communale, et elle s'appuie en outre sur l'intime analogie de l'école avec la vie de famille. On a beau mettre son enfant chez un instituteur, on ne le lui confie qu'à demi : on le retient, en le donnant. On veut veiller sur ses sentiments, le diriger ; déterminer le caractère de son travail, en fixer même la mesure. Ce n'est pas une prétention, c'est l'exercice d'un droit, l'accomplissement d'un devoir. Quoi de plus naturel que de faire représenter les pères de famille par les délégués de la commune, qui sont les conseillers municipaux, et par le maire ? La commune est elle-même une sorte de famille ; elle doit en avoir le caractère, et elle l'aura d'autant plus qu'elle retiendra l'école sous son autorité. La qualité la plus indispensable à un maître, c'est d'inspirer la confiance ; et le moyen d'avoir confiance, c'est de choisir. Personne ne souffrirait qu'on lui imposât un médecin ; et de même, on ne doit pas imposer un instituteur. Enfin les dépenses de l'instruction primaire, quoique le département et l'État y contribuent, sont surtout, et quelquefois exclusivement, des dépenses communales.

Malgré ces raisons, qui ne sont pas sans force, nous croyons que l'État a, dans l'éducation des enfants, un intérêt supérieur. Il est riche et puissant si l'éducation est bonne ; si elle est mauvaise, rien ne peut le sauver de la décadence. Ce ne sont pas seulement de futurs habitants de la commune qu'on élève dans les écoles ; ce sont des citoyens qui serviront le pays, qui l'administreront, qui voteront dans les élections générales, et peut-être même dans les plébiscites. L'État est un être humain, puisqu'il représente une collection d'hommes. A-t-il pour unique mission de percevoir les impôts, de faire des routes, de rassembler l'armée ? doit-il se désintéresser de la pensée et de la morale ? Le pourrait-il quand il le voudrait ? Il a beau repousser bien loin le principe des religions d'État, proclamer et professer la liberté de conscience, il a un dogme, puisqu'il a un code ; il n'est pas une simple association d'intérêts ; il est la patrie, quelque chose de puissant et de vivant, qui parle au cœur et s'impose à l'esprit. C'est par les écoles qu'il souffle le patriotisme, qu'il entretient la morale, qu'il relève les mœurs, fortifie les caractères, enseigne le respect, commande le sacrifice. Nul n'oserait chasser la France des écoles françaises.

Tel est le principe ; l'étude des faits le confirme. Qu'est-ce qu'une commune ? C'est quelquefois Paris ou Lyon : mais c'est aussi, plus de vingt mille fois, un village. Nous avons en France seize mille communes qui ne comptent pas plus de cinq cents habitants. Un grand nombre parmi ces petites communes ont grand'peine à réunir cinq ou six conseillers municipaux sachant lire. Que sera, dans de telles circonstances, le gouvernement de l'école par le maire et les conseillers municipaux ? On s'occupe beaucoup aujourd'hui des questions scolaires ; on convient qu'elles sont les plus importantes de toutes et les plus difficiles. Il ne faut donc pas donner la moitié au moins, et probablement les trois quarts, de nos écoles à gouverner à des illettrés ou à des hommes sachant tout au plus lire, écrire et compter. Il n'y a guère de différence entre cette direction incompétente, inintelligente, et la désorganisation de la moitié de nos écoles.

Si les conseils municipaux choisissent les instituteurs, quelle garantie avons-nous que le choix sera bien fait ? Aucune absolument ; c'est abandonner l'instruction au hasard. Même dans les villes, où les conseillers doivent être plus éclairés, ils ne sont à aucun degré compétents. On ne saurait trop se pénétrer de cette vérité que la pédagogie est une science des plus difficiles, qui ne s'acquiert que par une longue pratique, et qui demande des dispositions toutes spéciales. Ce qui déterminera les choix, ce sera la coterie ou le parti, une famille puissante ou une majorité dominante. On disposera de la direction de l'école pour quelqu'un qui en a besoin, ou qui a des parents puissants, ou beaucoup d'amis. La dernière chose à laquelle on pensera dans ces élections, ce sera l'école. Ailleurs on voudra un maître républicain ou un maître légitimiste.

Le maître nommé, mais destituable à merci, ne sera qu'un valet. Il obéira à tout le monde dans la commune et n'obtiendra ni le respect ni l'obéissance de ses élèves. Il n'aura pas de carrière, puisqu'en sortant de l'école, il n'est plus autre chose qu'un candidat, obligé de chercher une vacance, de se présenter devant un nouveau conseil municipal, de lutter, lui étranger, contre des influences locales. Le recrutement sera impossible. On n'aura plus pour maîtres que des impuissants ou des déclassés. N'est-il pas plus simple de traiter les instituteurs comme les professeurs de colléges et des lycées, d'en faire un corps ayant sa hiérarchie, son avancement régulier, ses pensions de retraite ? C'est la pratique de tous les peuples chez lesquels l'instruction primaire a prospéré. Le maire, les délégués cantonaux, le conseil départemental auront leur part d'autorité et leur droit de surveillance ; les écoles privées jouiront d'une liberté entière. Dans ces conditions, l'État remplira son devoir, la commune exercera ses droits, et l'école sera bonne.

Nous proposons donc de faire nommer les instituteurs par l'inspecteur d'académie, sous l'autorité du recteur ; mais il les nommera seulement à titre provisoire. L'expérience a démontré qu'on peut avoir toutes les connaissances nécessaires pour obtenir un diplôme, et manquer des qualités les plus essentielles à un maître. Après deux ans d'exercice, l'instituteur subira un examen professionnel devant l'inspecteur d'académie, assisté de deux inspecteurs de l'enseignement primaire, et c'est à la suite de cette épreuve que le recteur de l'académie lui conférera un titre définitif.

L'inspecteur d'académie fera les mutations, qui n'auront aucun caractère disciplinaire. Il pourra, en avertissant le recteur, prononcer la suspension provisoire. Il ne fera, pour les peines plus graves, que déférer le coupable au conseil départemental. Nous avons tenu à donner des garanties sérieuses, des protecteurs puissants aux instituteurs.

Ils sont fort abandonnés au fond de leurs villages ; ils dépendent de bien des personnes : du maire, du curé, des délégués cantonaux, de l'inspecteur primaire, de l'inspecteur d'académie, sans parler des pères de famille. Aucun fonctionnaire n'a un plus grand nombre de maîtres ; aucun n'a besoin d'être mieux défendu. Nous renvoyons donc au conseil départemental tout ce qui touche à leur carrière ou à leur fortune : la suspension avec la privation de traitement, la mutation pour un poste inférieur, la destitution, la révocation.

Nous aurions bien voulu, dans le même ordre d'idées, relever le traitement des instituteurs. Nous avons eu un si impérieux besoin d'excellents maîtres, que nous voudrions pouvoir appeler à nous les capacités. Il est d'ailleurs plus que jamais nécessaire que le maître se consacre exclusivement à son école et ne cherche pas un supplément de ressources dans des fonctions souvent peu compatibles avec sa dignité et l'accomplissement de ses devoirs. La situation actuelle de nos finances nous interdit de proposer dès maintenant une augmentation. Une loi, qui vous est présentée, met les instituteurs dans la seconde classe du service actif pour l'obtention des pensions de retraite ; un article de la présente loi assure la régularité des paiements ; ces deux bienfaits seront vivement ressentis. Le droit que nous conférons aux instituteurs de n'être punis qu'en vertu d'un jugement, contribuera aussi à relever l'importance de leurs fonctions ; mais aussitôt que les charges momentanées que nous subissons auront disparu, ce sera un devoir impérieux d'élever le minimum du traitement, qui est aujourd'hui de 750 francs, et qui doit être porté à mille.

Nous avons en France un grand nombre de congrégations enseignantes, les unes disséminées dans tout le pays, les autres locales. Il paraît raisonnable, et conforme à tous les intérêts, de supprimer, après des délais convenables, le privilége accordé aux religieuses d'entrer dans l'enseignement sans produire un brevet de capacité. Il serait fort à souhaiter que, dans les communes où les familles sont divisées sur le choix entre une école congréganiste et une école laïque, il fût possible d'entretenir à la fois les deux écoles. Beaucoup de localités ne pouvant suffire à cette double dépense, le choix à faire pour la direction de l'école unique est très-épineux. Dans l'état actuel, il appartient au préfet, qui prononce après avoir entendu le conseil municipal. La plupart des préfets refusent d'exercer ce droit et en réfèrent au ministre. D'autre part, lorsque les préfets ont pris sur eux de repousser l'avis du conseil municipal, celui-ci ne manque pas d'en référer à l'autorité supérieure ; de sorte que le maintien de la législation actuelle aurait pour conséquence de faire trancher la question par le ministre seul, ce qui constituerait une des applications les plus abusives du principe de la centralisation.

Nous croyons que la décentralisation est de droit dans une matière qui touche de si près à la liberté de conscience, et que le droit d'option ne peut être exercé que par un pouvoir local et électif. Nous ne venons pas cependant vous proposer de charger le conseil municipal de décider en dernier ressort. Outre qu'il y a des conseils municipaux peu éclairés, et d'autres qui, par la force des choses, sont toujours soumis à certaines influences politiques, territoriales ou religieuses, les élections municipales sont trop souvent une manifestation politique, et nous devons autant que possible soustraire nos écoles aux fluctuations de l'opinion. Le conseil municipal est sans doute le délégué officiel de la commune ; il est censé en représenter la majorité ; il ne la représente pas toujours, surtout dans des matières aussi spéciales ; et la preuve c'est que, dans des moments de trouble, où les conseils municipaux se sont arrogé la direction absolue de leurs écoles, on a pu constater un désaccord formel entre eux et la majorité des pères de famille. C'est cette majorité qu'il faut respecter ; c'est elle qu'il faut constater, et c'est pour y parvenir que nous vous proposons de donner l'initiative au conseil municipal, et la décision au conseil départemental devenu, par une loi nouvelle, une assemblée élective. Dès que la municipalité aura exprimé son vœu, l'inspecteur d'académie procédera à une enquête. Le vœu est-il légal ? Est-il conforme aux intérêts de l'école ? Répond-il à la volonté de la majorité des pères de famille ? Il fait, sur ces trois points, un rapport écrit et donne ses conclusions au conseil départemental qui décide. Ce conseil renferme les représentants de tous les intérêts ; il est en grande partie électif ; il compte parmi ses membres (du moins nous vous le proposerons avec le vif intérêt de voir notre proposition acceptée) le maire du chef-lieu : il connaît bien le département, puisqu'il lui appartient ; il est apée au-dessus des intrigues et des passions locales ; il a qualité pour déclarer si le conseil municipal a cédé à des entraînements et mal interprété le vœu de la population.

Enfin, la décision du conseil pourra être déférée par voie d'appel au conseil supérieur de l'instruction publique. Ce grand corps, où siégeront les représentants les plus autorisés de la science et de l'enseignement, sera présidé par le ministre. Il aura sous les yeux, en rendant son jugement, la délibération du conseil municipal, celle du conseil départemental ; il pourra entendre les parties ; le préfet lui adressera son rapport. Nous croyons que cette procédure est irréprochable, et qu'elle assure pleinement les droits des pères de famille.

La jurisprudence actuelle est obscure sur un point capital qu'il faut trancher par la loi. Une circulaire ministérielle et une décision conforme du Sénat établissent que le conseil municipal n'a jamais le droit d'émettre un vœu que dans le cas de vacance de l'école par décès, démission ou destitution du titulaire. Si cette jurisprudence était maintenue, l'autorité universitaire ou les congrégations pourraient, par des mutations faites à propos, rendre presque impossible l'ouverture du droit du conseil municipal. Il paraît donc nécessaire d'ajouter au droit d'émettre un vœu en cas de vacance de l'école, celui d'en émettre un dans la session qui suivra les élections communales. Les conseillers, récemment élus, exprimeront évidemment la volonté de leurs électeurs. Il ne paraît pas utile d'aller plus loin. L'instituteur ne doit pas être exposé à se voir discuté chaque jour. Le cas de vacance d'une école, et une période de cinq ans qui peut se trouver diminuée par les dispositions de la loi municipale, donnent satisfaction aux droits de la commune.

Nous ne proposons pas de revenir sur la nomenclature des matières de l'enseignement primaire. La loi de 1854, comme les lois antérieures, distingue avec raison les matières obligatoires et les matières facultatives. La nomenclature des matières obligatoires est bien faite, elle est suffisante. Elle a seule une importance légale, importance qui vont accroître encore les prescriptions relatives à l'obligation scolaire. L'énumération des matières facultatives n'a d'autre but que de définir l'enseignement primaire, et cette définition est nécessaire puisque l'enseignement primaire et l'enseignement secondaire sont soumis à des conditions, à des règles et à des autorités différentes. Il doit être bien entendu que cette liste peut être développée ou restreinte, suivant le vœu et les besoins des populations, et que l'administration doit avoir une certaine latitude à cet égard. Il serait dès lors peu opportun de provoquer une nouvelle délibération sur cette nomenclature ; c'est au conseil supérieur qu'il appartient de la modifier. C'est lui qui, d'accord avec le ministre, trouvera le moyen d'améliorer et de généraliser l'étude de la géographie et de l'histoire, et de faire passer dans les habitudes nationales les exercices de la gymnastique.

(A suivre.)

Le Directeur-Gérant ; **G. HUBERSON.**

Paris. — Imprimerie de GAUTHIER-VILLARS, quai des Grands-Augustins, 55.

(Ancienne imp. Bonaventure.)

ACTES OFFICIELS : Lois, Décrets, Arrêtés, Règlements, Circulaires, Nominations, etc.
DOCUMENTS GÉNÉRAUX (français et étrangers).

PROJET DE LOI

SUR

L'INSTRUCTION PRIMAIRE

Présenté par M. Jules SIMON, ministre de l'instruction publique,

Dans la séance du 15 décembre 1871.

—

EXPOSÉ DES MOTIFS.

(*Suite.*)

Quant à la morale, qui doit être l'objet suprême de nos efforts, nous ne chargerons pas nos instituteurs de l'enseigner dans des cours réguliers ; nos enfants ne seraient pas en état de les comprendre, et bien peu d'instituteurs seraient bien préparés à les bien faire. Il n'y aura pas, dans les écoles, d'enseignement dogmatique de la morale ; mais, si notre loi ne manque pas son but, les maîtres enseigneront à nos enfants, chaque jour, et dans chacun des exercices de la classe, la nécessité de remplir son devoir envers les hommes, envers la patrie et envers Dieu. Ceux qui choisiront les instituteurs s'attacheront sans doute à en trouver de capables ; mais ils exigeront avant tout qu'ils soient honnêtes, ou, pour mieux dire, qu'ils soient exemplaires. Toutes les autorités scolaires, ministre, conseil supérieur, conseil académique, conseil départemental, inspecteurs de tout ordre, délégués cantonaux, ne cesseront de songer que l'éducation importe encore plus que l'instruction et que la France a besoin de bons citoyens autant et plus que de citoyens lettrés. Les murs de l'école parleront de morale ; les exemples d'écriture introduiront par force dans la mémoire des maximes austères d'obéissance, de dévouement, de probité. L'instituteur ne manquera pas une occasion de le rappeler : personne n'entrera dans une classe sans se souvenir qu'il doit y parler en père de famille. Les livres surtout seront l'objet d'une révision complète. Des efforts sont tentés pour que les plus grands esprits tiennent à honneur de composer à l'usage des écoles deux ou trois petits livres dignes d'être appris par cœur par les enfants et de rester éternellement dans la mémoire des hommes faits. On essayera par les cours d'adultes de prolonger l'influence de l'instituteur sur les jeunes gens. La bonne école est celle dans laquelle on aime à revenir, comme on revient au foyer domestique, pour y chercher des consolations, des leçons et des forces.

L'enseignement régulier de la morale, qui serait déplacé et peut-être dangereux dans les écoles, tiendra désormais le premier rang dans les écoles normales. On y enseignera aux élèves-maîtres les principes sur lesquels repose la morale publique et privée ; on leur en fera suivre les diverses applications. On nourrira leur esprit de ces mâles doctrines qui, dans chaque crise de la vie, montrent infailliblement où est le devoir, et ne laissent place ni à l'erreur ni à l'hésitation. On leur en fera comprendre la justice, l'autorité, la nécessité. Ils sauront que, sous un titre modeste et dans une carrière ingrate, ils sont chargés de rendre à leur pays le plus grand de tous les services, en répandant le sentiment et l'intelligence du devoir.

Chaque année, le ministre rendra compte à l'Assemblée, en séance publique, des progrès de l'instruction primaire. Cette solennité sera chère au corps enseignant. Elle donnera à l'Assemblée l'occasion de faire entendre sa volonté souveraine ; et elle nous fera connaître à tous les efforts que nous aurons faits les uns et les autres pour mériter notre propre estime et celle du monde.

PROJET DE LOI SUR L'INSTRUCTION PRIMAIRE

Art. 1er. — Tout enfant de l'un ou de l'autre sexe, âgé de six ans révolus, à treize ans révolus, doit recevoir un minimum d'instruction comprenant les matières obligatoires, soit dans l'école communale, soit dans une école libre, soit dans la famille. Ce minimum d'instruction sera constaté à la fin de la période scolaire légale par un examen, conférant, s'il y a lieu, un certificat d'études.

Le conseil départemental pourra déclarer que les enfants, employés hors de leur famille, dans l'agriculture ou dans les manufactures, ne seront tenus d'assister, à certaines époques, qu'à une seule des classes de la journée.

Ne seront pas soumis aux sanctions pénales déterminées par l'article 4, les habitants des communes ou portions de communes que le conseil départemental, après l'avis du conseil général, aura déclaré ne pas se trouver dans des conditions qui permettent d'appliquer le principe de l'obligation.

Cette exemption ne vaudra que pour un an.

La déclaration du conseil départemental sera transmise, séance tenante, au ministre de l'instruction publique, qui prendra, avec le concours du préfet et du conseil général, les mesures nécessaires pour qu'une école soit établie pour l'année suivante.

Art. 2. — Une commission scolaire est instituée pour surveiller la fréquentation des écoles. Cette commission est composée du délégué cantonal, du maire, du curé ou du pasteur, et de trois pères de famille, désignés par le conseil municipal, et dont un, au moins, devra être pris dans le sein de ce conseil.

La commission scolaire est présidée par le maire, ou, en son absence, par le plus âgé des membres présents. Le procès-verbal des séances, signé par tous les membres présents, sera conservé dans les archives de la mairie.

L'inspecteur de l'enseignement primaire fait partie de toutes les commissions scolaires de son ressort d'inspection.

Art. 3. — Le maire remet chaque année à l'instituteur, quinze jours avant la rentrée des classes, la liste de tous les enfants qui sont dans l'âge où la fréquentation des écoles est obligatoire. Il indique sur cette liste les enfants qui, d'après la déclaration des familles, tuteurs ou patrons, suivent une école libre ou reçoivent l'instruction à domicile.

Il remet à chaque instituteur libre la liste des enfants inscrits pour suivre son école. — L'instituteur libre est soumis, pour la constatation de l'assiduité, aux mêmes obligations que l'instituteur public. Lorsqu'un élève quitte l'école, l'instituteur en donne avis au maire, sans délai. La famille est tenue de faire la même déclaration, en indiquant de quelle façon l'enfant recevra l'instruction à l'avenir.

L'instituteur public ou libre adresse, le dernier jour du mois, au président de la commission scolaire et à l'inspecteur de l'enseignement primaire, la liste des élèves qui ont été absents, avec l'indication du nombre et des motifs des absences pour chaque élève.

Ne seront considérées comme valables que les excuses acceptées par la commission scolaire.

La commission scolaire ou l'inspecteur d'académie pourront déférer au conseil départemental tout instituteur libre qui ne se conformerait pas aux prescriptions du présent article. Après deux avertissements restés inutiles, le conseil prononcera la suspension pour un mois. En cas de récidive, la peine pourra être élevée à trois mois.

L'instituteur suspendu pourra en appeler au conseil supérieur de l'instruction publique. L'appel sera suspensif.

Art. 4. — Après trois absences non justifiées dans le courant du mois, le père, le tuteur ou la personne responsable sera mandée dans la salle des actes de la mairie, devant la commission scolaire qui, en lui rappelant le texte de la loi, lui expliquera ses devoirs.

En cas de récidive, la commission prononcera l'inscription des nom, prénoms et qualité de la personne responsable à la porte de la mairie, pendant quinze jours ou un mois; elle pourra aussi retirer aux familles indigentes la faculté de recevoir des secours publics.

En cas de nouvelle récidive, ou après des absences non justifiées, la commission adressera une plainte au juge de paix qui, après avoir appelé le contrevenant, prononcera une amende de un à dix francs.

Dans le cas d'une nouvelle infraction, l'amende sera doublée. Si, après les deux dernières condamnations, de nouvelles infractions à la loi se produisent, le tribunal correctionnel, saisi par la commission scolaire ou par l'inspecteur de l'enseignement primaire, prononcera une amende de vingt francs au moins et de cinquante francs au plus.

En cas de récidive, l'amende sera doublée. Le tribunal pourra, en outre, prononcer la privation des droits civiques pendant trois ans et l'interdiction, pendant la même durée, d'être employé dans les ateliers de l'État, soit comme ouvrier, soit à un autre titre.

A défaut de payement, le total des amendes sera converti en journées de prestation, dont la valeur en argent, de même que le montant de l'amende, sera ajoutée au produit des centimes spéciaux de l'instruction primaire.

Lorsque l'enfant est employé soit dans l'agriculture hors de sa famille, soit dans un atelier ou une fabrique, le patron sera mandé en même temps que le père ou tuteur, et condamné aux mêmes peines. Il pourra être déclaré solidairement responsable des amendes encourues.

Art. 5. — Chaque année, la commission scolaire délivre, en séance publique, des certificats d'études aux enfants âgés de treize ans révolus qui auront suivi l'école publique ou libre avec assiduité depuis l'âge de six ans révolus. Elle examine, sur les matières obligatoires, les enfants qui ont reçu l'instruction dans leur famille, et leur délivre, s'il y a lieu, le certificat d'études. Chacun de ces enfants écrit publiquement une dictée dont le texte est fourni par l'inspecteur d'académie. La dictée est annexée au procès-verbal.

Lorsqu'il est prouvé que l'enfant n'a pas reçu de leçons dans sa famille, la commission scolaire ou l'inspecteur de l'enseignement primaire adresse une plainte au tribunal correctionnel, qui peut appliquer le maximum des peines portées à l'article 4.

A la fin de cette session d'examen, le président de la commission scolaire dresse la liste des enfants qui reçoivent l'instruction à domicile. Il en donne lecture à haute voix et la transmet au maire de la commune et au président de la commission cantonale.

Art. 6. — A partir du 1er janvier 1880, aucun citoyen arrivant à l'âge de 21 ans ne sera inscrit sur la liste électorale que sur la présentation du certificat d'étude. A défaut de ce certificat, il pourra obtenir d'être rétabli sur la liste électorale en écrivant sa demande sur la table de la mairie, en présence du maire et de deux conseillers municipaux. Procès-verbal de cette formalité sera envoyé par le maire à l'inspecteur d'académie. La demande de l'électeur sera annexée au procès-verbal.

Art. 7. — L'inspecteur d'académie, sous l'autorité du recteur, nomme à titre provisoire les instituteurs, les institutrices, les directrices des salles d'asile publiques, leurs adjoints et adjointes; il arrête la liste d'admissibilité à l'école normale primaire, et propose au conseil général la nomination des boursiers de l'État et des communes.

Nul n'est nommé instituteur à titre définitif, qu'à la suite d'un examen professionnel auquel on ne peut être admis qu'après deux ans d'exercice.

L'examen a lieu devant l'inspecteur d'académie et deux inspecteurs de l'enseignement primaire du département, désignés par le recteur.

La nomination à titre définitif est ratifiée par le recteur d'académie, au nom du ministre de l'instruction publique.

Art. 8. — L'inspecteur d'académie peut, suivant les cas, avertir, réprimander, suspendre sans privation de traitement jusqu'à la prochaine réunion du conseil départemental, les directeurs ou directrices d'écoles ou d'asiles, ainsi que leurs adjoints ou adjointes. Il peut même prononcer provisoirement la privation partielle ou totale du traitement.

Toutes les fois que la suspension est prononcée l'instituteur doit être immédiatement averti. Le conseil statue sur la prolongation de la suspension; il peut ordonner la restitution du traitement.

La révocation ne sera prononcée que par le conseil départemental, l'instituteur ayant été entendu ou dûment appelé. L'instituteur révoqué ne pourra exercer des fonctions d'enseignement dans le même canton.

Le conseil départemental peut, après l'avoir entendu ou dûment appelé, frapper l'instituteur communal d'une interdiction absolue. L'instituteur révoqué ou interdit pourra en appeler devant le conseil supérieur de l'instruction publique, dans le délai de dix jours, à partir de la notification de la décision. Cet appel n'est pas suspensif.

Art. 9. — Toutes les fois qu'une école devient vacante, par suite de démission, de révocation ou de décès du titulaire, le conseil municipal est mis en demeure d'émettre son avis sur la question de savoir s'il désire que la direction de l'école soit confiée à un instituteur laïque ou à un membre d'une association religieuse voué à l'enseignement public.

Il peut émettre son avis sur la même question dans la session qui suit le renouvellement intégral de ses membres. Sa délibération est transmise à l'inspecteur d'académie, qui fait immédiatement une enquête, et au conseil départemental pour statuer. Avant le vote du conseil départemental, l'inspecteur d'académie lui rend compte des résultats de son enquête; il expose les motifs de la délibération du conseil municipal, et donne ses conclusions.

La partie qui succombe peut en appeler au conseil supérieur de l'instruction publique. Le conseil supérieur est tenu d'entendre, s'ils le demandent, le préfet, l'inspecteur d'académie et les délégués du conseil municipal et du conseil départemental. Le jugement mentionne qu'ils ont été entendus, que leurs lettres ou mémoires ont été lus en séance. Cet appel n'est pas suspensif.

Art. 10. — Le local de l'inspection académique, composé au moins d'un cabinet pour l'inspecteur, d'une pièce pour le commis, d'une salle des séances du conseil départemental, ainsi que le mobilier dudit conseil, et les frais de bureau de l'inspecteur d'académie, sont à la charge du département. Ces dépenses sont obligatoires et ne peuvent être prélevées sur les centimes spéciaux de l'instruction primaire.

Art. 11. — L'inspection des établissements d'enseignement primaire publics et libres est exercée :

1o Par les inspecteurs généraux de l'instruction publique;

2o Par les recteurs ou inspecteurs d'académie;

3o Par les inspecteurs de l'enseignement primaire et les inspectrices des salles d'asile;

4o Par les membres du comité cantonal, par les maires, et enfin par les curés ou desservants, les pasteurs ou rabbins, chacun en ce qui concerne le culte dont il est le ministre.

Aucune autre personne ne peut être admise à faire, dans les établissements publics, un acte quelconque de surveillance et d'inspection.

Néanmoins dans les villes qui comptent au moins vingt établissements publics d'instruction primaire, un contrôleur spécial pourra, avec l'agrément du ministre, être chargé de la surveillance du matériel. Il sera nommé par le maire et payé sur les fonds de la commune.

Art. 12. — Dans chaque canton, les établissements d'instruction primaire sont placés sous la surveillance des membres du comité cantonal d'instruction primaire.

Les membres du comité sont désignés, au nombre de cinq au moins et de douze au plus, pour chaque canton, par le conseil départemental. — Un instituteur public de la circonscription, et, si le canton compte au moins six établissements libres, un instituteur libre, font nécessairement partie de chaque comité cantonal, sans cependant prendre part à la visite des écoles.

Le conseil désigne l'instituteur public sur une liste de trois candidats élus par les instituteurs publics du canton, et l'instituteur libre sur une liste de trois candidats élus par les instituteurs libres.

Ces élections se font par un vote au scrutin secret, sur la convocation de l'inspecteur d'académie, à l'époque du renouvellement des comités cantonaux ou après décès ou démission d'un des instituteurs membres du comité.

Art. 13. — Les membres du comité cantonal sont nommés pour trois ans; ils sont rééligibles et révocables par le conseil départemental.

Art. 14. — Les membres du comité cantonal se réunissent au moins une fois tous les trois mois, au chef-lieu du canton, sous la présidence de celui d'entre eux qu'ils désignent.

Ils désignent aussi un secrétaire qui rédige et conserve les procès-verbaux.

L'inspecteur de l'instruction primaire est toujours informé cinq jours à l'avance de la réunion; il a le droit d'y assister avec voix délibérative.

Les membres du comité cantonal se répartissent la surveillance des écoles du canton et donnent avis de cette répartition au conseil départemental.

Le comité adresse à ce conseil, par l'intermédiaire de l'inspecteur d'académie, des délibérations et des rapports. Chacun de ses membres correspond directement avec les autorités locales pour tout ce qui concerne le besoin des écoles dont il est spécialement chargé.

Art. 15. — Le comité cantonal est consulté :

Sur les récompenses et encouragements qu'il convient d'accorder aux instituteurs publics ou libres et sur les peines qu'il peut y avoir lieu de prononcer contre eux quand ces peines sont la suspension, la révocation ou l'interdiction ;

Néanmoins, en cas d'urgence, la peine de la suspension peut être prononcée directement par l'inspecteur d'académie ;

Sur le nombre des écoles publiques et des salles d'asile publiques à ouvrir dans chaque commune et sur l'établissement des écoles de hameau ;

Sur le taux de la rétribution scolaire dans les écoles et les salles d'asile publiques ;

Sur les autorisations à donner pour l'établissement des écoles mixtes, quant au sexe et quant au culte ;

Sur la création d'écoles d'adultes ;

Sur l'admissibilité à l'examen d'entrée à l'école normale des candidats de la circonscription ;

Sur l'autorisation demandée par un instituteur public d'ouvrir un pensionnat ;

Sur la réunion de plusieurs communes pour l'entretien d'une école·

Extrait du procès-verbal de chaque réunion est transmis au conseil départemental, par l'intermédiaire de l'inspecteur d'académie.

Chaque membre du comité cantonal assiste, avec les autorités locales, à l'installation de l'instituteur appelé à la direction d'une des écoles placées sous sa surveillance. Il prend part, de concert avec l'inspecteur de l'enseignement primaire, aux examens pour l'obtention du certificat d'études.

Art. 16. — A partir du 1er janvier 1876, nul ne pourra être chargé de la direction d'une école s'il n'est pourvu du brevet de capacité mentionné à l'art. 25 de la loi du 15 mars 1850.

Les religieuses qui, à la date du 1er janvier 1876, compteront quatre années d'exercice de la profession d'institutrice, seront dispensées de l'obligation de produire le brevet.

Art. 17. — Les dépenses relatives à l'instruction primaire figurent au premier rang des dépenses obligatoires des communes et des départements ; il y sera pourvu au moyen :

1o Des dons et legs ;

2o Des revenus ordinaires des communes ;

3o En cas d'insuffisance des revenus ordinaires du produit d'une imposition spéciale de trois centimes ;

4o Du produit de la rétribution scolaire ;

5o Lorsque ces revenus seront épuisés, des ressources ordinaires du département et, en cas d'insuffisance, d'une imposition spéciale de trois centimes additionnels au principal des quatre contributions directes ;

6o Enfin, si les ressources communales et départementales ne suffisent pas, d'une subvention sur les fonds portés chaque année au budget de l'Etat.

Les dépenses de l'instruction primaire auxquelles il doit être pourvu avant toute autre dépense comprennent : 1o Les traitements fixes et éventuels des instituteurs et institutrices, de leurs adjoints et adjointes, des maîtresses des travaux à l'aiguille dans les écoles mixtes, des directrices de salles d'asile et de leurs adjointes ; 2o Les frais de construction, réparation, appropriation ou location de maisons d'école ; 3o Les frais d'entretien des bâtiments et du matériel scolaire, y compris l'achat des registres scolaires ; 4o les frais de bureau des comités cantonaux, des commissions scolaires et des commissions d'examen pour brevet de capacité.

Les dépenses d'entretien des cours d'adultes et de chauffage des classes et celles des fournitures classiques aux élèves hors d'état de payer, sont obligatoires et purement communales.

Art. 18. — Il y a, dans chaque département, une école normale d'instituteurs et une école normale d'institutrices, entrenues aux frais de l'Etat. Le département est tenu de fournir et d'entretenir le local et dépendances nécessaires à l'installation des établissements.

Néanmoins, sur la demande des conseils départementaux et des conseils généraux, le ministre de l'instruction publique pourra autoriser plusieurs départements à entretenir en commun une seule école normale d'instituteurs, ou une seule école normale d'institutrices.

Art. 19. — A partir du 1er janvier 1872, les fonds qui constituent le traitement des instituteurs et des institutrices publics, et qui ont été déterminés par les lois des 15 mars 1850 et 10 avril 1867, sont centralisés à la trésorerie générale du département. Les instituteurs et institutrices seront payés mensuellement sur mandats délivrés par les préfets.

Art. 20. — Les attributions conférées par la présente loi aux inspecteurs d'académie seront exercées en Algérie par le recteur de l'académie d'Alger.

Le conseil académique de l'académie d'Alger exercera les attributions qui sont dévolues aux conseils départementaux de la métropole,

Art. 21. — Dans le courant du mois de mars de chaque année, le ministre de l'instruction publique présente à l'Assemblée nationale, en séance publique, un rapport sur la situation de l'enseignement primaire.

Art. 22. — Les dispositions des lois antérieures contraires à la présente loi sont et demeurent abrogées.

MOUVEMENT DU PERSONNEL

—

Paris, Vanvres et Versailles.

(Lycées et colléges.)

Lycée Saint-Louis. Sont nommés aspirants répétiteurs :

M. Cousin, A. R. au lycée de Coutances, en remplacement de M. de Saint-Germain ;

M. Surre, A. R. au lycée de Rouen, en remplacement de M. Decros, appelé à d'autres fonctions.

Sont nommés maîtres répétiteurs de deuxième classe :

M. Boichot, M. R. (même classe) au lycée d'Alger, en remplacement de M. Banel-Rivet, appelé à d'autres fonctions ;

M. Delpech, M. R. de deuxième classe au lycée de Toulouse, en remplacement de M. Széléchowski.

Lycée de Versailles. M. Lafond (Joseph-François-Marie), bachelier ès lettres, est nommé aspirant répétiteur, en remplacement de M. Cassin.

Lycée de Vanvres. M. l'abbé de Bonfils est nommé second aumônier, en remplacement de M. l'abbé Blampignon.

Lycée Descartes. M. Delacroix, professeur de troisième (3e classe), délégué dans la classe de seconde, est nommé professeur de seconde (même classe).

M. Valin (Léopold-Pierre-Aignan), bachelier ès lettres, est nommé aspirant répétiteur auxiliaire.

Collége Stanislas. M. l'abbé Prudhan, licencié ès lettres, est agréé comme sous-directeur.

Départements.

Lycées.

Lycée d'Albi. M. Mathieu, maître élémentaire (1re classe) pour l'enseignement secondaire spécial, est nommé chargé de cours (2e classe) pour le même enseignement.

M. Salvaire, aspirant répétiteur au lycée de Limoges, est nommé aspirant répétiteur en remplacement de M. Bousquet, appelé à d'autres fonctions.

Lycée de Bourges. M. Janier (Numa-Joseph), bachelier ès lettres, est nommé aspirant répétiteur, en remplacement de M. Labeille, décédé.

M. Fleurant, professeur de quatrième et cinquième au collége d'Issoudun, est chargé de cours d'enseignement secondaire spécial, en remplacement de M. Lhomme, appelé à d'autres fonctions.

Lycée de Laval. M. Gateau, maître d'études au collége de Joigny, est nommé aspirant répétiteur, en remplacement de M. Barbigni, appelé à d'autres fonctions.

Lycée du Havre. M. Patoulet, breveté pour l'enseignement primaire, est nommé maître répétiteur de deuxième classe pour l'enseignement secondaire spécial (emploi vacant).

M. Bossu, A. R. est nommé maître répétiteur de deuxième classe.

Lycée de Marseille. M. Lamiral, agrégé de grammaire, chargé d'une division de troisième, est nommé professeur de troisième classe chargé de ladite division.

Lycée de Pau. M. Anizan, A. R., est nommé maître répétiteur de deuxième classe.

M. Piot (Théodore-Joseph-Marie-Laurent-Jacques), bachelier ès lettres, est nommé aspirant répétiteur, en remplacement de M. Laurait, appelé à d'autres fonctions.

Lycée de Périgueux. M. Goulpié, maître élémentaire de première classe pour l'enseignement secondaire spécial, est nommé chargé de cours de deuxième classe pour le même enseignement.

Lycée de Tarbes. M. Couat, maître répétiteur de deuxième classe au lycée de Nîmes, est nommé en la même qualité, en remplacement de M. Bordes, appelé à d'autres fonctions.

M. Cavel, A. R. au lycée de Bordeaux, est nommé aux mêmes fonctions, en remplacement de M. Croiset, appelé à d'autres fonctions.

Lycée de Lorient. M. **Boizy**, maître répétiteur de deuxième classe au lycée de Pontivy, est nommé aux mêmes foctions (même classe), en remplacement de M. Fournery, appelé à d'autres fonctions.

Lycée de Rodez. M. **Camajou** (Philippe-Raymond-Maurice), bachelier ès letres, est nommé aspirant répétiteur, en remplacement de M. Gaubert, appelé au lycée de Toulouse.

Lycée de Toulouse. M. **Gaubert**, maître répétiteur de deuxième classe au lycée de Rodez, est nommé aux mêmes fonctions (même classe), en remplacement de M. Cazes, appelé à d'autres fonctions.

Lycée de Nancy. M. **Morel**, bachelier ès lettres, chargé des fonctions de maître élémentaire, est nommé maître élémentaire.

Lycée d'Orléans. M. **Châtillon**, licencié ès sciences mathématiques et physiques, chargé de cours de mathématiques au lycée de Coutances, est chargé de physique, en remplacement M. Masure, appelé à d'autres fonctions.

M. **Laprovote**, proviseur de troisième classe au lycée de Chambéry, est nommé en la même qualité, en remplacement de M. Tranchau, appelé à d'autres fonctions.

Lycée de Rouen. M. **Roux**, maître répétiteur auxiliaire au lycée de Lyon, est nommé maître répétiteur de deuxième classe, en remplacement de M. Louis.

M. **Burtz**, bachelier ès lettres, maître répétiteur de deuxième classe au lycée de Vesoul, pour l'enseignement secondaire spécial, est nommé maître répétiteur (même classe) pour l'enseignement secondaire classique, en remplacement de M. Riquier.

Sont nommés maîtres répétiteurs de deuxième classe :

M. **Herbert**, bachelier ès lettres, maître d'études au collège Rollin, en remplacement de M. Bornot, décédé ;

M. **Barbazin**, aspirant répétiteur, en remplacement de M. Fiamma.

Lycée de Coutance. M. **Hervieux**, licencié ès sciences mathématiques et physiques, élève sortant de l'école normale supérieure, est chargé de cours de mathématiques, en remplacement de M. Châtillon, appelé à d'autres fonctions.

Lycée de Lyon. Sont nommés :

1° Maîtres répétiteurs de deuxième classe :

E. **Gautheron**, maître répétiteur (même classe) au lycée de Dijon, en remplacement de M. Lecercle, appelé à d'autres fonctions ;

M. **Guillemin**, maître répétiteur (même classe) au lycée de Grenoble, en remplacement de M. Perrin, appelé à d'autres fonctions ;

M. **Thomé**, maître répétiteur (même classe) au lycée de Saint-Etienne, en remplacement de M. Jacquinot, appelé à d'autres fonctions ;

M. **Coumes**, maître répétiteur (même classe) au lycée de Saint-Etienne, en remplacement de M. Magnien, appelé à d'autres fonctions ;

M. **Parel**, maître répétiteur (même classe) au lycée de Tournon, en remplacement de M. Guillot, appelé à d'autres fonctions ;

M. **Meyer**, aspirant répétiteur.

2° Aspirants répétiteurs :

M. **Lambert**, licencié ès lettres, maître répétiteur auxiliaire, en remplacement de M. Viard, décédé ;

M. **Ligier**, licencié ès lettres, maître suppléant au lycée Corneille, en remplacement de M. Rogé.

M. **Feuille**, maître répétiteur de deuxième classe au lycée de Grenoble, est chargé, à titre de suppléant, des fonctions de maître répétiteur (même classe), pendant la durée du congé accordé à M. Plasse.

Lycée de Pontivy. M. **Maillard**, maître répétiteur de deuxième classe pour l'enseignement secondaire spécial, est nommé maître élémentaire (même classe) pour ledit enseignement.

M. **Périer**, aspirant répétiteur au lycée de Versailles, est nommé maître répétiteur de deuxième classe, en remplacement de M. Balète.

Lycée de Vendome. Sont nommés maîtres élémentaires de deuxième classe pour l'enseignement spécial :

M. **Laplaiche** (Alexandre-Adonias), bachelier ès sciences (emploi nouveau) ;

M. **Laurenceau** (Noël-Alfred), breveté pour l'enseignement primaire, en remplacement de M. Chauvelon ;

M. **Zaysser** (Louis-Philippe), breveté pour l'enseignement primaire, est nommé maître répétiteur de deuxième classe pour l'enseignement secondaire spécial, en remplacement de M. Lebrun.

Lycée de Nice. M. **Jean**, licencié ès sciences mathématiques, maître répétiteur de deuxième classe au lycée de Poitiers, est nommé maître répétiteur de première classe, en remplacement de M. Jaillet.

Lycée de Bordeaux. Sont nommés :

1° Maître répétiteur de deuxième classe :

M. **Gerbe**, maître répétiteur (même classe) au lycée d'Avignon, en remplacement de M. Lesler.

2° Aspirants répétiteurs :

M. **Laurait**, aspirant répétiteur au lycée de Pau, en remplacement de M. David, décédé ;

M. **Têtewuide**, aspirant répétiteur au lycée du Puy, en remplacement de M. Rastouil.

Lycée de Clermont. M. **Delbine** est chargé de cours de travaux graphiques, en remplacement de E. Sauty, décédé.

Lycée de Nancy. M. **Urnès** est chargé de cours de travaux graphiques, en remplacement de M. Melin, démissionnaire.

Lycée de Brest. M. **Anfray**, maître répétiteur de deuxième classe, est nommé maître répétiteur de première classe.

Lycée de Chateauroux. M. **Triolaire**, aspirant répétiteur au lycée de Poitiers, est nommé aspirant répétiteur, en remplacement de M. Taffoureau.

Lycée de Chambéry. M. **Didelot**, proviseur (3e classe) au lycée de Mâcon, est nommé, sur sa demande, proviseur (2e classe), en remplacement de M. Laprovote, appelé à d'autres fonctions.

Lycée de Macon. M. **Grandsard**, censeur des études au lycée de Nîmes, est nommé proviseur (3e classe), en remplacement de M. Didelot, appelé au lycée de Chambéry·

Collèges.

Collège d'Aix. M. **Robaglia**, aspirant répétiteur au lycée de Bastia, est nommé maître d'études (emploi vacant).

Sont nommés maîtres d'études auxiliaires :

M. **Fouquet**, ancien professeur de quatrième à l'école Paoli, de Corte, en remplacement de M. Souchère ;

M. **de Galland** (Charles-Louis-Emile), bachelier ès lettres, en remplacement de M. Burnouf.

Un congé d'inactivité jusqu'à la fin de l'année scolaire 1871-1872 est accordé, sur sa demande et pour raison de santé, à M. Provansal, professeur de huitième.

M. **Burnouf**, licencié ès lettres, maître auxiliaire, est chargé, à titre de suppléant, de la classe de huitième pendant le congé accordé à M. Provansal.

Collège d'Ajaccio. M. **Seta**, licencié ès sciences mathématiques, chargé provisoirement du cours de mathématiques au collège Fesch, est nommé professeur de mathématiques (2e chaire) audit collège.

M. **Delorme**, professeur de rhétorique et seconde au collège d'Etampes, est nommé professeur de philosophie au collège Fesch, en remplacement de M. Maillet, appelé à d'autres fonctions.

Collège de Cherbourg. M. **Frigoult**, professeur de septième, est nommé professeur d'histoire, de géographie et de littérature pour les élèves de l'Ecole de marine (emploi nouveau).

M. **Quévillon**, professeur de huitième, est nommé professeur de septième, en remplacement de M. Frigoult.

M. **Edelmau**, professeur d'allemand au collège de Pont-à-Mousson, est nommé professeur d'allemand (emploi nouveau).

Collège de Dieppe. M. l'abbé **Sauvage** est nommé aumônier, en remplacement de M. l'abbé Gille.

Collège de Luxeuil. M. **Perret** (Jean-Narcisse), pourvu du diplôme d'études pour l'enseignement secondaire spécial, est nommé maître d'études pour ledit enseignement (emploi vacant).

Collège de Saint-Amand. M. **Mascart** (François-Ernest), ancien élève breveté de l'école normale de Cluny, est nommé professeur pour l'enseignement secondaire spécial, en remplacement de M. Maufroy, appelé à d'autres fonctions.

Le Directeur : **G. HUBERSON.**

Paris. — Imprimerie de GAUTHIER-VILLARS, quai des Grands-Augustins, 55.
(Anciennes imp. Bonaventure.)

MOUVEMENT DU PERSONNEL

—

BULLETIN DU 9 MARS 1872 (suite).

Collége de Valenciennes. M. Ravaux (Jean-François-Marie), pourvu du brevet de capacité pour l'enseignement primaire, est nommé maître d'études pour l'enseignement secondaire spécial, en remplacement de M. Magnier.

M. Viseur (Léon), bachelier ès sciences, est chargé, à titre de suppléant, des fonctions de maître d'études pendant la durée du congé accordé à M. Ledien.

Collége de Bar-sur-Aube. Un congé d'inactivité, jusqu'à la fin de l'année scolaire 1871-1872, est accordé, sur sa demande, à M. Socard, professeur de mathématiques.

M. Bourragué, ancien élève breveté de l'école de Cluny, est chargé, à titre de suppléant, de cours de mathématiques, pendant le congé accordé à M. Socard.

Collége de Commercy. M. Gallot, professeur pour l'enseignement secondaire spécial au collége de Phalsbourg, est nommé professeur pour le même enseignement (emploi vacant).

Collége d'Etampes. M. Savet, licencié ès sciences, surveillant général au lycée d'Angoulême, est nommé professeur de physique (emploi nouveau).

Collége de St-Mihiel. M. Naudin, pourvu du brevet complet pour l'enseignement primaire, est nommé professeur pour l'enseignement secondaire spécial.

Collége d'Arbois. Un nouveau congé d'inactivité, jusqu'à la fin de l'année scolaire 1871-1872, est accordé, sur sa demande, à M. Chapoy, chargé du cours de rhétorique ;

M. Monin, licencié ès lettres, continuera à être chargé, à titre de suppléant, de la classe de rhétorique, pendant le congé de M. Chapoy.

Collége d'Issoudun. M. Lhomme, chargé de cours d'enseignement secondaire spécial au lycée de Bourges, est nommé professeur de quatrième et cinquième, en remplacement de M. Fleurant, appelé à d'autres fonctions.

Collége de Cusset. Un congé d'inactivité est accordé, sur sa demande, à M. Lemoine, professeur de cinquième et sixième.

M. Mocquot, chargé de la classe de troisième au collége d'Auxerre, est nommé professeur de cinquième et sixième, en remplacement de M. Lemoine.

Collége de Lesneven. M. Tirhard, délégué dans la première chaire de mathématiques, est nommé professeur de ladite chaire.

Collége d'Auxerre. Un congé d'inactivité, jusqu'à la fin de l'année scolaire 1871-1872, est accordé sur sa demande et pour raison de santé, à M. Regnard, professeur de mathématiques.

M. Marchal, licencié ès sciences mathématiques, professeur pour l'enseignement secondaire spécial au collége de Schlestadt, est chargé, à titre de suppléant, de cours de mathématiques, pendant la durée du congé accordé à M. Regnard.

Collége d'Antibes. M. Torre, professeur d'histoire et de droit administratif à l'école Paoli, à Corte, est nommé professeur pour l'enseignement secondaire spécial (emploi vacant).

Collége d'Apt. M. Guizou, professeur de sixième et de septième au collége de Draguignan, est nommé professeur de latinité (2e chaire ; emploi nouveau).

Collége de Dole. M. Henriet, ancien élève breveté de l'école normale de Cluny, est chargé de cours d'enseignement spécial (emploi vacant).

Collége de Barcelonnette. M. Mathieu, professeur de latinité (2e chaire), est nommé professeur de latinité (1re chaire ; emploi vacant).

M. Griscelli, maître répétiteur au lycée de Marseille, est nommé professeur de latinité (2e chaire), en remplacement de M. Mathieu.

Collége de Provins. M. Buisson, maître répétiteur au lycée de Saint-Etienne, en congé d'inactivité, est nommé professeur pour l'enseignement secondaire spécial (emploi nouveau).

Collége de Mortain. M. Malinowski, licencié ès lettres, professeur de sixième et septième au collége de Honfleur, est nommé professeur de philosophie et rhétorique, en remplacement de M. Pierre, admis à la retraite.

Collége de Tlemcem. M. Moisset, bachelier ès lettres, est nommé professeur pour les classes de grammaire.

M. Falcon de Longevialle, bachelier ès lettres, est nommé professeur pour les classes élémentaires.

—

BULLETIN DU 28 MARS 1872.

—

Enseignement supérieur.

Académie des sciences. L'élection de M. Louis Agassiz, pour remplir la place devenue vacante dans la classe des associés étrangers, par suite du décès de sir Murchison, est approuvée.

L'élection de M. Georges Biddellairy, pour remplir la place devenue vacante dans la même classe par suite du décès de sir John Herschell, est approuvée.

Faculté des sciences. M. Lionnet, bachelier ès sciences, chargé des fonctions de préparateur de la chaire de chimie minérale, est nommé préparateur de ladite chaire.

M. Lescœur, licencié ès sciences physiques et mathématiques, préparateur auxiliaire du cours de chimie minérale, est nommé préparateur de la chaire de chimie organique.

ACADÉMIE DE MÉDECINE. L'élection de M. Jules Lefort, pharmacien de première classe, comme membre titulaire dans la section de pharmacie, en remplacement de M. Robinet, décédé, est approuvée.

FACULTÉ DE MÉDECINE. M. Carville, préparateur de physiologie, est nommé préparateur d'anatomie pathologique à la même Faculté.

M. Béclard, docteur en médecine, est nommé professeur de physiologie.

M. Bailly, agrégé près la Faculté de médecine, est chargé, pendant le 2e semestre de l'année scolaire 1871-1872, du cours des élèves sages-femmes à l'hôpital des Cliniques.

FACULTÉ DE THÉOLOGIE de Paris. M. l'abbé Méric, suppléant du cours de morale évangélique, est chargé de ce cours, en remplacement de M. l'abbé Gratry, décédé.

FACULTÉ DE DROIT. M. Gérardin, docteur en droit, est nommé professeur de droit romain.

M. Lyon-Caen, agrégé près la Faculté de droit de Nancy, est attaché en la même qualité à celle de Paris.

BIBLIOTHÈQUE MAZARINE. M. Cocheris, bibliothécaire, est nommé conservateur-adjoint.

ECOLE DE PHARMACIE. M. Baudrimont, docteur ès sciences, est nommé professeur adjoint de pharmacie chimique.

ECOLE DE MÉDECINE de Nantes. M. Montfort, docteur en médecine, est nommé suppléant pour les chaires de chirurgie et d'accouchement, en remplacement de M. Mahot, dont la démission est acceptée.

ECOLE DE MÉDECINE de Lille. M. Folet, chef des travaux anatomiques et suppléant, est nommé professeur adjoint, en remplacement de M. Paquet, appelé à d'autres fonctions.

M. Folet sera attaché, en cette qualité, aux chaires de chirurgie.

FACULTÉ DE MÉDECINE de Strasbourg. M. Opermann, ancien professeur à l'Ecole de pharmacie, admis à faire valoir ses droits à la retraite, est nommé professeur honoraire des écoles supérieures de pharmacie.

M. Fée, ancien professeur à la Faculté de médecine, admis à faire valoir ses droits à la retraite, est nommé professeur honoraire des Facultés de médecine.

FACULTÉ DE GRENOBLE. Un congé d'inactivité est accordé à M. Touzard, secrétaire agent-comptable des Facultés des sciences et des lettres et de l'Ecole préparatoire de médecine et de pharmacie.

M. Royon, commis de l'inspection académique du département de l'Isère, est nommé secrétaire agent-comptable des Facultés des sciences et des lettres et de l'école préparatoire de médecine et de pharmacie, en remplacement de M. Touzard.

ECOLE DE MÉDECINE de Rennes. M. Macé, suppléant pour les chaires de pharmacie, est nommé professeur de pharmacie en remplacement de M. Destouches, décédé.

M. Petit, suppléant pour les chaires de médecine, est nommé suppléant pour les chaires de chirurgie et d'accouchements, en remplacement de M. Pitois, appelé à d'autres fonctions.

M. Brulé, docteur-médecin, chef des travaux anatomiques, est nommé suppléant pour les chaires de médecine, en remplacement de M. Petit.

FACULTÉ DE DROIT de Strasbourg. M. Heimburger (Philippe), ancien professeur, admis à faire valoir ses droits à la retraite, est nommé professeur honoraire des Facultés de droit.

INSPECTION ACADÉMIQUE de Mâcon. M. Girard (Ulysse), bachelier ès lettres, ancien professeur de cinquième au collège d'Altkirch, est nommé commis d'inspection académique, en remplacement de M. Becq, appelé à d'autres fonctions.

Enseignement secondaire.

—

(PARIS ET VERSAILLES.)

LYCÉE SAINT-LOUIS. L'association des anciens élèves du lycée Saint-Louis est reconnue comme établissement d'utilité publique, et ses statuts sont approuvés.

LYCÉE DE VERSAILLES. M. Passa, chargé des fonctions d'aumônier protestant, est nommé auxdites fonctions.

(DÉPARTEMENTS.)

LYCÉE DE TOURS. M. Ropert (Augustin-Marie-René), bachelier ès lettres, est nommé A. R. (emploi nouveau).

LYCÉE DE CAHORS. M. Abriol, bachelier ès sciences, M. R. de 2e classe pour l'enseignement secondaire spécial, est nommé aux mêmes fonctions (même classe) pour l'enseignement secondaire classique, en remplacement de M. Tridon, appelé à d'autres fonctions.

M. Monty, chargé du cours de philosophie au lycée de Chambéry, est chargé de ce même cours, en remplacement de M. Rochelle, appelé à d'autres fonctions.

M. Michaud, A. R. au lycée de la Rochelle, est nommé M. R. de 2e classe, en remplacement de M. Miquel.

LYCÉE DE CHAMBÉRY. M. Rochelle, chargé du cours de philosophie au lycée de Cahors, est chargé du cours de philosophie, en remplacement de M. Monty, appelé à d'autres fonctions.

M. Grangé, chargé d'un cours primaire au petit collège annexé au lycée, est nommé maître répétiteur (2e classe) pour l'enseignement secondaire.

LYCÉE DE LA ROCHELLE. M. Adam, chargé du cours de seconde au lycée de Bastia, est chargé du cours de cinquième au lycée de la Rochelle, en remplacement de M. Seigneul, décédé.

LYCÉE DE LONS-LE-SAULNIER. M. Martin, M. R. de 2e classe pour l'enseignement secondaire spécial, est nommé M. R. de 1re classe pour le même enseignement.

M. Courcenet, A. R., est nommé M. R. de 2e classe.

LYCÉE DE NICE. M. Brunet (André-Jean-Louis), bachelier ès sciences, est nommé aspirant répétiteur, en remplacement de M. Giraud, appelé à d'autres fonctions.

M. le docteur Barelli, médecin adjoint, est nommé médecin, en remplacement de M. le docteur Lubonis, décédé.

LYCÉE DE PONTIVY. M. Vanbourg, maître élémentaire au lycée de Metz, est chargé du cours de sixième, en remplacement de M. Peujet.

LYCÉE D'ALGER. M. le docteur Collardot est nommé médecin en remplacement de M. Aguely, démissionnaire et nommé médecin honoraire.

Lycée de Bastia. M. Santi, A. R., est nommé M. R. de 2e classe.

M. Graziani (Félix-Henri), bachelier ès lettres, est nommé A. R., en remplacement de M. Briani, appelé à d'autres fonctions.

M. Nicolaï (Nicolas), bachelier ès lettres, est nommé A. R., en remplacement de M. Antonelli.

Lycée de Vésoul. MM. Chaudey et Sainty, A. R., sont nommés M. R. de 2e classe.

Sont nommés A. R. :

M. Robert (Charles-Laurent), bachelier ès lettres, en remplacement de M. Heller ;

M. Marquis (Joseph-Alfred), bachelier ès lettres, en remplacement de M. Simon ;

M. Sellet (Eugène), bachelier ès lettres, en remplacement de M. Rossigneux, appelé à d'autres fonctions ;

M. Fraitot, maître d'études auxiliaire au collège d'Épinal, en remplacement de M. Mourey, appelé à d'autres fonctions.

Lycée d'Albi. M. Salvaire, A. R., est nommé M. R. de 2e classe.

Lycée de Bourges. M. Magerand, professeur de troisième au collège d'Aurillac, est chargé du cours de seconde, en remplacement de M. Bourbon, appelé à d'autres fonctions.

Lycée de Chaumont. M. Ducruet, A. R. au lycée de Chambéry, est nommé aux mêmes fonctions (emploi vacant).

Lycée de Grenoble. M. Stouff, professeur de mathématiques élémentaires au lycée de Poitiers, est nommé censeur des études (3e classe), en remplacement de M. Subé, appelé à d'autres fonctions.

Lycée de Limoges. M. Ferraud, M. R. de 2e classe, est nommé maître élémentaire.

Lycée de Nîmes. M. Subé, censeur des études (3e classe) au lycée de Grenoble, est nommé censeur des études (même classe), en remplacement de M. Grandsart, appelé à d'autres fonctions.

Lycée de Niort. M. Barthélemy, licencié ès sciences mathématiques et physiques, élève sortant de l'École normale supérieure, est chargé du cours de mathématiques élémentaires au lycée-Fontanes, en remplacement de M. Gohierre de Longchamps, appelé à d'autres fonctions.

Lycée de Poitiers. M. Gohierre de Longchamps, professeur de mathématiques élémentaires (3ᵉ classe) au lycée Fontanes, à Niort, est nommé professeur de mathématiques élémentaires (même classe), en remplacement de M. Stouff, appelé à d'autres fonctions.

Lycée de Rouen. M. Goffart, agrégé d'enseignement spécial, est nommé professeur (3ᵉ classe), pour le même enseignement.

M. Carabœuf, M. R. de 2ᵉ classe, est nommé maître élémentaire.

M. Fatout, M. R. de 2ᵉ classe, est nommé M. R. de 1ʳᵉ classe.

M. Lefèvre, licencié ès lettres, chargé à titre de suppléant des fonctions de M. R. de 2ᵉ classe au lycée de Caen, est nommé M. R. (même classe), en remplacement de M. Guyot.

Lycée de Carcassonne. M. Record, A. R. au lycée de Pau, est nommé aspirant répétiteur (emploi nouveau).

Lycée d'Évreux. M. Hamel, maître élémentaire de 2ᵉ classe pour l'enseignement secondaire spécial, est nommé maître élémentaire de 1ʳᵉ classe pour le même enseignement.

M. Lefèvre, M. R. de 2ᵉ classe au lycée de Saint-Omer, est nommé M. R. (même classe), en remplacement de M. Dunan, appelé à d'autres fonctions.

Lycée de Lyon. M. Rodier, M. R. de 1ʳᵉ classe au lycée de Bourg, est nommé M. R. (même classe), en remplacement de M. Carol.

M. Meyer, A. R. au lycée de Mâcon, est nommé A. R., en remplacement de M. Dieu.

Lycée de Reims. Sont nommés A. R. :

M. Cudeau, maître d'études au collége de Cambrai, en remplacement de M. Piroux ;

Et M. Mallat de Bassilan (Marcel-Jacques Saint-Ange), bachelier ès lettres, en remplacement de M. Ducloux.

Lycée de Douai. M. Segonzac, commis d'économat de 2ᵉ classe au lycée de Bordeaux, est nommé commis d'économat de 1ʳᵉ classe, en remplacement de M. Saint-Edme, appelé au lycée de Vanvres.

Lycée de Bordeaux. M. Bernard (Jules), commis d'économat de 2ᵉ classe au lycée de Nevers, est nommé en la même qualité, en remplacement de M. Segonzac.

Lycée de Nevers. M. Delbos, commis aux écritures au lycée de Marseille, est chargé des fonctions de commis d'économat, en remplacement de M. Bernard.

Lycée de Marseille. M. Crosson, A. R. au lycée d'Orléans, est nommé commis aux écritures, en remplacement de M. Delbos.

COLLÉGES.

Collége de Pont-à-Mousson. M. Ebener, professeur pour l'enseignement secondaire spécial au collége de Wissembourg, est nommé professeur d'allemand, en remplacement de M. Edelmann, appelé à d'autres fonctions.

Collége d'Aix. M. Larroumet, maître d'études au collége de Blaye, est nommé maître auxiliaire, en remplacement de M. Bouvier.

Collége de Poligny. M. Roy (Joseph-Victor), bachelier ès sciences, est nommé maître d'études (emploi nouveau).

Collége de Saint-Junien. M. Matribus, breveté pour l'enseignement primaire, est nommé professeur pour l'enseignement secondaire spécial.

Collége de Castelnaudary. Un congé d'inactivité est accordé à M. Lecercle, professeur de mathématiques et de physique.

M. Salmon, licencié ès sciences, chargé à titre de suppléant du cours de mathématiques au collége d'Auxerre, est nommé professeur de mathématiques et de physique, en remplacement de M. Lecercle.

M. Leymerie (Georges), licencié ès lettres, est nommé professeur de rhétorique, en remplacement de M. Batier, appelé à d'autres fonctions.

Un congé d'inactivité est accordé, sur sa demande, à M. Salmon, professeur de mathématiques.

M. Grapin, élève sortant de l'école normale de Cluny, agrégé d'enseignement secondaire spécial, est nommé professeur de mathématiques, en remplacement de M. Salmon.

Collége de Cholet. Un congé d'inactivité est accordé à M. Chevalier, chargé du cours d'anglais.

M. Hogard est chargé du cours d'anglais, en remplacement de M. Chevalier.

Collége de Cognac. M. Klenk, licencié ès lettres, professeur de seconde au lycée de Mulhouse, est nommé professeur de littérature (emploi nouveau).

Collége de Fontenay-le-Comte. M. Batier, licencié ès lettres, chargé de la classe de rhétorique au collége de Castelnaudary, est nommé professeur de troisième, en remplacement de M. Videau-Perrière, démissionnaire.

Un congé d'inactivité jusqu'à la fin de l'année scolaire 1871-1872 est accordé, sur sa demande et pour raison de santé, à M. Batier, professeur de troisième.

M. Szelechowski, bachelier ès lettres et ès sciences, ancien maître répétiteur au lycée Saint-Louis, est nommé professeur de troisième, en remplacement de M. Batier.

Collége de Luçon. Un congé d'inactivité est accordé, sur sa demande et pour raison de santé, à M. Chauvin, professeur de quatrième et cinquième.

M. Symian, professeur de quatrième au collége de Lectoure, est nommé professeur de quatrième et cinquième en remplacement de M. Chauvin.

Collége d'Auxerre. M. Lebert (Emile-François), bachelier ès sciences, est nommé professeur de huitième (emploi vacant).

M. Boyenval (Anatole-Adolphe), bachelier ès lettres, est nommé maître d'études (emploi vacant).

Collége de Barcelonnette. M. Saunier, bachelier ès lettres, maître d'études, est nommé professeur de latinité (3ᵉ chaire).

Collége de Constantine. M. Baldit, licencié ès lettres, professeur de rhétorique au collége d'Ajaccio, est nommé professeur de rhétorique et seconde (emploi vacant).

Collége de Cusset. Un congé d'inactivité jusqu'à la fin de l'année scolaire 1871-1872 est accordé, sur sa demande, à M. Mocquot, professeur de cinquième et sixième.

M. Maurisse, professeur, délégué dans les fonctions d'inspecteur primaire à Gannat, est nommé professeur de cinquième et sixième en remplacement de M. Mocquot.

Collége de Paimbeuf. M. Chassé, professeur de langue française, d'histoire et de géographie au cours spécial dudit collége, y est chargé en outre des cours scientifiques.

Collége de Rochefort. M. Weithas, professeur au collége de Thann, est chargé du cours d'allemand (emploi vacant).

Collége de Joigny. M. Lemoine, pourvu du brevet complet pour l'enseignement primaire, est nommé professeur pour l'enseignement secondaire spécial (emploi vacant).

M. Lemoine est en outre chargé de l'enseignement de l'anglais audit collége.

Collége de Provins. M. Casset, sous-principal du collége de Melun, est nommé principal, en remplacement de M. Guilleminot, admis sur sa demande à faire valoir ses droits à une pension de retraite.

Collége d'Abbeville. Un congé d'inactivité jusqu'à la fin de l'année scolaire 1871-1872 est accordé sur sa demande à M. Thorel, professeur de sixième.

M. Lundy, professeur de quatrième au collége de Charleville, est chargé à titre de suppléant de la classe de sixième pendant la durée du congé accordé à M. Thorel.

Collége d'Argentan. Un congé d'inactivité jusqu'à la fin de l'année scolaire 1871-1872 est accordé sur sa demande et pour raison de santé à M. Théry, professeur de cinquième.

M. Blot (Charles), bachelier ès lettres, continuera à être chargé à titre de suppléant de la classe de cinquième pendant la durée du congé accordé à M. Théry.

Collége d'Aurillac. M. Morel, professeur de latinité au collége de Sarreguemines, est chargé de la classe de troisième en remplacement de M. Magerand, appelé à d'autres fonctions.

Collége d'Auxonne. M. Daigney (Charles), bachelier ès sciences, est nommé professeur pour l'enseignement secondaire spécial (2ᵉ chaire), en remplacement de M. Claudel, démissionnaire.

Collége de St-Girons. M. Koutz, bachelier ès sciences, aspirant répétiteur au lycée de Nevers, est nommé professeur d'allemand.

Collége de Neufchâteau. M. Tresse, pourvu du brevet complet pour l'enseignement primaire, professeur pour l'enseignement secondaire spécial au collége de Bruyères, est nommé professeur pour ledit enseignement, en remplacement de M. Geoffroy, appelé à d'autres fonctions.

M. Fénal (Louis), licencié ès lettres, est nommé maître d'études audit collége.

Collége d'Estaires. M. Dosson (Simon-Noël), bachelier ès lettres, est nommé maître d'études, en remplacement de M. Carnoy.

Collége de Pontarlier. M Pasteur, professeur de sciences (2ᵉ chaire), est nommé professeur de sciences (1ʳᵉ chaire) audit collége.

Collége de Saulieu. M. Paudras (François), pourvu du brevet de capacité complet pour l'enseignement primaire, est nommé professeur pour l'enseignement secondaire spécial, en remplacement de M. Cornotte, en congé d'inactivité.

Collége de Semur. M. Serbource (Erasme), bachelier ès lettres, est nommé maître d'études pour l'enseignement secondaire spécial, en remplacement de M. Breton.

Collége d'Arbois. M. Moiner (Emile), bachelier ès lettres et ès sciences, est nommé maître d'études (emploi vacant).

Collége de Commercy. M. Léjal (Charles), pourvu du diplôme d'études pour l'enseignement secondaire spécial, est nommé maître d'études pour ledit enseignement (emploi nouveau).

Collége de Romans. M. Espic, professeur pour l'enseignement secondaire spécial (1ʳᵉ et 2ᵉ année), est nommé professeur pour ledit enseignement (3ᵉ et 4ᵉ année) (emploi nouveau).

M. Morel, pourvu du brevet de capacité pour l'enseignement primaire, est nommé professeur pour l'enseignement secondaire spécial (1ʳᵉ et 2ᵉ année), en remplacement de M. Espic.

Collége de St-Claude. M. Henri Pierre (dit Bienvenu), bachelier ès lettres et ès sciences, est nommé maître d'études (emploi vacant).

ERRATUM. — Dans la partie officielle de notre dernier numéro (25 mars), *Projet de loi sur l'instruction primaire*, article 8, page 6, ligne dernière, au lieu de *l'instituteur*, lisez *le recteur*.

PARTIE NON OFFICIELLE

du *Bulletin administratif* (nᵒ 277).

Correspondance de Mazarin. — Le tome Iᵉʳ de la Correspondance du cardinal Mazarin pendant son ministère vient d'être publié dans la collection des *Documents inédits relatifs à l'histoire de France*. C'est le complément naturel des lettres de Henri IV et du cardinal de Richelieu. En effet ces trois hommes, avec des génies différents, ont poursuivi le même but: l'abaissement de la maison d'Autriche et la grandeur de la France. Mazarin a eu la gloire de couronner l'œuvre par les traités de Wesphalie et des Pyrénées, qui donnaient à la France ses limites naturelles à l'est et au sud, le Rhin et les Pyrénées. Ce fut par un prodigieux travail et une persévérance qui triompha de tous les obstacles, que cet homme de génie plaça la France à la tête des nations de l'Europe. Ses innombrables correspondances remplissent plus de trois cents volumes in-folio, disséminés dans différents dépôts, aux Archives des Affaires étrangères, à la Bibliothèque et aux Archives nationales, dans les bibliothèques et les archives de Rome, de Naples, de Florence, de Vienne, de Londres, de Saint-Pétersbourg, etc.

Ce premier volume de la Correspondance de Mazarin pendant son ministère embrasse les années 1642, 1643 et 1644. On y voit le cardinal triompher à Rocroi par l'épée du duc d'Enghien, préparer et hâter la prise de Thionville, qui rattachait Metz à la France, réparer le désastre de Dütlingen, resserrer notre alliance avec la Hollande et la Suède, ouvrir la Flandre aux armées françaises par la prise de Gravelines, et dresser, de concert avec Turenne et Enghien, le plan de campagne qui devait aboutir à la victoire de Fribourg, à la prise de Philipsbourg et au triomphe de la France sur l'Allemagne.

Un ministre qui a si puissamment contribué à notre gloire nationale méritait que la postérité répondît à l'appel qu'il lui adressait au milieu des troubles de la Fronde et lorsque sa fortune semblait ruinée: « L'histoire, écrivait-il en 1654 à son confident Zongo-Ondedei, l'histoire

« n'aura que du bien à dire de moi, si elle veut être véridique (1). » Publier sa correspondance est le meilleur moyen de faire apprécier ses services et son génie politique.

Bibliothèques scolaires. — Les ouvrages dont les titres suivent ont été admis par la Commission permanente des Bibliothèques scolaires dans sa séance du 15 février 1872 :

BONNE. — **Cours élémentaire d'économie sociale et industrielle**. 1 vol. in-8, 1871, prix : 1 franc, chez Delagrave.

BONNE. — **Abrégé du cours élémentaire d'économie sociale et industrielle**, 1 vol. in-32, 1871, prix : 25 centimes, chez Delagrave.

DESLONGCHAMPS (Mme). — **L'Album de la Grand'Mère**. Dialogues mêlés d'histoires. 2 vol. in-12, 1860-1861, prix : 5 fr., chez Douniol.

DUBOIS (Lucien). — **Le Pôle et l'Équateur**. 1 vol. in-8, 1863, prix : 3 fr. 50, chez Douniol.

FOURNIER (Ed.). — **Les Prussiens chez nous**. 1 vol. in-12, 1871, prix : 3 fr. 50, chez Dentu.

GOURAUD (Julie). — **Marianne Aubry**. 1 vol. in-18, 1871, prix : 1 fr. 25, chez Douniol.

ROBIOU. — **Histoire ancienne des peuples de l'Orient**. 1 vol. in-18, 1862, prix : 2 fr. 50, chez Douniol. (Admis pour les écoles normales et les grandes villes.)

(1) *Qualcunque disgrazia mi arrivi, la storia non parlerà che bene di me, se vorrà dire il vero.*

AVIS

Un concours pour l'obtention de 25 bourses d'élèves-maîtres à l'École normale primaire d'instituteurs du département de la Seine s'ouvrira le 1ᵉʳ juillet prochain.

Les candidats devront se faire inscrire, du 1ᵉʳ avril au 1ᵉʳ mai, à la Préfecture de la Seine (Grand-Luxembourg, bureau de l'Instruction publique), où se distribue le programme du concours.

Les pièces à produire sont :

1ᵒ Un acte de naissance constatant qu'au 1ᵉʳ octobre 1872 le candidat aura seize ans au moins et vingt ans au plus;

2ᵒ Un certificat de médecin constatant qu'il a été vacciné ou qu'il a eu la petite vérole, et qu'il n'est atteint d'aucune infirmité ou d'aucun vice de conformation qui le rende impropre à l'enseignement;

3ᵒ L'engagement légalisé de servir, pendant dix ans au moins, dans l'instruction publique, avec autorisation de son père ou de son tuteur, s'il est mineur;

4ᵒ Une note signée de lui, indiquant les lieux qu'il a habités depuis l'âge de 13 ans;

5ᵒ Des certificats de moralité, délivrés tant par les chefs des écoles auxquelles il aura appartenu comme élève ou comme sous-maître que par le maire de la commune où il aura résidé;

6ᵒ L'engagement autorisé par le père ou tuteur de rembourser le prix de sa pension dans le cas où il quitterait l'enseignement avant d'avoir fait dix ans de service dans le département de la Seine. (Cette pièce doit être sur timbre et la signature doit être légalisée.)

Aucune inscription ne sera reçue sans le dépôt de toutes ces pièces.

Le Directeur : G. **HUBERSON**.

Paris. — Imprimerie de GAUTHIER-VILLARS, quai des Grands-Augustins, 55.
(Ancienne imp. Bonaventure.)

MOUVEMENT DU PERSONNEL

BULLETIN DU 20 AVRIL.

—

INSTITUT.

ENSEIGNEMENT SUPÉRIEUR.

Bibliothèques.

FACULTÉ DES LETTRES DE PARIS. M. Rosseeuw-Saint-Hilaire, professeur d'histoire ancienne, est admis, sur sa demande et pour cause d'ancienneté de service, à faire valoir ses droits à une pension de retraite.

M. Rosseeuw-Saint-Hilaire est nommé professeur honoraire de la faculté des lettres de Paris. (*Décret du Président de la République* 1er mars.)

FACULTÉ DE DROIT DE GRENOBLE. M. Blaise, premier commis au secrétariat de la faculté de Strasbourg, est nommé secrétaire agent-comptable en remplacement de M. Fissont décédé. (21 mars.)

ECOLE DE MÉDECINE DE TOULOUSE. M. Basset (Jules), docteur en médecine, est nommé professeur d'hygiène à l'école préparatoire de médecine et de pharmacie, en remplacement de M. Ressayre, décédé. (22 mars.)

ACADÉMIE DES SCIENCES. L'élection que l'Académie des sciences a faite de M. Rolland (Eugène) pour remplir la place d'académicien devenue vacante dans la section de mécanique par suite du décès de M. le général Piobert, est approuvée. (*Décret du Président de la République* 23 mars.)

———

PARIS, VERSAILLES ET VANVES.

Lycées et Colléges.

LYCÉE CONDORCET. M. Paz est nommé professeur de gymnastique (15 mars).

LYCÉE CHARLEMAGNE. M. Sidot, chargé des fonctions de préparateur de physique et de chimie au lycée Charlemagne, est nommé auxdites fonctions (27 mars).

COLLÉGE ROLLIN. M. Pierson (Georges-Paul), bachelier ès lettres, est nommé maître suppléant au collège Rollin, en remplacement de M. Casset, appelé à d'autres fonctions.

DÉPARTEMENTS.

Lycées.

Du 23 mars.

LYCÉE D'AMIENS. M. le docteur Lenoël est nommé médecin adjoint, en remplacement de M. Herbet, appelé à d'autres fonctions.

JOURNAL DE L'INSTRUCTION PUBLIQUE. — SUPPLÉMENT.

LYCÉE DE LIMOGES. M. Esnard (Eugène-Jules), bachelier ès lettres, est nommé aspirant répétiteur, en remplacement de M. Vergniaud.

Du 25 mars.

LYCÉE DE NICE. M. le docteur Corporandy est nommé médecin-adjoint, en remplacement de M. le docteur Barelli, appelé à d'autres fonctions.

LYCÉE D'ORLÉANS. M. Favet, censeur des études (3e classe) au lycée de Nevers, est nommé censeur (même classe), en remplacement de M. Bocquené, admis à la retraite.

LYCÉE DE NEVERS. M. Sommier, licencié ès sciences, officier d'académie, chargé de cours de mathématiques élémentaires, est nommé censeur des études, en remplacement de M. Favet, appelé au lycée d'Orléans.

Du 27 mars.

LYCÉE D'AMIENS. M. Doisy, professeur (3e classe), chargé de cours de seconde au lycée de Saint-Omer, est nommé professeur (même classe), chargé de cours de troisième au lycée d'Amiens, en remplacement de M. Aubertin, appelé à d'autres fonctions.

LYCÉE DE CHAUMONT. M. Heller, aspirant répétiteur au lycée de Vesoul, est nommé aspirant répétiteur au lycée de Chaumont, en remplacement de M. Schirck, appelé à d'autres fonctions.

LYCÉE DE LORIENT. M. Giraud, chargé des fonctions de commis d'économat au lycée de Lorient, est nommé commis d'économat de 3e classe audit lycée.

M. Vacheron, maître élémentaire (2e classe) pour l'enseignement secondaire spécial au lycée de Lorient, chargé de l'enseignement de l'histoire et du français, est chargé de la classe de huitième audit lycée, en remplacement de M. Nogues.

M. Vaillant, professeur des classes de latinité au collège de Cholet, est chargé de l'enseignement du français et de l'histoire au lycée de Lorient, en remplacement de M. Vacheron.

M. Vaillant est chargé, en outre, du service de la surveillance générale audit lycée.

LYCÉE DE ROUEN. M. l'abbé Durier, aumônier du lycée de Rouen, est promu de la 3e à la 2e classe.

M. Tribouillard, maître répétiteur de 1re classe au lycée de Rouen, est nommé maître élémentaire audit lycée.

LYCÉE DE SAINT-OMER. M. Aubertin, professeur (3e classe), chargé de cours de troisième au lycée d'Amiens, est nommé professeur (même classe), chargé de cours de seconde au lycée de Saint-Omer, en remplacement de M. Doisy, appelé à d'autres fonctions.

LYCÉE DE SENS. M. Deshays, chargé de cours de sixième au lycée de Sens, est nommé surveillant général audit lycée, en remplacement de M. Parlier du Mazel, en congé d'inactivité.

Du 30 mars.

LYCÉE D'ALBI. Sont nommés aspirants répétiteurs au lycée d'Albi :
M. Thuries, aspirant répétiteur au lycée de Bourges, en remplacement de M. Pagès, appelé à d'autres fonctions ;

M. Bousquet (Paul-Raymond), en remplacement de M. Deltel.

Lycée de Tournon. Sont nommés aspirants répétiteurs au lycée de Tournon :

M. Bardin (Jean-Louis), en remplacement de M. Paret ;

M. Mondet (Émile-Auguste-Albert), bachelier ès lettres, en remplacement de M. Maillat, appelé à d'autres fonctions.

Du 2 avril.

Lycée de Rouen. M. Delande, licencié ès lettres, maître répétiteur de 1re classe, chargé des fonctions de surveillant général au lycée de Rouen, est nommé auxdites fonctions.

Du 5 avril.

Lycée de Tarbes. M. Lebougle est chargé de cours d'espagnol au lycée de Tarbes (emploi vacant).

DÉPARTEMENTS.

Collèges.

23 mars.

Collége d'Arbois. M. Gavat, chargé de la classe de troisième et quatrième au collége de Saint-Claude, est chargé, à titre de suppléant, de la classe de rhétorique et de seconde, en remplacement de M. Monin, appelé à d'autres fonctions.

Collége d'Avranches. M. Boucheron, principal du collége de Bernay, est nommé principal en remplacement de M. Lévesque admis à la retraite.

Collége de Baume-les-Dames. M. Tourgnol, principal, est chargé en outre des classes de rhétorique et de seconde.

Collége de Bernay. M. Louvel, principal du collége de Treignac, est nommé principal, en remplacement de M. Boucheron, appelé à d'autres fonctions.

Collége de Charleville. M. Lahaye, licencié ès lettres, chargé, à titre de suppléant, de la classe de quatrième, est nommé professeur de cette classe, en remplacement de M. Lundy, appelé à d'autres fonctions.

M. Bernard, chargé à titre de suppléant, de la classe de cinquième, est nommé professeur de cette classe, en remplacement de M. Lahaye.

Collége de Grasse. M. Causse, bachelier ès sciences, est nommé professeur de mathématiques (*emploi vacant*).

Collége de La Chatre. M. Berger, bachelier es lettres, professeur de septième au collége d'Auxerre, est nommé principal en remplacement de M. Dôle, appelé à d'autres fonctions.

Collége de Poligny. M. Monin, licencié ès lettres, chargé, à titre de suppléant de la classe de rhétorique et seconde au collége d'Arbois, est nommé professeur de la même classe, en remplacement de M. Dormier, appelé à d'autres fonctions.

Collége de Saint-Claude. M. Potier, principal du collége de Salins, est chargé de la classe de troisième et quatrième, en remplacement de M. Gavat, appelé à d'autres fonctions.

Collége de Salins. M. Dormier, licencié ès lettres, professeur de rhétorique et seconde au collége de Poligny, est nommé principal en remplacement de M. Potier, appelé à d'autres fonctions.

M. Dormier est chargé, en outre, de la classe de rhétorique et seconde.

Collége de Treignac. M. Dôle, principal du collége de La Châtre, est nommé principal, en remplacement de M. Louvel, appelé à d'autres fonctions.

Du 27 mars.

Collége d'Aubusson. M. Vauthier, professeur de cinquième au collége de Guéret, en congé d'inactivité, est chargé, à titre de suppléant, de la classe de sixième et septième en remplacement de M. Cellier, démissionnaire.

M. Grousset (Joseph-Auguste), bachelier ès lettres et ès sciences, est nommé professeur de septième et huitième au collége d'Aubusson, en remplacement de M. Cellier, démissionnaire.

Collége d'Avallon. M. Verrier, professeur de philosophie et rhétorique au collége d'Avallon, est nommé professeur de philosophie, rhétorique et seconde audit collége.

M. Monnot, professeur de seconde et troisième au collége d'Avallon, est nommé professeur de troisième et quatrième audit collége.

M. Bardin, professeur de quatrième et cinquième au collége d'Avallon, est nommé professeur de cinquième et sixième audit collége.

M. Huet, professeur de sixième et septième au collége d'Avallon, est nommé professeur de septième et huitième audit collége.

M. Cottenot, professeur pour l'enseignement secondaire spécial au collége d'Avallon, est nommé professeur pour ledit enseignement (1re chaire) audit collége.

M. Cottenot est chargé, en outre, d'une partie de l'enseignement des mathématiques.

M. Thuillier (Frédéric-Narcisse), pourvu du brevet de capacité pour l'enseignement primaire, est nommé professeur pour l'enseignement secondaire spécial (2e chaire) au collége d'Avallon (emploi nouveau).

Collége de Brioude. M. Guittard (Jean), bachelier ès lettres, maître répétiteur auxiliaire au lycée de Clermont, est nommé professeur pour l'enseignement secondaire spécial au collége de Brioude, en remplacement de M. Cahu, appelé à d'autres fonctions.

Collége de Brive. M. Claude, bachelier ès-sciences, professeur de septième au collége de Brive, est nommé professeur de mathématiques (2e chaire) audit collége.

M. Duméry, professeur de huitième au collége de Brive, est nommé professeur de septième audit collége en remplacement de M. Claude.

M. Ayrolles, bachelier ès lettres, maître d'études au collége de Brive, est nommé professeur de huitième audit collége, en remplacement de M. Duméry.

M. Simon, professeur de septième au collége d'Aurillac, est maintenu sur sa demande, dans les fonctions de professeur de sixième au collége de Brive.

Collége de Castres. Un nouveau congé d'inactivité, jusqu'à la fin de l'année scolaire 1871-1872, est accordé, sur sa demande et pour raisons de santé, à M. Labroue, chargé de la classe de seconde.

M. Meyran, licencié ès lettres, est chargé, à titre de suppléant de la classe de seconde au collége de Castres pendant la durée du congé accordé à M. Labroue.

Collége de Chollet. M. Huré, chargé, à titre de suppléant, de la classe de troisième au collége de Quimper, en congé d'inactivité, est nommé professeur des classes de latinité au collége de Chollet, en remplacement de M. Vaillant, appelé à d'autres fonctions.

Collége de Cognac. M. Gaye, professeur de mathématiques au collége de Cognac, est chargé, en outre, des fonctions de sous-principal audit collége.

Collége de Guéret. M. Pérard, professeur de mathématiques, au collége de Salins, en congé, est nommé professeur de physique au collége de Guéret, en remplacement de M. Caillat, admis à la retraite.

Collége de Lesneven. M. l'abbé Ropars, bachelier ès-lettres, est nommé professeur de cinquième au collége de Lesneven.

Collége de Montluçon. M. Boissel, chargé à titre de suppléant, de la classe de physique au collége d'Aurillac, est nommé professeur de mathématiques au collége de Montluçon, en remplacement de M. Privat, en congé d'inactivité.

M. Repiquet, élève sortant de l'école spéciale de Cluny, est nommé professeur de mathématiques et de travaux graphiques au collége de Montluçon, en remplacement de M. Bains, décédé.

M. Mazet, élève sortant de l'école spéciale de Cluny, est nommé professeur pour l'enseignement secondaire spécial au collége de Montluçon, en remplacement de M. Heurtaut, appelé à d'autres fonctions.

M. Bouquier, professeur de sixième au collége de Brive, est nommé professeur de septième et huitième au collége de Montluçon (emploi nouveau).

Collége de Saint-Flour. M. l'abbé Trin, bachelier ès lettres et ès sciences, est nommé professeur de cinquième et sixième au collége de Saint-Flour (emploi vacant).

Collége de Treignac. M. Chanut (Jacques), bachelier ès lettres, est nommé professeur de septième et huitième au collége de Treignac, en remplacement de M. Bolsigner, démissionnaire.

Collége de Tulle. Un congé d'inactivité est accordé, sur sa demande, à M. Dupla, professeur de septième au collége de Tulle.

M. Got, bachelier ès lettres, est nommé professeur de septième au collége de Tulle, en remplacement de M. Dupla.

M. Renaudie, pourvu du brevet complet pour l'enseignement primaire, est nommé professeur pour l'enseignement secondaire spécial au collége de Tulle (emploi vacant).

Du 30 mars.

Collége de Melun. M. Lapaume, bachelier ès lettres, est nommé professeur de huitième au collége de Melun, en remplacement de M. Casset, appelé à d'autres fonctions.

Du 5 avril.

Collége de Bar-sur-Aube. M. Bader, professeur pour l'enseignement secondaire spécial au collége de Guebwiller, est chargé de l'enseignement de la langue allemande au collége de Bar-sur-Aube (emploi nouveau).

Collége de Honfleur. M. Chamard, professeur de huitième au collége de Honfleur, est nommé professeur de sixième et septième audit collége, en remplacement de M. Malinowski, appelé à d'autres fonctions.

Collége de Semur. M. Prévost, maître d'études au collége d'Avallon, est nommé professeur de septième et huitième au collége de Semur, en remplacement de M. Frontard, appelé à d'autres fonctions.

Collége de Vassy. M. Maitrot (Félix), bachelier ès lettres, est nommé professeur de sixième, septième et huitième au collége de Vassy, en remplacement de M. Colsassot, en congé d'inactivité.

Du 6 avril.

Collége de Baume-les-Dames. M. Bécanier, professeur de septième et huitième au collége de Poligny, est nommé professeur de troisième et quatrième au collége de Baume-les-Dames (emploi vacant).

Collége d'Ernée. M. Lebansais, chargé de la classe de troisième et quatrième au collége d'Ernée, est nommé professeur de troisième et quatrième audit collége, en remplacement de M. Peuget.

Collége de Soissons. Un congé d'inactivité, jusqu'à la fin de l'année scolaire 1871-1872, est accordé, sur sa demande, à M. Broy, professeur de cinquième.

M. Lecaudey, bachelier ès lettres, commis d'économat au lycée de Saint-Omer, est chargé, à titre de suppléant, de la classe de cinquième au collége de Soissons, pendant la durée du congé accordé à M. Broy.

NOUVELLES DIVERSES

M. Jules Simon s'est rendu dans le sein de la commission de l'enseignement primaire pour défendre l'instruction obligatoire avec sanction pénale, et l'examen pour le brevet de capacité imposé à tous les candidats aux fonctions d'instituteur et d'institutrice.

La commission de l'instruction supérieure, dans une de ses dernières séances, avait décidé que la collation des grades ne serait accordée qu'aux universités libres réunissant au moins deux facultés. On a traité la question des autres conditions à imposer aux facultés libres. Il a été adopté par 10 voix contre 3 que le conseil supérieur de l'instruction publique ferait un règlement qui déterminera le nombre des chaires et des professeurs nécessaires pour la collation des grades.

Le *Moniteur universel* approuve la promesse faite par M. J. Simon au sujet des tableaux conservés dans les greniers du Louvre. « La création et l'accroissement de nos musées de province est chose trop intéressante pour l'art, pour ne pas applaudir à une mesure réclamée depuis si longtemps, et qui peut être si favorable à la décentralisation intellectuelle et artistique. »

M. Jules Simon vient d'adresser aux recteurs d'Académie une circulaire « confidentielle » dans laquelle il développe longuement ses idées sur l'instruction publique. Il déclare que l'enseignement universitaire est défectueux et insuffisant sur plusieurs points, et appelle sur ces points l'attention des recteurs.

L'Assemblée a voté le maintien de l'École de droit de Bordeaux, et les fonds réclamés pour le service de cette école.

Le ministre de l'instruction publique ayant résolu de pourvoir à la chaire d'histoire ancienne, vacante à la Faculté des lettres de Paris, les candidats à cette chaire sont invités à faire parvenir au secrétariat de l'Académie :

1o Leur acte de naissance ;

2o Leur diplôme de docteur ès lettres ;

3o Une note détaillée des titres qu'ils ont à faire valoir, comprenant l'indication de leurs services dans l'enseignement, et l'énumération de leurs services et de leurs travaux.

Le registre d'inscription sera clos le lundi 29 avril, à trois heures.

On sait que le ministre de l'agriculture et du commerce a décidé, par un arrêté du 7 mars, qu'un cours spécial d'enseignement supérieur agricole serait organisé à l'École centrale des Arts et Manufactures. Cette mesure, prise sur la proposition du conseil de perfectionnement de l'École centrale, comble une lacune importante dans notre enseignement agricole. Aujourd'hui, dit à ce propos le *Soir*, qu'un chef de grande exploitation a besoin de connaissances chimiques et mécaniques, tant pour l'examen ou la confection des engrais artificiels que pour l'usage des batteuses à vapeur, des charrues perfectionnées et de tous les appareils modernes que la science a mis à la disposition des agriculteurs, il n'est pas inutile de former des hommes capables et compétents, qui puissent diriger nos fermes modèles et nos grands établissements agricoles.

Un incendie s'est déclaré à l'Académie des Beaux-Arts de Dusseldorf, qui a été détruite ainsi que le palais des États provinciaux qui l'avoisine. Beaucoup d'objets d'art ont été brûlés. On a réussi à sauver la galerie publique des tableaux et la bibliothèque des États provinciaux.

La mort de M. Cochin laisse à l'Académie des sciences morales et politiques une place vacante. Les deux principaux concurrents sont M. de Pressensé, ministre protestant, député de la Seine, et M. Martha, professeur au collège de France. Les chances paraissent être pour ce dernier.

D'après les informations du *Bien public*, il serait question d'exiger l'anglais ou l'allemand pour les examens du baccalauréat ès lettres avec thème et explication orale ; de plus, un prix serait institué au grand concours pour les langues vivantes.

La réception de M. Camille Doucet à l'Académie française aura lieu le 4 mai prochain.

—

Un certain nombre de savants étrangers ont été convoqués à Paris dans le but de régler, de concert avec leurs confrères français, l'unité de mesure universelle. C'est notre mètre qui a chance d'être adopté.

—

La commission de l'enseignement supérieur a décidé que les professeurs de l'enseignement supérieur libre ne seront pas forcés d'être agrégés ; il leur suffira d'être docteurs. M. Laboulaye a été nommé rapporteur.

—

M. le ministre de la marine, afin de provoquer le développement de l'instruction dans les corps de troupe d'artillerie et d'infanterie de marine, a décidé qu'à partir du 1ᵉʳ janvier 1873 nul ne pourra devenir soldat de 1ʳᵉ classe, s'il ne sait parfaitement lire et écrire.

—

Les journaux de Marseille disent qu'une jeune fille, Mlle Cornebois, vient d'obtenir, à la Faculté d'Aix, le diplôme de bachelier ès lettres.

Mlle Cornebois habite Constantine. Elle a fait la traversée d'Afrique en Europe pour prendre són grade universitaire.

Admise d'abord à l'épreuve écrite, elle a subi l'épreuve orale avec non moins de succès. Aussi a-t-elle été admise avec la mention *assez bien*.

On parle beaucoup, depuis quelques temps, dans le monde scientifique de l'étranger, d'une trouvaille archéologique extrêmement importante. On a découvert à Jérusalem une stèle carrée provenant du temple salomonien, reconstruit par Hérode le Grand. Cette stèle porte gravée sur une de ses faces, en magnifiques caractères lapidaires de la belle époque, une inscription asssez longue qui interdit aux Gentils, sous peine de mort, de pénétrer à l'intérieur des enceintes sacrées environnant le temple. Cette prescription, exclusivement destinée à servir d'avertissement aux étrangers, est rédigée en grec, c'est-à-dire dans la langue universellement répandue à cette époque parmi les populations païennes de la Syrie. La teneur en est parfaitement conforme aux descriptions et renseignements fournis par l'historien Josèphe.

L'auteur de cette trouvaille inespérée est un modeste employé de notre consulat à Jérusalem, M. Clermont-Ganneau, à qui l'on doit de remarquables recherches sur l'archéologie de la Palestine, et dont le nom est attaché, entre autres, à la découverte et à l'interprétation de l'inscription fameuse dite de Mésa, roi de la Moabitide. Cette inscription est le plus ancien spécimen connu de l'écriture alphabétique.

Sous le rapport de la valeur archéologique, la stèle d'Hérode ne le cède en rien à celle de Mésa. En dehors des indications de tout genre apportées par le texte grec (qui prouve une fois de plus en faveur de la véracité de Flavius Josèphe), indépendamment du jour tout nouveau que ce précieux morceau jette sur la question tant controversée de l'aspect du temple des Juifs, il a le mérite d'être la première et, jusqu'à ce jour. la seule relique provenant authentiquement du vénérable édifice, témoin muet des prédications du Christ.

Il serait vivement à désirer que ce monument unique et d'une valeur que prouve l'émotion que sa découverte soulève dans le monde savant, que ce monument *découvert et publié par un Français* occupât au Louvre la place d'honneur qui lui revient de droit, et ne s'en allât pas aux mains de l'étranger.

M. Clermont-Ganneau, malgré de grands sacrifices personnels, n'a pu paraît-il, abandonné à ses propres ressources, réussir à conquérir pour nos collections nationales cette stèle d'Hérode que les autres pays nous eussent enviée et qui, demain peut-être, figurera au British Museum ou... au Musée de Berlin !

N. B. — Le pacha de Jérusalem se serait approprié, à l'heure où nous écrivons, le monument en question, et s'apprêterait à en tirer à son profit bon parti.

(*Le Temps*).

Le Gérant : Ernest LE BARBIER.

LA FONTAINE ÉCONOMISTE

Par M. Gustave BOISSONADE

Professeur agrégé, chargé du cours d'économie politique à la Faculté de droit de Paris. — In-8. Paris, Guillaumin et Cᵉ, éditeurs, 14, rue de Richelieu. Prix, 50 c.

Tout le monde connaît La Fontaine fabuliste, moraliste, philosophe, voire même naturaliste ; mais Lafontaine économiste avait jusqu'ici passé inaperçu. Or, M. Boissonade vient, dans une conférence pleine d'attrait et de finesse, de nous présenter le Bonhomme non pas comme économe, chacun sait qu'il ne l'était pas, mais comme économiste.

Il nous fait voir que La Fontaine avait des notions très-justes sur le Crédit, la théorie de la Valeur, et surtout sur la puissance du Travail. L'intelligent professeur complète le portrait en nous le montrant, guidé par son admirable bon sens, comme un des fondateurs de la science économique, dont il a pressenti toutes les questions.

Nous sommes persuadé que chacun voudra lire ces pages où M. Boissonade a ajouté un nouveau fleuron à la couronne du poëte de tous les âges.

LE MÉCANISME DU LANGAGE

EXPLIQUÉ EN FAMILLE

Par André Martin, professeur agrégé de l'Université.
Paris, 1872, Delagrave et Cᵉ, éditeurs.

Dans ce petit opuscule, le spirituel et intelligent professeur a, par une série de scènes enfantines, mis à la portée du premier âge l'enseignement des principales règles et difficultés de la grammaire française, dont il a fait un véritable amusement, (*ludus*).

Paris. — Imprimerie de GAUTHIER-VILLARS, quai des Grands-Augustins, 55.
(Ancienne imp. Bonaventure.)

JOURNAL

DE

L'INSTRUCTION PUBLIQUE

REVUE LITTÉRAIRE ET SCIENTIFIQUE

Paraissant

Le 10 et le 25 de chaque mois.

PREMIÈRE ANNÉE. — N° 3. — 10 AVRIL 1872.

PRIX DE L'ABONNEMENT :

Paris.	Six mois,	7 fr. »	Un an. . .	12 fr.
Départements.	—	8 50	—	15
Étranger. . .	—	12 »	—	22

AVIS. Les abonnements sont reçus : aux **Bureaux du Journal**, rue Servandoni, 12 ; à la **Librairie centrale des Sciences**, r. de S eine, et chez les principaux Libraires français et étrangers.

On s'abonne également en un mandat à l'ordre du DIRECTEUR, rue Servandoni, 12.

Administration et Rédaction du JOURNAL, rue Servandoni, 12,

PARIS

BULLETIN DE PUBLICITÉ

Paraissant avec le JOURNAL le 10 et le 25 de chaque mois.

La ligne. . . . . 60 centimes.

Pour tout autre mode d'annonces, s'adresser au Directeur.
Les annonces doivent être déposées aux bureaux du Journal les 1er et 20 de chaque mois.
Le prix en est perçu au moment du dépôt.

LIBRAIRIE DE FIRMIN DIDOT FRÈRES, FILS ET Cie

Rue Jacob, 56, à Paris

Cours théorique et pratique de langue farnçaise, par
M. P. Poitevin, ancien professeur au Collége Rollin, adopté
par le conseil supérieur de l'instruction publique et autorisé
pour l'usage des colléges.

Chaque ouvrage forme un seul volume in-12 cartonné.

PARTIE DE L'ÉLÈVE.

Ire ANNÉE.

Grammaire du premier âge. •   60 c.
La même, avec exercices.   1 fr. 25

IIe ANNÉE.

Grammaire élémentaire, avec exercices en regard. 1 fr. 50
Traité d'Analyse grammaticale, avec exercices en regard. 1 fr. 50
Traité de la Conjugaison des verbes, avec exercices en regard. 1 fr. 50
Exercices raisonnés sur la conjugaison des verbes. 1 fr. 25
Cours gradué de Dictées. 1 fr. 50

IIIe ANNÉE.

Grammaire complète, avec exercices. 3 fr.
Syntaxe théorique et pratique. 2 fr. 50
Traité d'Analyse logique, avec exercices. 2 fr.
Traité des Participes, avec exercices. 2 fr.
Cours complet de Dictées. 2 fr. 60

PARTIE DU MAITRE.

I^e ANNÉE.

Les Modèles de devoirs placés à la suite de la Grammaire tiennent lieu de Corrigé.

IIe ANNÉE.

Corrigé de la Grammaire élémentaire. 2 fr.
Corrigé du Traité d'Analyse grammaticale. 3 fr.
Corrigé du Traité de la Conjugaison des Verbes. 2 fr.
Corrigé des Exercices raisonnés sur la Conjugaison. 1 fr. 50
Corrigé du Cours gradué de Dictées. 2 fr.

IIIe ANNÉE.

Corrigé de la Grammaire complète. 4 fr.
Corrigé de la Syntaxe théorique et pratique. 3 fr.
Corrigé du Traité d'Analyse logique. 4 fr.
Corrigé du Traité des Participes. 2 fr. 50
Corrigé du Cours complet de Dictées. 3 fr.

PARTIES SÉPARÉES DU MÊME COURS.

Crammaire élémentaire. Théorie seule, sans les exercices.
1 vol. 90 c.
Grammaire complète. Théorie seule, sans les exercices.
1 vol. 1 fr. 80

La librairie Firmin Didot, rue Jacob, 56, à Paris, met en
vente la quinzième édition de l'Histoire de France, par
M. Émile de Bonnechose (2 forts vol. in-12, prix 6 fr.). L'ouvrage est complété dans cette édition jusqu'en 1872, par le récit
des faits si douloureux qui ont marqué pour nous les dernières
années. Ce livre, déjà très-connu et apprécié du public, répond
parfaitement aux besoins de notre temps par son étendue d'environ 1500 pages, et plus encore par l'esprit d'ordre et de sage
liberté, de modération et de progrès, dont l'auteur s'est constamment inspiré.

De la Correspondance de Flechier avec Mme Deshouillières et sa fille, par A. Fabre, docteur ès lettres. 1 vol. in-8,
Didier et Cie, quai des Augustins, 35.

CH. DOUNIOL, LIBRAIRE-ÉDITEUR.

29, rue de Tournon.

Le Pôle et l'Équateur, études sur les dernières explorations du
globe, par Lucien Dubois, membre des Sociétés géographiques de Paris et de Berlin. 1 vol. in-12.

L'Album do la Grand'mère, Dialogues mêlés d'histoire, par
Mme Z. Deslonchamps. 2 vol. in-12.

Histoire ancienne des Peuples de l'Orient, jusqu'au début des
guerres médiques, mise au niveau des plus récentes découvertes, par Félix Robiou. 1 vol. in-12.

Marianne Aubry, par Mlle Julie Gouraud. Ouvrage couronné
par l'Académie française. Septième édition.

De l'Education, par Mgr Dupanloup. Neuvième édition. 3 vol.
in-12. Tome Ier : De l'éducation en général. — Tome II : De
l'autorité et du respect dans l'éducation. — Tome III : Les
hommes d'éducation.

De la haute éducation intellectuelle, par le même. 3 vol.
in-12, prix, 10 fr. 50.

Tome Ier : Les Humanités. — Tome II : L'Histoire, la Philosophie et les sciences. — Tome III : Lettres aux hommes du
monde sur les études qui leur conviennent.

Réforme de l'Éducation. Introduction de l'économie politique
dans l'enseignement des femmes. Deux discours par Frédéric
Passy. Prix : 75 cent. Paris, Guillaumin et Cie, rue Richelieu, 14. Pichon et Cie, rue Cujas, 14.

1re Année. — N° 4. — 25 Avril 1872.

JOURNAL

DE

L'INSTRUCTION PUBLIQUE

REVUE LITTÉRAIRE ET SCIENTIFIQUE

SOMMAIRE :

Toute communication relative à l'administration du *Journal* doit être adressée *franco* au *Gérant*, r. Servandoni, 12. — Les communications relatives à la rédaction doivent être envoyées *franco* au *Rédacteur en chef*, à la même adresse.

Les manuscrits *non insérés* seront *rendus*.

Il sera rendu compte, *sous quinzaine*, de tout ouvrage dont 2 EXEMPLAIRES auront été adressés au *Journal*, et que le Rédacteur en chef aura acceptés.

PRIX DE L'ABONNEMENT

PARIS.	Six mois,	7 fr. »	Un an . . .	12 fr.
DÉPARTEMENTS.	—	8 50	—	15
ÉTRANGER. . .	—	12 »	—	22

On s'abonne aux BUREAUX DU JOURNAL, rue Servandoni, 12, et chez tous les libraires français et étrangers.

Le prix devra être payé d'avance, soit en un mandat sur la poste adressé par lettre affranchie à l'ordre du Gérant, soit par l'intermédiaire d'un libraire.

PUBLICITÉ

FAITS DIVERS	. . . .	la ligne,	5 fr.
RÉCLAMES	. . . .	—	3 fr.
ANNONCES	. . . .	—	1 fr.

Pour un traité d'une année, ou de plusieurs pages, et pour toute la publicité s'adresser au Gérant.

L'Administration se réserve d'une façon absolue le droit de refuser toute annonce qui, pour un motif quelconque, ne lui conviendrait pas.

Administration et Rédaction du **JOURNAL**, rue Servandoni, 12,

PARIS

LIBRAIRIE CLASSIQUE D'EUGÈNE BELIN

52, rue de Vaugirard, à Paris.

CARTE EN RELIEF

LA FRANCE, GÉOGRAPHIE PHYSIQUE

Relief du sol. Voies de communication ; par MM. H. Pigeonneau et Drivet. Dimension de la carte : $0^m,25$. Prix : 2 fr.

Cette carte, dressée à l'échelle horizontale de $\frac{1}{4,500,000}$, et à l'échelle verticale de $\frac{1}{1,000,000}$, indique par le relief, le véritable aspect du sol, la forme et les proportions exactes des hauteurs qui dépassent 250 mètres ; par la diversité et la dégradation des teintes, l'élévation des terrains au-dessus du niveau de la mer et les profondeurs des mers au-dessus et au-dessous de 50 mètres. Elle reproduit du reste, avec la nomenclature, tous les traits essentiels de la géographie physique et le tracé des grandes voies de communication (canaux et chemins de fer, principales villes situées sur le parcours). La carte est accompagnée d'une notice explicative et d'une légende indiquant la superficie et la population de la France avant et après 1871, les principales altitudes, la longueur des cours d'eau, etc.

Géographie moderne de la France et des cinq parties du monde, avec des *résumés*, des *questionnaires* et des *exercices*, contenant 30 cartes et figures intercalées dans le texte, par M. Pigeonneau, professeur d'histoire au lycée Descartes, membre de la Société de géographie. 1 vol. grand in-18, cart.   2 fr.

Simples réponses aux questions officielles d'histoire et de géographie pour les deux baccalauréats et les écoles du gouvernement, avec des notes mnémoniques : par M. Clouet, professeur d'histoire. Quatrième édition, corrigée. In-12, br.   1 fr. 80 c.

Histoire de France (Cours d') pendant les temps modernes (1453-1815), à l'usage des candidats à l'école nationale militaire de Saint-Cyr ; par M. D. Brissaud, professeur d'histoire au lycée Charlemagne. 2 vol. in-12, br.   6 fr.

Histoire contemporaine depuis 1789 jusqu'à nos jours, rédigée d'après le programme de 1863, à l'usage des élèves de philosophie et des candidats aux baccalauréats et à l'école de Saint-Cyr. *Nouvelle édition, entièrement refondue et contenant un récit détaillé des faits qui se sont passés de 1848 jusqu'à nos jours ;* par le même. 1 fort volume in-12, cart.   6 fr. 50 c.

Études sur la narration, traité de littérature, extrait des meilleurs auteurs ; à l'usage des élèves d'humanités et des classes de français, par M. Ch. Leroy, ancien professeur de rhétorique. Septième édition, revue et corrigée. 1 vol. in-12, br.   2 fr. 25 c.

— **Partie du maître**, renfermant des sujets de composition puisés dans les principaux auteurs et formant un cours pratique d'histoire littéraire ; par le même. Seconde édition, 1 vol. in-12, br.   3 fr.

Ouvrage approuvé par le Conseil supérieur de perfectionnement de l'enseignement spécial.

Narrations françaises (Nouveau choix de), renfermant les morceaux les plus célèbres de J.-J. Rousseau, Schiller, Chateaubriand, Lamartine, Thiers, Mérimée, Alfred de Vigny, de Barante, Michelet, D. Nisard, Amédée Thierry, O. Feuillet, de nos meilleurs nouvellistes, historiens, etc., suivi d'un appendice comprenant cent matières à développer ; par M. E.-R. Dumas, agrégé de l'Université, professeur au lycée de Marseille. Seconde édition. 1 vol. in-12, br.   2 fr. 60 c.

Le discours français et la dissertation française ; par M. Petit de Julleville, professeur agrégé de l'Université. 1 vol. in-12, br.   1 fr. 80 c.

Dictionnaire latin-français, rédigé spécialement à l'usage des classes, d'après les travaux des lexicographes les plus estimés (Forcellini, Freund, Georges, Klotz, etc.), et suivi d'un appendice sur la métrologie, les monnaies et le calendrier des Romains ; par Ch. Lebaigue, agrégé de l'Université, professeur au lycée Charlemagne. Seconde édition, revue et corrigée. 1 fort vol. grand in-8, relié en toile pleine.   9 fr. 50 c.

Lexique latin-français, rédigé spécialement à l'usage des classes élémentaires, extrait du dictionnaire complet de Ch. Lebaigue ; par M. G. Edon, agrégé de l'Université, professeur au lycée Corneille. 1 vol. in-8, relié en toile pleine.   3 fr. 75 c.

Recueil gradué de thèmes latins, choix de morceaux des meilleurs écrivains français, à l'usage *des classes supérieures* (4e, 3e et 2e) ; par MM. Ch. Lebaigue et Caublot, professeurs agrégés de l'Université. Troisième édition augmentée d'un commentaire. In-12, cart.   1 fr. 60 c.

Le même, avec la traduction en regard ; par les mêmes. Troisième édition refondue. 1 vol. in-12, br.   3 fr.

Discours latin (le). Théorie et application, ouvrage accompagné de matières données dans les Facultés, de modèles de développement, et de conseils pour faire une version, à l'usage des élèves de rhétorique et des aspirants au baccalauréat ; par M. A. Jacquet, ancien élève de l'École normale supérieure, professeur agrégé de rhétorique au lycée Descartes. Seconde édition, corrigée. 1 vol. in-12, br.   2 fr.

Le même, à l'usage des Professeurs.

Révision méthodique des principales règles et locutions de la langue latine, suivie de conseils pour la version, ou l'art de traduire ramené à ses principes les plus élémentaires, à l'usage des élèves de rhétorique et des aspirants au baccalauréat ès lettres ; par M. Heury, agrégé de l'Université, professeur de rhétorique au lycée de Rouen. Troisième édition augmentée. 1 vol. in-12, br.   1 fr. 60 c.

Recueil gradué de versions latines, à l'usage des classes supérieures et des aspirants au baccalauréat ; par M. Massicault, ancien membre de l'Université. 1 vol. in-12, cart.   1 fr. 60 c.

Le même, texte et traduction en regard. 1 vol. in-12, br.   3 fr.

Recueil de compositions (discours et versions), données à la Sorbonne, *session d'avril* 1863, avec des sujets de discours choisis dans les sessions antérieures, des conseils, des exercices et quelques *modèles* ; par M. Henri Carle. 1 vol. in-12, br.   1 fr. 50 c.

HACHETTE ET Cⁱᵉ, LIBRAIRES-ÉDITEURS, 79, BOULEVARD SAINT-GERMAIN.

DICTIONNAIRE GÉOGRAPHIQUE

ADMINISTRATIF, POSTAL, STATISTIQUE, ARCHÉOLOGIQUE, ETC.

DE LA FRANCE

DE L'ALGÉRIE ET DES COLONIES

INDIQUANT POUR CHAQUE COMMUNE :

La condition administrative, la population, la situation géographique, l'altitude, la superficie ; la distance aux chefs-lieux de canton, d'arrondissement et de département ; les bureaux de poste et de télégraphie électrique, les stations et correspondances de chemins de fer ; la cure ou succursale, les établissements d'utilité publique ou de bienfaisance ; donnant tous les renseignements administratifs, judiciaires, ecclésiastiques, militaires, maritimes, commerciaux, industriels, agricoles ; énumérant les richesses minérales, les curiosités naturelles ou archéologiques ; les collections d'objets d'art ou de sciences ; renfermant, outre la description détaillée de tous les cours d'eau, de tous les canaux, de tous les phares, de toutes les montagnes ; des notices géographiques, administratives et statistiques sur les 89 départements de la France, sur l'Algérie et sur les colonies ;

ET PRÉCÉDÉ D'UNE INTRODUCTION SUR LA FRANCE,

Par Adolphe JOANNE,

Auteur de l'Itinéraire général de la France.

Deuxième édition entièrement révisée, considérablement augmentée, et contenant le tableau des communes qui, par suite du traité de 1871, ont été séparées du territoire français.

Un volume grand in-8° de 2,700 pages à deux colonnes, **20 fr.** broché ; **22 fr. 50** relié en un volume ; **25 fr.** relié en deux volumes.

EXTRAIT DE LA PRÉFACE DE LA DEUXIÈME ÉDITION.

Cinq années se sont écoulées depuis la mise en vente de la première édition de ce Dictionnaire.

La deuxième édition est un ouvrage presque entièrement nouveau.

Son cadre s'étant agrandi, son titre a dû se modifier. Ce n'est plus, en effet, le *Dictionnaire des communes de la France*, c'est le *Dictionnaire géographique de la France, de l'Algérie et de ses colonies*. Non seulement l'Algérie et les colonies ont été ajoutées à la France, mais la France a été considérablement développée, surtout pour la géographie proprement dite. Les notices départementales, orographiques, hydrographiques, sont plus que doublées, et de nombreux centres de population, qui ne sont que des villages ou des hameaux, ont pris, à côté des communes, la place à laquelle leur importance leur donnait droit. Tous les renseignements ont été contrôlés et corrigés avec les livres les plus récents (annuaires, monographies, etc.), et avec les notes recueillies sur les lieux mêmes pour l'achèvement de l'*Itinéraire de la France*, dont le dixième et dernier volume a paru au mois de juin 1869. La population a été, pour toutes les localités désignées, modifiée d'après les résultats du recensement de 1866. Enfin les épreuves des articles de plus de 4000 villes et communes importantes ont été corrigées et complétées par les archivistes, les archéologues, les libraires et les maires auxquels elles avaient été adressées.

Réunir le plus grand nombre possible de renseignements géographiques, administratifs, postaux, statistiques, archéologiques, sur les 89 départements de la France, ses 37,548 communes, ses principaux centres de population, sur l'Algérie et sur les colonies : tel est le but de ce dictionnaire. L'histoire en a été complétement exclue, parce qu'elle y eût pris une trop grande place. Aussi formera-t-elle un volume séparé qui sera publié prochainement à la librairie Hachette, par M. Ludovic Lalanne, sous ce titre : *Dictionnaire historique de la France*.

Ai-je besoin d'ajouter en terminant que je recevrai avec la plus vive reconnaissance toutes les corrections qui me seront adressées pour une troisième édition ?

Paris, 1ᵉʳ juillet 1869.

Adolphe JOANNE.

LIBRAIRIE DE FIRMIN DIDOT FRÈRES, FILS ET Cⁱᵉ

Rue Jacob, 56, à Paris.

HISTOIRE DE FRANCE

PAR ÉMILE DE BONNECHOSE.

15ᵉ édition.

2 forts volumes in-12,

Prix, 6 francs.

Cet ouvrage est complété dans cette édition jusqu'en 1872, par le récit des faits si douloureux qui ont marqué pour nous les dernières années. Ce livre, déjà très-connu et apprécié du public, répond parfaitement aux besoins de notre temps par son étendue d'environ 1500 pages, et plus encore par l'esprit d'ordre et de sage liberté, de modération et de progrès, dont l'auteur s'est constamment inspiré.

LE TOUR DU MONDE

Nouveau Journal des Voyages.

Sommaire de la 589ᵉ livraison (20 avril 1872). — Texte : L'Inde des Rajahs. Voyage dans les royaumes de l'Inde centrale et dans la présidence du Bengale, par M. Louis Rousselet. (1864-1868. Texte et dessins inédits.) — Dix dessins de E. Thérond, Rapine, A. de Bar et E. Bayard.

LIBRAIRIE ACADÉMIQUE DIDIER ET Cᵉ

Quai des Augustins, 35, à Paris.

DE LA CORRESPONDANCE DE FLÉCHIER

AVEC

Mᵐᵉ DESHOUILLIÈRES ET SA FILLE

Par A. FABRE,

(Docteur ès lettres.

1 vol. in-8.

ARTICLES DE GYMNASTIQUE

Trapèzes. — Anneaux. — Échelles de corde. — Balançoires. Cordes lisses, à nœuds, à consoles et à perroquets.

Les huit pièces principales : 86 francs.

APPAREILS RÈGLEMENTAIRES.

Envoi FRANCO.

CORDERIE CENTRALE

12, boulevard Sébastopol, à Paris.